英语专业系列教材

ADVANCED COURSE IN ENGLISH-CHINESE TRANSLATION

FOURTH EDITION

高级英汉翻译理论与实践（第四版）

叶子南 著

U0331225

清华大学出版社

北 京

内 容 简 介

本书将英汉翻译的理论与实践相结合，从实践的角度介绍理论，从理论的高度分析实践。第一部分是理论技巧篇，详述基本概念，讲解常见技巧，对比语言文化，介绍中西译论；第二部分是翻译实践篇，选择社会人文、科技法律、小说诗文等领域的文本作为翻译练习的材料，提供两个版本的参考译文，并附有详细的翻译解析札记。

本书的读者对象为英语专业或翻译专业的学生、从事翻译教学与研究的教师、从事翻译工作的社会人士及广大翻译爱好者。

图书在版编目（CIP）数据

高级英汉翻译理论与实践 / 叶子南著 . —4 版 . —北京：清华大学出版社，2020.5
（2024.1重印）

英语专业系列教材

ISBN 978-7-302-54556-9

Ⅰ.①高… Ⅱ.①叶… Ⅲ.① 英语—翻译理论—高等学校—教材 Ⅳ.① H315.9

中国版本图书馆 CIP 数据核字（2019）第 290394 号

责任编辑：刘　艳
封面设计：子　一
责任校对：王凤芝
责任印制：杨　艳

出版发行：清华大学出版社
　　　　网　　　址：https://www.tup.com.cn，https://www.wqxuetang.com
　　　　地　　　址：北京清华大学学研大厦 A 座　　邮　　编：100084
　　　　社 总 机：010-83470000　　　　　　　　　邮　　购：010-62786544
　　　　投稿与读者服务：010-62776969，c-service@tup.tsinghua.edu.cn
　　　　质量反馈：010-62772015，zhiliang@tup.tsinghua.edu.cn
印 装 者：小森印刷霸州有限公司
经　　销：全国新华书店
开　　本：170mm×230mm　　印　张：21　　字　数：394 千字
版　　次：2001 年 11 月第 1 版 2020 年 5 月第 4 版　印　次：2024 年 1 月第 6 次印刷
定　　价：78.00 元

产品编号：084249-01

谨以本书献给

父亲叶培春医师和

母亲吴幼兰女士

第四版修订说明

清华大学出版社的编辑提醒我，《高级英汉翻译理论与实践》离上次再版已有六年时间，可以考虑再版了。这本教材一路走来，承蒙读者和翻译教师的厚爱，居然在出版近 20 年后仍在畅销，这似乎是推出第四版的充分理由吧！

本次再版，第一部分"理论技巧篇"保留了原来的体系，因为这么多年来，从读者的反映来看，书的框架还是站得住脚的。当然，我也注意到教材应与时俱进，所以新版增加了"人工智能威胁下的翻译"这一节。虽然没有长篇大论，但我对人工智能和翻译活动的基本态度是说得不能再清楚了。此外，新版还增加了"文本质地的'软硬'"这一节，为文本分类再添新视角，因为没有一个单一的视角可以解决文本分类在操作上面临的全部问题。

第二部分"翻译实践篇"我做了很多修改增删工作。首先，第三版中的大部分文章都换了下来，取而代之的是一些更新颖的文本，旧版中提问式的英文注释改成了汉语的解答。此外，"翻译实践篇"分成两组文本。第一组（"短篇译注评"）是较完整的文本，虽然并非都是全篇，但基本可以独立存在。第二组（"段落重点分析"）大多是较短的文本，有的只有一段，目的是抓住某个议题重点讨论。本书对所有的翻译文本都进行了详细解释，并以短文形式进行相关的延伸讲解。

这次修订并不意在让本书"面目全非"，但却希望能给读者带来新颖的感觉！

谨向近 20 年来阅读、使用本书的读者和教师致谢！

叶子南

2019 年 8 月于美国

明德大学蒙特雷国际研究学院

尤金·奈达序

Professor Zinan Ye's years of experience in teaching the principles and practice of translation in both China and the United States are a major reason for the excellency of this volume that focuses so effectively on the comparison of Chinese and English and introduces methods for "unpacking" complex constructions so that the meaning is crystal clear. The process of translating is always in focus, whether in the discussion of clause structure, units of translation, or cultural factors.

This volume constantly calls attention to the numerous cultural and linguistic formulas and introduces the important concept of foregrounding. Chapters 2 and 3 provide a uniquely broad view of the intricate relations between language and culture, and help translators understand culture in terms of basic values and drives. Only in this way can a translator be adequately prepared to handle figures of speech. Although translating in both directions between English and Chinese is constantly considered, the primary focus is on English to Chinese since this is the essential perspective of persons using a book written in Chinese. The abundance of illustrative data from numerous sources makes for realism in thinking about translating principles and applying these to real texts.

Professor Ye breaks down the units of translation into several levels from phonemes to discourses, but with constant reference to the related contexts that provide the basis for understanding English sentences and translating these into Chinese. The principles, however, can be equally applicable to persons translating from Chinese into English. Globalization of translation also adds a dimension often overlooked by others, and overstandardization when translating technical texts can result in translations that are culturally artificial.

Texts for translation practice are drawn from a variety of excellent sources and each text contains about 400 words. These provide the necessary contexts for effective analysis of the meaning and creative rendering into Chinese. This volume in Chinese for people translating English texts into Chinese is unusually practical and scientific.

Eugene A. Nida
August 27, 1999

辜正坤序

己卯秋，忽接美国友人子南兄函，开箧视之，得文稿盈箱，书名《高级英汉翻译理论与实践》，泱泱不下三十万言。遂展读于斗室之中，忘情不觉日暮。

海通以还，译事勃兴，欧美典籍涛涌中土，译论译技之撰写汇编，遂附丽张皇。然学界人时有诘难，以为译事权可行之，译论则未必有据；至于译技之类，只可心领神会；若图条陈缕分以教人，良可哂也。然中华多奇士，竟有不惮讥嘲，穷年积力而乐为之者。数十年来，译论译技之编著，洋洋洒洒，蔚为大观；中亦不乏精粹之作，风行海内。然统观之，或止于奢谈技巧，于译论则敷衍塞责；或徒以清论满纸，而无译例充陈；或虽有论而不统，广有例而不精。立言必炫逞洋腔，出语则标榜夷调。万言不见新意引颈，累卷无非旧语重抄。幸有举国学外语之大潮，为之鼓噪助势，坊间译论译技诸书，得以乘鱼沙俱下九重之威，竟能各得其所。

返观子南此稿，煌然巨著；理论与实践，双管齐下。入门从基本概念，登高自语言文化；解包移位，分合增减，如循山间曲径，走过程，觅单位，释套语，解西化，前景后阴，环环啮扣，次序宛然。虽重墨在英汉，而视接全球八方。空间框架，固已叹为佳构，而作者更不忘从时间入手，以两章篇幅，研讨中西译学史论，如泰山极顶飞鸿，俯视苍茫大地，无穷碧落，尽收眼底。最后两章专论奈达、纽马克，亦为颇具只眼处。正所谓群山万壑，必有主峰。子南虽久居美国，而汉语未染浮泛之病，造语归化，惜墨如金，与坊间遍纸西方术语借洋风以自重者相比，自显其上乘境界与气势，尤为难得。

即便观其所附实践练习诸题，亦多见匠心独运。不唯有精选译文供参考，且不惮其烦，逐篇剖析，点评批改，用心之苦，无以复加。苟非作者于中英语言文化及译论译技，体会精微，焉得至此！此著于译界述林之中，可谓嘎嘎独造，实属同类著述中之佼佼者。今日有幸先睹为快，不敢专私，故放言聊发粗论，恭书短引，诚望译界方家，相与析之、赏之，不亦乐乎！

是为序。

辜正坤
1999 年 8 月 30 日
于北京大学中关园

作者自序

　　翻译教程、翻译技巧之类的书可谓汗牛充栋。因此，要想再出版一本介绍英汉翻译的书，似乎很难找到充分的理由。然而，最近几年在北美教授英汉翻译，我的上述想法渐渐有些改变。我发现，虽然不少介绍英汉翻译的书不乏真知灼见，可也有为数不少的传授诀窍技巧的书籍显得急功近利，忽略了培养译者翻译观的重要性。技巧的介绍当然不可或缺，可是从长远来看，并不足以造就一个合格的翻译通才。翻译中并没有多少可以衣钵相传的锦囊妙计，需要的是译者本身对翻译这一跨语言活动的深刻领悟。翻译教学与其说应着重传授几套"拳术"，倒不如说应该培养这种对英汉两种语言文化异同的洞见与顿悟。这正是本书写作的缘起。

　　如上所述，本书着重培养译者的翻译观，但并不偏废技巧的介绍。从某种意义上说，我们生活的时代并不重视思想与观点，而更喜欢一些立竿见影的方法。但本书仍要提倡培养以思想、观点为主的翻译观。

　　本书第一部分首先提出了英汉翻译中最常见的问题，以期引出讨论的话题。然后作者从不同的角度，围绕这些根本性的问题加以讨论，既涉及翻译中"治本"的问题，如从语言文化对比角度看翻译、文化与翻译等内容，也涉及翻译中"治标"的问题，如翻译技巧、翻译单位等章节；既有中国译论的概述，也有西方译论的介绍；既有浅显的涉笔，也有深入的讨论；既有对历史的回顾，也有对未来的展望。作者希望这些讨论能激发读者对翻译这项跨文化的语言活动进行深刻的思考，成为孕育某种翻译观的基础。作者相信，如果有一个正确的翻译观，技巧之类的操作方法便会水到渠成。

　　本书的另一个特点是理论与实践的结合。如果说第一部分属于翻译的务虚篇，那么本书的第二部分则是务实篇。作者以提供不同译文、加注和评论的方式，将第一部分的内容有机地融入第二部分。所选的翻译练习涉及的题材非常广泛，有政治、商业、新闻、科技、文学等。通过这些翻译练习，读者可以对第一部分的理性内容有一个感性的认识。

　　本书还有一个特点，即用浅显易懂的文字将翻译理论通俗化。为了能让更多的人看懂本书，作者还在书中使用了不少生活中常用的比喻，为生硬的理论穿上一件生动的衣裳。

　　最后，应该说明的是本书强调以译入语为依归的译法。这种观点的形成不仅是基于实用的目的，而且也因为我对中国语言的偏爱。在北美生活了近十年以后，我对中国语言似乎愈加情有独钟。我有时惊叹于汉语意合的高超本领。孤立的汉字，一经作者安排，居然能创造出惊天地泣鬼神的篇章，而细查汉字的安排，却并非合乎逻辑常理；然而正是这种无拘无束的、松散的遣词造句方法，使文字掷地有声，使意境油然而生。在现代化势不可当的今天，我们这些在两种语言间工作的人难道不应给予这种独特的文字一些特别的关照吗？难道我们在翻译过程中可以用形式上精确得天衣无缝的句子结构来取代这种简洁活泼的文字吗？失去了汉语意合的特点，就失去了汉语文化的精华所在，那么，有朝一日，当我们蓦然回首时，也就看不到那灯火阑珊处的人了。

我要特别感谢著名翻译理论家尤金·奈达博士（Dr. Eugene A. Nida）在百忙中阅读本书的英文摘要，并为本书写序。我还要感谢北京大学辜正坤教授利用假期时间阅读了全部手稿，提出了宝贵意见，并以短序褒奖本书。此外，在本书写作过程中，蒙特雷国际研究学院口译笔译学院中文系负责人鲍川运教授给了我极大的鼓励与支持；我的同事 Lydia Hunt 教授、加州太平洋大学 Jean Longmire 教授、杭州大学任绍曾教授、浙江大学殷企平教授和王之光教授、深圳大学蒋晓华博士也从不同方面给予了帮助，在此一并致谢。我当然不会忘记我校口译笔译学院中文系的学生，他们积极热情的课堂讨论是促成本书问世的一个不可替代的因素。在本书简体版出版过程中，台湾书林出版社苏正隆先生竭诚配合，清华大学出版社徐梦非小姐大力协助，特此致谢。最后，我还要特别感谢我的妻子杨忆平，她在繁忙的工作之余，阅读了本书的理论部分，并提出了宝贵意见。

本书只是一种尝试，旨在抛砖引玉。希望译界行家多多指正。

叶子南

1999 年 9 月于美国

加州蒙特雷国际研究学院

目　录

第一部分
理论技巧篇

第二部分
翻译实践篇

短篇译注评

段落重点分析

第一部分

理论技巧篇

第一章
翻译的基本概念和问题

 1 翻译基本问题的提出

什么叫翻译？广义地说，它甚至可以包括语言和非语言符号之间的转换。但我们不想把这个题目铺得太开，我们只集中在语言上。所以我们要讨论的翻译就是指如何将某一语言活动的言语产物转换到另一语言中去。严格地说，翻译还应包括某一语言内不同变体间的转换，如将屈原的诗译成现代诗，将曹植的《洛神赋》译成白话文，都应属于翻译，因为这类翻译同样要克服时空两方面的困难，几千年前的汉语和今日的白话汉语虽都属于汉语，但毕竟差别太大。战国时期的文化和今日中国文化虽有一脉相承的关系，但也不能同日而语。正因古今有差别，所以才有必要将古文译成现代白话文。在这类翻译中译者遇到的困难和英汉翻译中的困难不同，但就其本质而言，两类翻译颇有相似之处。不管是哪类翻译，语内（intralingual）也好，语际（interlingual）也罢，核心问题仍然是如何把原文的意思在译文中表达出来。

尽管古今中外的译界学者回答这个问题的方式方法截然不同，但这个核心问题并没有随着时间的推移而变化。有人把这个问题归纳成"忠实"这个概念，也有人认为"忠实"这个概念不够科学，所以提出了一些更严谨的概念，让人耳目一新，如功能对等、等值、信达雅等。随着现代语言学的发展，各类应用语言学的分支学科应运而生，探索翻译的工具越来越多，在这些新工具、新方法的帮助下，相信新的概念还会出现。但这不会改变翻译的本质——翻译就是在某一特定的社会环境中进行交流的过程。假如这么说仍然不够大众化的话，那么可以用下面的话概括翻译的定义：把原文中的意思在译文中表达出来。

这句普通人都听得懂的话落实起来并不容易，问题出在"意思"两个字上。例如"There is a book on the table."，这句话的意思清清楚楚，翻译起来不至于有什么问题。只要将后面的地点提前到句首，就是一个地道的中文句子。但有些句子如照字面直接译过来意思就会不够清楚。句子中的有些意思会紧紧地结合在语言本身的形式上，使得译者不得不考虑将语言的形式也照搬过来。《傲慢与偏见》开头一句是这样的："It is a truth universally acknowledged that a single man in possession of a good fortune must be in want of a wife."。本句中的 a truth universally acknowledged 和后面的 that 子句的位置在译文中就不宜颠倒，因为原文文字前后的排列可以产生一种讥讽的口气，这句隐含的意思是："Although this is not a universal truth, the social conventions of money and marriage are such that a lot of people go about behaving as it were true."。[1] 尽管单从翻译技巧上看，可将 It is a truth universally acknowledged 放到后面，但译者还是有必要遵从原文的句法结构。有时意思和语言结构完全绑在一起，而英汉两种语言结构上又水火不相容，这时就造成不可译性（untranslatability），如在 "The air war heats up as the air war heats up." 这句话中，作者故意在语音层面玩弄了一个小"把戏"，将音和意紧紧地结合在一起，造成不可译性。本句的背景是北约对科索沃展开空袭，air war 既可指空袭，也可指传媒竞相报道，两个用法在英文语义场上有联系，但在中文里却无法将空袭和传媒战用一个语言单位表达，所以译者就无法和原作者那样重现原文的语言"把戏"。

所有这些都说明简简单单的一句"将意思表达出来"做起来并不容易，在翻译实践的过程中，很多具体的问题都会冒出来。这些问题是译者和学者研究的对象，翻译界围绕这些问题展开的论战从来就没有停止过。这些问题大致包括如下内容：

- 直译还是意译（literal translation vs. free translation）；
- 功能对等还是形式对应（functional equivalence vs. formal correspondence）；
- 重原文的形式还是重原文的内容（form vs. content）；
- 靠近源语还是靠近译入语（source-oriented vs. target-oriented）；
- 以原作者为中心还是以译文读者为中心（author-centered vs. reader-centered）；
- 原作者写作的目的还是译者翻译的目的（the purpose of the author vs. the purpose of the translator）。

2　直译还是意译

这一直是一个争论不休的问题。在有些情况下，直译和意译不构成翻译问题。如"I like the movie."译成"我喜欢这部电影。"就没有直译和意译之争，因为直译和意译的结果是一样的。但由于英汉语言间差异非常大，译者会面临两种选择，有时一个句子可以直译也可以意译。在这种情况下到底采用直译法还是意译法就会引起人们的争论。当然，不同的人在用这两个概念时所指可能会十分不同，有些人认为逐字翻译为直译，但大部分人都认为直译并不一定要到"逐字"翻译的地步。一般来说，比较

---

[1]　见 *Style in Fiction*，by Geoffrey Leech and Michael Short，1981，第 303 页。

遵照原文语言结构的译法就是直译，而脱离原文语言结构的束缚，只译意思的译法可称为意译。逐字翻译、直译、意译和解释翻译之间并没有十分清楚的界限。但将直译和意译这两个概念用来讨论翻译还是很有用的。比如下面这句话既可直译也可意译："The Negro lives on a lonely island of poverty in the midst of a vast ocean of material prosperity."，有人译成"黑人依然生活在物质富裕的汪洋大海中贫乏的孤岛上。"这是比较接近原文的直译法，用了和原文相同的形象，如"物质富裕的汪洋大海"，其优点是保留了原作者的比喻。但恰恰是由于不肯割舍比喻，导致译文在可读性方面就差了些，不仅行文比较别扭，而且"汪洋大海"这个比喻和"物质富裕"放在一起也显得很不协调。这时，多一点意译成分就可避免直译的弊端："黑人仍生活在贫困的孤岛上，尽管放眼四周，是一片繁华景象。"这个译法增加了可读性，当然，其不足之处是没有反映出原文的比喻。再如"The Negro is still languishing in the corners of American society and finds himself an exile in his own land."，这句有人译成"黑人依然在美国社会的角落中饱受痛苦，并发现自己是自己国土上的流亡者。"这是比较贴近原文的直译法，特别是后半句照搬了原文的语言结构，但译文的可读性差一些。增加意译成分似可提高可读性："黑人仍然在美国社会的角落里过着痛苦的生活；美国虽是他们的家园，而他们却感到流落异乡。"译者对语境进行了解读，因此翻译时就有了更大的自由度。又如"But if you look back at the sweep of history, it's striking how fleeting supremacy is, particularly for individual cities."，可译成"然而如我们对历史稍作回顾，便会惊觉尘世的霸权地位是多么的变动无常，尤其是一座座的城市。"不过这种比较直的译法在可读性上并不得分。意译似可使意思更清楚，并增加可读性："然而你若纵观历史，便会惊觉鼎盛繁华转瞬即逝，城市的兴衰更是弹指间的事。"但是意译并不等于肆意改动、添油加醋，比如下面的译文就有过度诠释之嫌："回首风云变幻的人类历史，你会感到任何辉煌的事物都如昙花一般转瞬即逝，特别是城市更容易被历史湮没。"译文中的"风云变幻""昙花一般""被历史湮没"都是不当的添加，虽然并非完全不是言外之意，但放在句中反而显得繁复累赘，失去了译文的简洁。

直译的缺点显而易见，它常使译文读起来吃力，所以大多数人都不主张把直译作为翻译的主要手段，只是在一些特殊的文本中酌情使用。但也有人给予直译更高的地位，如纽马克就认为自己颇认同直译这个概念（I am somewhat of a literalist.）。他的观点是基于他自己在印欧语言之间的翻译实践，并不一定适用于英汉翻译。在英汉翻译领域，尽管直译应该有其一席之地，但广为大众接受的译文几乎很少是以直译为主要手段的。

　　意译虽然被大多数译者采用，但有时它也会带来一些问题。意译超出了限度就会扭曲原文的意思，把原文没有的意思加到译文中。一般来说，如果原文的意义不是寓于语言形式本身，那么意译就不会丢失意义。但如果原文的意义有一部分是通过语言形式本身表达的，那么意译就往往会抹掉那些由形式附带的意义。上述说法在理论上是正确的，但在英汉翻译实践中也可能行不通，比如有些文学作品中的意义是通过语言手段表达的，本该用直译法表达才可反映出语言形式所承载的意义。但英汉语言差别很大，照原文搬过来的译法在印欧语言间也许可以接受，在英汉翻译时汉语不一定能接受这类表达法。因此，有些中国学者主张翻译文学作品时应多用意译①。刘宓庆也将诗歌之类的文学作品放到不求字面对应，但求保证可读性一类，认为有时必须完全意译方能达意②。这种主张与西方理论家们将文学作品列入表情类，应采用直译的理论似略有不同③。其实文学作品也不能一概而论，有些作品适合多用直译，有些则适合多用意译，要看具体文本而定。

　　英汉翻译中有些句子显然应该用直译，有些则只能用意译。而对这些显而易见的情况，译界往往没有争议，直译和意译常常确实是交替使用，相互取长补短。但翻译实践中还常会遇到一些既可直译，也可意译的情况。这时到底取直译还是取意译就会成为一个问题。比如："A man may usually be known by the books he reads as well as by the company he keeps, for there is a companionship of books as well as of men." ，这句话有人采用比较直的译法译成："人往往可以从一个人所交往的朋友以及所阅读的书去看他的为人。这是因为人与人之间有友谊，同样的，人与书之间也有书谊。"但有的译法意译成分更多："所谓欲知其人，先观其友，看一个人读什么书也能了解一个人，因人不仅能与人为友，还能与书为友。"上面两句虽然都有些值得进一步推敲的地方，但都是中文读者可以接受的。这就引出了一个问题，如果两种方法都可以，到底用哪一种？回答这个问题必须从更大的范围着手，孤立地谈直译和意译实际上没有多大价值。一个句子到底应直译还是意译，往往要考虑到文本、读者，甚至翻译目的等因素，没有一个一成不变的定理。北京大学辜正坤教授在讨论文学翻译时，对直译和意译有一段十分精彩的论述，概括得很全面："直译，意译，各有千秋，译者依据功能、审美、读者层三要素，宜直译就直译，宜意译就意译，能神游于规矩之内，亦能神游于规矩之外，能循规蹈矩，亦能叛道离经，方称得上翻译的行家里手。"

　　但有一点应该特别牢记，当今英汉翻译活动的主体并非文学翻译。在经济、科学、

<hr />

① 　见《中国翻译词典》，林煌天主编，湖北教育出版社，第 944 页。

② 　见《文体与翻译》，刘宓庆著，中国对外翻译出版社，第 27 页。

③ 　见 *Approaches to Translation*，by Peter Newmark，1982，第 15 页。

新闻、政论等文本中，语言形式不是关键的因素，译文就应尽量保持译入语的特色。在英汉翻译中发挥中文的优势始终是译者要努力的方向。这一点在当今全球化的大背景下尤为重要。因此，假如直译法有悖汉语的行文习惯，造成翻译腔，译者就应该采用意译法。换句话说，在大多数情况下，略偏重意译仍然是应该提倡的。不过，对于较正式的文本，如政治、经济、法律方面的文件等，不过度偏离原文的译法仍然会频繁使用。

3 功能对等还是形式对应

　　这一对概念实际上早有人提出，但由奈达加以完善，成为翻译理论研究中一对很重要的概念。所谓功能对等就是指译文要在语言的功能上和原文对等，而不是在语言的形式上和原文对应。形式的对应是机械的，表面上看和原文一样，但由于语言体系不同，相同的语言形式并不一定能达到相同的效果。比如，"He is the last person I will ask for help." 可以译成"他是我会要求帮助的最后一个人"，以求形式上与原文对应。但本句的实际意思是"我是不会求他的。"后面的译法在语言形式上和原文完全不同，但却在语言的功能上和原句对等。再如美国的中学生常会和家长说："Tomorrow is a minimum day, could you pick me up at noon?"。其中 minimum day 要是译成"最小日"，是保留了原文的语言形式，但谁都看不懂是什么意思。所以译者应求得本句在汉语中功能的对等，而放弃形式对应:"明天只上半天课，提前放学。能中午就来接我吗？"

　　根据奈达的理论，功能对等是以读者的心理反应为基础的，也就是说原文读者读原文的心理反应和译文读者读译文的心理反应相似。（有关功能对等这一概念请详见本书有关奈达的翻译理论一章。）从上面的例子可以看出功能对等有很多优点，最主要的就是有利于信息的交流。用功能对等法译出的句子符合译入语的行文习惯，没有翻译腔，一看就懂。但反对功能对等的人则说，功能对等太灵活，会漏掉或歪曲原文中的信息。

　　虽然功能对等和意译，形式对应和直译在概念上不同，但它们实际上从不同的角度出发，殊途同归，引出了跨语言交流中的问题所在。

4 重原文的形式还是重原文的内容

　　内容和形式之争是文学批评领域的主要焦点，在跨语言交流中就显得更加突出。大部分情况下原文的语言形式不是译者要传译的，英汉两种语言在形式上截然不同，所以在翻译上不必去反映原文的形式，只要将原文的内容译出来就可以。但作家的艺术特征是由语言形式来反映的，因此形式就变得很重要了。这种情况下就有必要在反映内容的同时也照顾到语言的形式。

但是我们有必要记住，在翻译过程中译者面临的最大的障碍是原文的语言形式，过于强调形式的译法往往会使译文缺乏可读性。所以，尽管在个别情况下有必要在译文中反映原文中有特殊意义的形式，翻译过程中总的策略应该是偏重内容。

5　靠近源语还是靠近译入语

这对概念和前面几对概念有关。但前面几对概念主要和言语行为有关，而靠近源语还是靠近译入语这对概念则还涉及语言体系。有人主张译文应靠近原文，因为语言反映文化，原文中的语言特色即便不是作者风格的体现，也有必要在译文中表现出来，因为原文的语言特色反映原文所在文化的特色，译者有必要将这种特色传达出来。他们还认为过多地为读者着想，会"宠"坏读者，应该相信译文读者有解读原文语言形式的能力，靠近原文的译法把读者拉到源语中，使读者能"身临其境"地欣赏外国作品，这是文化交流的重要内容。

这种说法实际上是让翻译挑起过重的担子。语言形式不应该被当作介绍文化的工具。除了为某一特殊目的，如用靠近源语的译法翻译来反映原文表达的文化特点，以供学术研究之用，大多数情况下译者翻译的目的还是以传达信息为主。介绍源语文化不应该以牺牲译入语表达习惯为代价，因为靠近源语的译法总是会生成很多不符合译入语习惯的句子。真正想通过语言了解外国文化的话，有必要鼓励读者学外语、读原文，因此，翻译的基本方法应该主要是向译入语靠拢，尽量发挥译入语的优势。

6　以原作者为中心还是以读者为中心

这对概念从不同的角度讨论上面谈到的相同的问题。如果译文以原作者为中心，则可能反映出原文的一些行文特色；如果译文以读者为中心，则可能发挥译入语的优势。原则上讲，不应以原作者为中心，但这也要看原作者是否重要。一个会议记录的作者和一个获文学作品奖的作者就不能说同样重要。大部分文本的作者都应该"隐藏"在文本背后，不应该在文本中显露出来。一篇计算机软件使用说明，一个法律条文，一则食品广告等，都不会呈现原作者的"影子"；换句话说，读这些文本后读者看不出作者为何人。但有些文本则可能文如其人，一读作品，读者马上就会感到与众不同，遣词造句，甚至布局谋篇都有原作者留下的痕迹。因此，一般认为如果文如其人，译者除了翻译原文的内容外，也有必要使译文也能文如其人。大部分西方翻译家都认为在译文中保留原文的语言形式是使译文文如其人的一种方法。但也有人认为对等的语言形式在译文中不一定能达到相同的效果，主张用符合译入语的相似的语言形式来达到文如其人的效果。如果这样做不到的话，也就只好把它归入翻译的不可译性。

我们并不绝对排除有时以原作者为中心会是译者所应采取的方法。但这种译法所占的比例是相当小的。翻译的总原则是以读者为中心，这一点在英汉翻译中尤为突出。

7 原作者写作的目的还是译者翻译的目的

人们动笔写作一般都有目的，不论是原作者还是译者，总是为了某一目的而动笔。在大多数情况下，原作者的目的和译者的目的基本一致。用英文写一篇计算机操作说明的人是为了让顾客了解如何操作电脑，翻译这篇操作说明的译者也是为了让不懂原文的顾客了解如何操作电脑，所以原作者和译者目的相同，都是要将信息准确地传达给读者。一则服装广告的作者希望用广告影响顾客的行为，看了广告后的顾客会花钱买产品；一个译者翻译同一则广告也是为了影响顾客，促进消费。一份经济合同的作者希望合同能成为某项经济活动的基础，翻译这个合同的人也希望不懂原文的人能看懂原文的内容，以便使合同中的经济活动顺利展开。一则交通广告的作者希望用广告将有关交通的信息告诉大众，同一则广告的译者也有相同的目的。因此，大部分翻译工作的目的和原文写作的目的相同，这些文本有一个特性，即都是为一个非常实用的目的而写，翻译的目的也十分实用。

但不是所有翻译的目的都和原作目的相同。诗人写一首诗可能是为了表达自己的情感，译者将诗直译成中文，以便让译文读者欣赏诗歌，译者的目的就和原作者不一样了。戴高乐在"二战"时的一些讲话是为了鼓舞士气，半个世纪后戴高乐的讲话已成历史文件，翻译这些讲话就不再是为了鼓舞士气。

这就引出不同目的、不同读者和不同译文的问题。由于译者的目的和服务对象会和原文的目的和对象不同，所以同一个原文有几个不同的译文是完全正常的。《圣经》写作的目的是将上帝的话传给世人，但写作时用的语言不适合儿童，有人将《圣经》译成儿童语言，读者对象不同，但目的依然如此。为了适合不同读者群，用不同的文体来译同一个原文是可以的。一首英文诗可译成五言诗，供喜爱唐诗的人欣赏；也可译成词曲，供喜爱词曲的人欣赏；更可译成现代诗，供喜欢白话诗的人欣赏。译者的服务对象不同，目的不同，译文也可以迥异。

但也有人不同意上面的看法，认为原作只有一个，译文也应该只有一个，不应该千面千腔，最终在译文中找不到原作的影子。然而翻译毕竟有其局限性，很多文化内涵强的作品一旦完成，就很难恢复其原貌，因为时过境迁，作品依旧，但作品存在的环境变化了。同一语言文化就是如此，何况跨语言、跨文化的翻译。因此，翻译文化内涵强的作品从来都有侧重，因为译者服务的对象不同，翻译的目的不同。下面这句话最能概括这个道理："Who is translating what, for whom, when, where, why and in what circumstances?"。

分析了这几对概念之后，我们对本章开始时提出的命题（把原文的意思在译文中表达出来）就有了一个理性的认识。这些概念从不同的角度切入，讨论翻译的核心问题。虽然角度不同，但都落实到同一个焦点上，即如何将原文的意思在译文中表达出来。了解了这些基本概念后，我们就会更清楚地认识那些五花八门的翻译标准和原则。这些标准和原则是不同的人，从不同的角度，在不同的时空里，就同一问题提出的解决之道。它们一方面反映了标准设立者在翻译研究上的聪明才智，另一方面也反映了他们在翻译研究中左右为难的境遇，因为翻译本身就是一件令人左右为难的事。

不同的人有不同的理论，依照有些理论从事翻译实践，译出来的文章有原文的影子，但依照另一些理论从事翻译实践，译出来的文章完全像译入语。原文的影子在译文中可浓，可淡，可无。有人主张在译文中保留一些"异国情调"，有人则主张用地道的译入语进行翻译。这之间如何把握、如何拿捏不仅在理论上大有文章可做，在实践上也是需要倾注毕生精力的大事业。

第二章
从语言文化对比角度看翻译

1 语言文化对比的层次

学习翻译当然应该学习具体的技巧，甚至应该了解一下古今中外有关翻译的理论。但是，这都是后话。在翻译这个千里之行的旅程中，应该从对两种语言和文化的对比入手。唯有对比深刻，才能将翻译中遇到的困难深刻理解，问题方能迎刃而解。因为，归根结底，翻译中的大部分问题都起源于两种语言差异造成的障碍。当然，对比不应只看到差异，也要看到一致。假如两种语言中没有任何一致性或相似性，翻译活动也就无法进行了。因此，对比就是在两种语言的各个层面上去发现相似性和差异性，以便为日后的翻译活动打下一个扎实的基础。

那么到底从哪些方面来剖析对比英汉语言呢？看来我们还得沿用语言研究上常用的方法，即根据语言单位的大小，一一论述。由于译者在翻译中首先听到或看到的总是音或词，所以比较符合实际的对比方法应该是从较小的语言单位开始，再比较更大些的语言单位，最后再去看语言外的因素。因此，本章将进行如下几方面的对比：

- 语音和书写系统的对比；
- 语义的对比；
- 句法结构的对比；
- 话语和篇章结构的对比；
- 语言外因素的对比。

鉴于我们的对比主要是为翻译这个目的服务，所以这里将不会涉及语言对比的所有方面。较为全面完整的对比应该属于应用语言学领域的题目。

2 语音和书写系统的对比

说起英汉两种语言的对比，语音学家们定会如数家珍，他们对英语和汉语各自语音的研究已十分深入。不过我们在这里却只关注其中与翻译有关的部分，对英汉两种语言基本发音特征之类的内容则从略。

英汉语言差别当然很多，比如汉语一个字一个音节，而英语一个词则可能有多个音节；汉语有四个声调，英语没有。假如中文写作者试图强调这些特殊的语言特征，以表达意义，翻译时就会有很大困难，而且往往造成不可译性。汉语里的绕口令就往往是不可译的。"四十四只石狮子"这句话的语义完全可以用 forty-four stone lions 来表达，但其语音承载的特殊意义就无法用英文表达。每当语音成为作者要传达的信息中心时，不可译性就随之而起。英汉语音差异造成的问题常是译者在音译和处理音韵与节奏时要注意的。

音译是翻译的一种方法。目前采用音译的主要是名字，如人名、地名和产品名。但有时也用音译法译名字以外的词，如"德律风"（telephone）、"磕头"（kowtow）等。这种音译方法已经不流行了。

我们知道汉英两种发音系统不一样，所以在音译时要实现语音百分之百的相同是不可能的。比如汉语的四声就无法在英语中反映出来。"王洪宝"和"王洪豹"这两个人名译成英语时都是 Wang Hongbao，没有差别。汉语中"宝"和"豹"声调的差别无法在英语中区别开来。另外，人名、地名从汉语译成英语时往往是汉语的每个音节都译出来，比如"北京"译成 Beijing，"曹雪芹"译成 Cao Xueqin。英译汉时虽然也可能将每个音节翻译到汉语中，如 Tyler 译成"泰勒"，Denver 译成"丹佛"，但很多情况下常有增减，如 San Francisco 是四个音节，但有人译成"三藩市"（中文三个音节，且最后一个字一箭双雕），Dallas 译成"达拉斯"（原词是两个音节，s 不构成一个音节，但中文则是三个音节）。在具体音译时，有些音无法百分之百和原文发音一样，Tyler 译成"泰勒"是较接近原词发音的译法，但是，Reagan 译成"里根"则不然（R 和"里"中的 l 完全不同）。英译汉时为求人名地名译法统一，一般可以使用英汉译音表，如权威的人名地名词典，自己就不用翻译了。

除此之外，一个常被忽视的语音对比是音韵和节奏的对比。作者常会从句子的音韵和节奏是否顺口来修改润色文字。任何语言都有音韵和节奏，因为人们在交流过程中也希望取得一些"额外"的效果。大部分情况下，交流是为了传递信息（如一本软件使用手册）。但有些交流的目的却不见得如此实用，一首诗虽然也有语义，但语义外的语音特征常常要比语义更重要，诗歌的灵魂是在音韵和节奏中。人类对声音的反应有相通性。比如，不断重复一个声音会使人生厌，Jingle bells 如果重复上十次，听的人会感到歌词太单调，所以写歌词的人在用了两个 Jingle bells 之后变换一下，用了一个 Jingle all the way。汉语虽有不少格律诗，但变换也是常用的一个手法，词句就有长有短，比如"水软橹声柔，草绿芳洲，碧桃几树隐红楼。"

英汉两种语言间的差异对译者来说似乎更重要。在某种意义上说，英语形合和汉语意合的区别是英汉音韵和节奏差异的根源。一个形合的句子，为了结构的严谨，表意的精确，有时会牺牲音韵和节奏。请看下面这句英文："A new kind of aircraft—small, cheap, pilotless—is attracting increasing attention."。假如我们受原文结构的影响，把原文结构的特点一一照搬过来，就会翻译成："一种新型飞机——体积小、便宜、无人驾驶——正在越来越引起人们的注意。"但假如我们照顾到汉语表达的音韵和节奏，就会略作改动，"便宜"可改成"造价低"，不仅意思更准确，而且和前面的"体积小"都是三个字。结果读起来就顺口多了："这是一种体积小、造价低的无人驾驶型飞机"（马红军译）。我们常常错误地认为，讲究音韵和节奏是诗人要关心的事，其他文章音韵和节奏特征不强。其实，汉语的意合并不只体现在诗歌中，音韵和节奏是任何一个用汉语写作的人都要时刻注意的。在翻译实践中注意音韵和节奏是一个非常重要的问题。不少初学翻译的人译出的句子单从语义上说是正确的，但音韵和节奏方面则大有改进的余地。请看下面这句英文："If North America and Europe renew their moral life, build on their culture commonality, and develop closer forms of economic and political integration to supplement their security collaboration in NATO, they could generate a third Euroamerican phase of Western affluence and political influence."。本句英文作者也注意到了英文行文的流畅，甚至语音的协调，如最后的 affluence 和 influence 就考虑到了语音。虽然这是政论文，但作者仍有必要注意遣词造句。不过英汉两种语言遣词造句的方法不同，因此不可能用同样的手段来取得同样的音韵和节奏效果。假如译文不脱离原文形合的特点，译者就很难在译文中达到令人满意的音韵和节奏方面的效果。请看下面学生的译文："如果北美和欧洲重建它们的道德生活，以它们的文化共通性为基础，并发展更紧密的经济和政治一体化的形式，来作为北约安全保障合作之外的补充，那么它们就能发展出有西方的富裕和政治影响力的第三个阶段，即欧美阶段。"从语义上看，译文没有太大问题，但译文保留了不少英文形合的特点，结果影响了汉语意合的特色，失去了简洁性，也失去了本可有的节奏。相比之下下面的译文就略有不同："如果北美和欧洲重振道德生活，增强文化共性，创建经济和政治整合的更紧密之形式，以补北约安全合作之不足，那么就能创建出经济富庶、政治强大的第三个西方阶段，即欧美阶段。"这个译文更多照顾了汉语意合的特点，因此至少在音韵和节奏方面略胜一筹。

有些学生经常说，他们不喜欢过多使用成语，以免有卖弄文笔之嫌，这是完全正确的。译者不应该为文字而文字，故意去堆砌一些华丽而无用的词语。但另一方面我们也不能忘记汉语行文的特色，以及由此而产生的音韵节奏方面的特点。英语虽然也讲究音韵的和谐，但由于形合为其主要特征，音韵节奏往往居于次要地位。相比之下，汉语的音韵节奏就显得更为重要。这种重要性不单单体现在诗歌等精练的文学作品中，其他作品亦如此，甚至可能为了节奏而牺牲语法的正确性，这点与英文恰恰相反。比如"车未停稳，请勿上下"这句话中，前后两部分间的关系就没有用连接词表明，而英语中会用一个连接词连起来："Never get on or off the bus before it comes to a standstill."。如果在汉语的句子中加上一个类似于 before 的连接词，句子的意思虽然更清楚了，但节奏也因此被破坏了："在车未停稳之前，请勿上下。"

　　汉语之所以如此注重音韵和节奏，可能与汉语的书面语起源于诗歌有关[1]，也正因如此，对称、音韵等特点一直延续到今日的白话书面语中。另外，汉语中的汉字是单音节的，所以音节的配合往往十分重要。如果你说"我身健康"，怎么听都不顺耳，改成"我身体健康"就好了。同理，"他房宽敞"听起来总觉得不够完整，改成"他的房间宽敞"，节奏就比较和谐，意思更明白，句子也更像白话文的句子。由于汉语一字一音节的特征，双音节和四字结构总能创造出更好的语感。而且汉语是"偶字易适，奇字难平"，所以在翻译有些并列的词组时，就应该尽量保持偶字结构。"飞机小，便宜"没有音乐感，改成"体积不大，造价便宜"就是"偶字易适"的一个范例。译者当然不能一味地追求四字结构。汉语中也常见奇偶并存，在变异中求得音乐美："明月中天，照见长江万里船"就是双音节和单音节并存，照样创出美感，写出意境。总之，单音节、双音节的灵活组合，对偶排比的合理运用，不仅能表达出复杂的思想，也能创造出铿锵的美感。出自汉语高手的文字往往是驾驭音韵和节奏的典范。看下面这段文字："成熟是一种明亮而不刺眼的光辉，一种圆润而不腻耳的音响，一种不再需要对别人察言观色的从容，一种终于停止向周围申诉告的大气，一种不理会哄闹的微笑，一种洗刷了偏激的淡漠，一种无须声张的厚实，一种并不陡峭的高度。"[2]其中一共八个"一种"，每两个一对，一对中两句的字数相同，结构相似，音韵和节奏都被用来表达作者的思想。这个句子比较极端，也许有些过分，但是用来说明汉语求偶的特征还是合适的。

　　前面已经讲过，一种语言的语音特征往往和该语言的句法和语义特征有关。英语形合的特征和汉语意合的特征迥异，单从英语形合和汉语意合的角度来纠正翻译中的失误是不够的，还有必要强调汉语音韵和节奏的特色，这样才能写出地道的中文。

　　最后，学习翻译的人也有必要注意一下英汉两种语言书写系统的差异。这种差异显而易见：英文是由字母组成的音素文字，字母本身只是声音的载体，而不是意义的

---

[1]　见《跨文化交际学》，贾玉新著，上海外语教育出版社，第 270 页。

[2]　见《山居笔记》，余秋雨著，文汇出版社，第 124 页。

载体，音素文字是线性文字；相反，汉语是方块字，有形、有声、有义。汉字重形象的特色直接影响了中国人的思维，而英语字母的线性结构也与西方抽象思维的特点不可分割。

英语和法语之间的翻译在书写层面上没有太大的差异要克服，因为英法两种语言的书写体系基本相同，但英汉翻译则完全不同。所以，如果原文作者在写作时使用语言书写上的特征来表达意义，译者就会面临极大困难。比如用一个拼写错误的英文词来表达说话人没有受到过足够的教育，译成汉语时就无法保留原文书写上的错误，而唯一可行的译法是用一个汉语中的错字来达到功能上的对应。所幸的是，作者很少利用书写系统的特点来表达重要的意思，所以书写系统的差异并不常给翻译造成很大的困难。

 语义的对比

严格地说，语义的对比和后面话语的对比之间有重叠的地方。语义对比的主要对象是词、短语和句子的语义，而话语研究的对象也是和句子有关的。本节将着重讨论英汉两种语言在词、短语和句子上的异同。

学习语言学的人都知道著名的 Sapir-Whorf 假说。该假说的结论很有争议，因为它认为语言实际上左右了人类的思维，人类正是因为说的语言不同，思维才不同。如此极端的观点很多人都不同意。但从这个假说将语言的使用和思维的方法联系起来看，却有一定意义。客观世界本身是没有人文色彩的，所以也就谈不上差异。但只要人一介入，情况就会不同。在很多情况下，不同语言文化中的人在观察一个事物后的反应是相同的，描写这个事物用的语言在语义上也就没有差异。中国人看到一个有四只脚托着一个平面的物体后，用"桌子"表示，而说英语的人看到同一个物体后，用 table 表示。桌子和 table 两个词的所指完全一样，两个词也没有其他附加的文化色彩。一般来说，表示实体的词比较容易翻译，因为可以在英汉两种语言中找到语义完全相同的词。computer 译成"电脑"或"计算机"、car 译成"小轿车"、milk 译成"牛奶"等都没有什么大问题，因为英汉语言中这些词的所指十分清楚，没有文化上的差异可言。但不是所有的词都能一对一地对等起来。有些词，特别是抽象的、表达概念的词，其核心语义在英汉两种语言中没有大的差异，但其附加的文化意蕴却有很大差别。比如"个人主义"（individualism）所指的核心含义汉语和英语应不至于有大的差别，但这个词在中国人和美国人心中产生的联想意义就不尽相同。在特别注重个人的美国，该词的正面意义往往是词的主要内容，但在强调集体高于个人的中国，其负面意义就十分明显。

最典型的一个例子是 democracy（民主）这个词。东西方在这个词的词义上分歧颇大。其实这个词本来就是起源于西方文化，虽然随着时间的推移这个词在西方自己的体系中含义也会有些细微的变化，但基本上是稳定的。当 20 世纪初"德先生"被请进中国时也是从正面引进的。但现在，中国人对西方的看法和"民主"一词刚刚引进时大不一样了。于是"民主"似乎带上了一点负面的色彩，以至于中国人不得不说，我们要的是"社会主义的民主"。这种细微的差别都应该是一个译者所要注意到的。其实，只要仔细观察，我们就会发现很多词在英汉语言中虽可找到对应的词，但词的附加意义并不一样，地主和 landlord、批评和 criticize、自由和 freedom 在附加意义上都有很大的差异。不过，上面这些例子所说的差异虽有不同，但并非截然相反。有时英汉两种语言中的词所指完全一样，文化含义却完全相反，常见的例子就是一些表达颜色的词。西方人在结婚典礼上穿白色衣服，但传统的中国人却在葬礼时穿白色衣服，婚礼上常穿红色衣服。这类所指相同，附加意义截然相反的词也很多。

另外，译者还应该意识到词的核心意义总是比较稳定的，table 和桌子的所指意义 50 年前和 50 年后没有什么变化。红色和白色的所指意义古往今来也没有变化，因为它是以生理的视觉功能为基础的。50 年前中国人在十字路口看到红灯就停下来，50 年后美国人在十字路口看到红灯也停下来，说明其所指意义没有任何变化。但红色所表达的附加意义则不见得那么固定。词的附加意义常随时间而变化，50 年前"女友"一词在中国并不经常使用，人们会羞于说自己有女友，但今天青年人都会大方地将女友介绍给朋友，可见"女友"一词的附加意义已经有了变化。

英汉语言间这种差异要比英语和其他欧洲语言间存在的差异大得多。有人认为在欧洲语言间学习新词就如识别略加乔装打扮的老朋友，不费多大力气就能认出来。特别是一些科学、技术、哲学等专业词汇几乎完全一样，不仅所指意义一样，甚至附加意义也相同，因为它们都属于西方文化。但英汉词汇所载各层语义的差异却可能十分大，有些明明是相同的词，含义却十分不同，造成所谓的"假朋友"，比如"It's not funny."这句英文译成中文"这并不可笑"，就没有完全表达原文中说话人十分生气的情感。每一个从事英汉语言翻译的人都必须注意这种差异。

另外，英汉语言对客观事物分类上的差异也是词语对比时不能忽视的。只要拿一块调色板，你就可以用 3 个基本颜色调出数不尽的颜色来。但不同文化中的人却将这无限的颜色分成有限的种类，如有人认为汉语和英语的基本颜色词只有 11 个，利用合成法也只能构成 2 048 个合体词[①]。人类一旦用词来表达颜色，就将客观现实粗暴地纳入了人类自己词语的范围里。不同文化的人将颜色"包装"起来的方法不同，因

---

① 见《汉英应用对比概论》，熊文华著，北京语言文化大学出版社，第 368 页。

此汉语中的每一个颜色不一定都能找到完全对等的词。一般常用的本体词（基本颜色词）问题不大，红、黄、绿、黑、白、灰等在英汉两种语言中可以取得一致。但由于英汉两种语言构词手段不同，有些词就不容易找到对应词。

颜色词的分类给我们的启示是词原来是十分"独裁"的，现实在词的强迫下只得纳入它的框架内。不同语言中词的框架大小和形状不同，所以在不同语言的词之间找对应词实际上会很困难，即使找到了最接近的词，也不见得是真正意义上的对应。不过人类不得不借助词这个媒介来进行交流，所以用词语的人即使知道所用之词和现实所指并不完全一致，也只能使用那个词。"The map is not the territory." 这句普通语义学的名言，将词语不忠于现实这一点生动地描写出来了。

但在有些情况下，我们甚至无法找到较接近的词。一旦出现译入语词语缺项的情况，常使用的方法是造词。这点在科技用语上特别明显。现代科技大多源自西方，很多新的技术名词在汉语里均没有对应的词。结果，汉语中不得不造出一些新词，比如"搭桥术"（bypass）、"因特网"（the Internet）等。汉译英时也面临同样的问题，中国传统医学自成体系，中医的很多词都只能在英语中造出新词，Tai Chi（太极）和 Qi Gong（气功）都是很好的例子。

除了词和词对比外，还有必要对比英汉两种语言是如何将词结合起来的，这就涉及英汉语言中短语和句子的比较。英汉语言在词如何组合表达意义上有不少相同的地方。比如将英文 a beautiful city 译成汉语时，我们仍然保留原文的语义修饰结构，即用一个修饰词描写名词，"一个美丽的城市"。将"I like the book."译成汉语时也没有语义结构上的变化，英汉语言中都是动词的实施者（I）做出一个动作（like）影响动词的接受者（the book）。在上面两种情况下，英汉语言在词和词相互组合构成语义时没有大的差别。但是，在很多情况下，词和词组合的关系是不一致的，英语要表达某个意义将几个词组合起来的方法和汉语的组合可能不完全一样。比如"The team will examine each ballot to see if the chads indicate a presidential choice."这句，英文中词与词组合的方式和汉语既有同也有异。本句主干结构 The team will examine each ballot 在汉语中也有相同的句法结构，但 presidential choice 这个词组中词之间的语义修饰关系就有英文的特殊性。从语法结构看，形容词 presidential 本该是修饰名词 choice 的，但我们无法在中文里保持同样的修饰关系。如果我们把这句译成"这个小组将检查每一张选票，以决定孔屑是否表明一个总统的选择"，我想大部分人都会觉得这样的中文太难懂。英汉两种语言虽然都有形容词加名词的结构，但在本句的汉译时不能用简单的形容词加名词来表达，在英文中这两个词之间有一些语义是隐性的，汉译时有必要用文字显现出来，译者必须重新梳理这个短语内词的语义修饰关系，然后灵活地处理，如将这句话译成："这个小组将检查每一张选票，以决定孔屑的状况是否表明选举人在总统选举时的一个选择。"

4　句法结构的对比

英汉两种语言句法差异很大，这和英语是屈折语（inflectional language），而汉语是非屈折语（non-inflectional language）有关。英语形态丰富，被称为屈折语言或有标记的语言（如用词根或词尾变化区别词类，名词的数和格，动词的时态等）。而且词与词之间的关系常由一个客观的词来指示，不像汉语要由读者自己来解读，比如"Don't come in until I call you."，这句英文两个动作之间的关系由一个连接词 until 明确地指示出来，不可能有误解。同样表达这个意思，汉语就完全可以不用任何表示关系的连接词："不叫你不要进来。"这个例子充分说明英语客观性强，汉语主观性强。无怪乎王力先生说，汉语是"人治"的语言，而印欧语系的语言是"法治的"。贾玉新在他的《跨文化交际学》中将英汉语言在句法上的差异很精练地概括如下："英语高度形式化、逻辑化，句法结构严谨完备，并以动词为核心，重分析、轻意合；而汉语则不注重形式，句法结构不必完备，动词的作用没有英语中那么突出，重意合、轻分析。"①

英汉两种语言一个重形合，一个重意合的特点使得两种语言各有千秋。由于英语重形合，句法结构严谨，所以表意就十分精确；而汉语重意合，句法结构松散，所以就使得词在表达意思上担子更重些，就如申小龙所说："一个个语词好像一个基本核子，可以随意碰撞，只要凑在一起，就能意合，不搞形式主义。"②汉语因此也就显得十分灵活。"鸡声茅店月，人迹板桥霜"，何等的简洁。"鸡声""茅店""月"之间的关系，"人迹""板桥""霜"之间的关系都不必由作者用词语挑明，读者自会解读，甚至不去解读更有美感。有人会说，这是诗，普通的文字就不见得这么简洁。其实汉语的意合绝不只体现在诗词中，普通文字亦然。有些朋友不理解："雪白的纸、乌黑的字怎么能印出一篇篇这样的文字来呢？"名词"纸""字"和动词"印"的关系就不是形合所能解释，而只容意念把握。与汉语相反，英语往往会一览无余，看不出字里行间还蕴藏着什么意思："The confidence that the West would remain a dominant force in the 21st century, as it has for the past four or five centuries, is giving way to a sense of foreboding that forces like the emergence of fundamentalist

---

① 见《跨文化交际学》，贾玉新著，上海外语教育出版社，第 266 页。

② 见《跨文化交际学》，贾玉新著，上海外语教育出版社，第 265 页。

Islam, the rise of East Asia and the collapse of the former USSR and Eastern Europe could pose real threats to the West."。这虽然是一个十分长而复杂的句子，但解读起来还是比较容易的，因为各个语言单位间的语法关系都清清楚楚地由表达连接的语法手段指示清楚了，精通英文语法的人一下子就能找出这句话的主干：The confidence is giving way to a sense of foreboding，句子的分支部分也可以根据逻辑一层层解读出来。英语形合的特点为理解英文提供了很大的帮助。

上面提到的英汉两种语言各自的优点都可能在翻译中形成障碍。将一个重形合的文本译成重意合的文本，最常犯的错误就是将形合的特点迁移（transfer）到重意合的语言中。翻译中译者面临的困难多种多样，但要是让我选出一个最大的困难，我会认为句型结构的迁移是最大的障碍。现在有不少译者的译文充斥着英语的句法结构，甚至还美其名曰"忠实原文"，观念实在有必要更新一下。

我曾经给学生做过一个练习，翻译一篇关于英国气候的文章，原文不过 298 个词，译成中文后有人用了 374 个字，还有人用了 474 个字，整整多出 100 个汉字。仔细对照两个不同的译文才发现，多出的 100 个字大多是表示关系的连接词和其他虚词，原文形合的句法结构特征都被迁移到重意合的汉语中，结果译文失去了汉语应有的特征。

除了形合和意合方面的对比外，还有必要将英汉两种语言的语序进行一个简单的对比。英汉两种语言最基本的语序都是 SVO（subject+verb+object）。因此，只要是读简单的句子，一般没有什么困难。美国人说 "I bought a book."，中国人说 "我买了一本书"，都不用克服语序不同造成的障碍。只要将语言简化到这一步，机器翻译就成为可能。但英汉两种语言在表达思想时并不是只用这类简单的句子，句型一复杂，语序造成的障碍就显而易见了。"I bought a book yesterday." 就不能译成 "我买了一本书昨天。" 这时将时间副词移位就是翻译时必须要做的。当然这只是一个简单的例子，大部分人都会觉得这种移位并不构成太大的障碍。可是有些英语句子十分复杂，因语序不同导致翻译时障碍很大。请看这句：

The speed with which they had transformed themselves from peasant societies into industrial powerhouses, their continuing ability to achieve growth rates several times higher than the advanced nations, and their increasing ability to challenge or even surpass American and European technology in certain areas seemed to call into questions the dominance not only of Western power but of Western ideology. (Paul Krugman)

这句的语序错综复杂，翻译时困难很大。在这种情况下，将一个十分复杂的句子简化成一个个小的具有最简单语序的句子再译，不失为一个有效的方法。具体操作方法请见有关奈达翻译理论的章节。

另外，英汉两种语言中从句（子句）语序的差异也是翻译过程中要注意的问题。首先是状语从句。英语有些状语从句可以放在主句前，也可以放到主句后，如：

- He got the job although he had no qualifications.
- Although he had no qualifications, he got the job.
- We camped there because it was too dark to go on.
- Because it was too dark to go on, we camped there.

虽然 although 和 because 等引导的状语从句放在句首或放在主句后总会有些细微的差别，但这是英语语法允许的，所以每对中两句意义基本相同。汉语在处理这类状语从句时较习惯将 although 和 because 从句放在前面，但是放在主句后有时也并非完全不可接受。因此，在这类状语从句的语序上，英汉两种语言有相似性。但有些状语的语序虽然在英语中可以很灵活，但在汉语里就有些限制，如：

- As I was walking down the street, I saw a police car.
- I saw a police car as I was walking down the street.

这类句子译成汉语时 as 从句一般不放到后面。一般来说，在英语中既可以放到前面，也可以放到后面的状语从句译成汉语时首选的译法是将状语从句放到前面，尽管有时放到后面也是可以接受的。

除了状语从句外，定语从句（或称形容词子句）的位置也有必要对比。英语定语从句都是放在所修饰的词的右边，称为 Right Branching Direction (RBD)，如："The musician who played at the concert is from China."。但汉语的形容成分（定语从句）都是放在所修饰词的左边，称为 Left Branching Direction (LBD)，如这句可译成："在音乐会上演奏的那位音乐家是从中国来的。"这种在句子展开方向上不同的特点给翻译带来一些困难。首先，英语 RBD 的特点有利于英语用定语从句表达思想，因为反正是在右面，写作者可以从容不迫地写下去，如："John read the letter that Mary wrote to the boy that Jane was in love with."。但由于汉语是 LBD，所以在被修饰的名词前放太多的信息就十分不便，写汉语的人会有后顾之忧，如将这句译成："约翰读了玛丽写给珍正爱着的男孩的那封信。"因此，英汉 RBD 和 LBD 的差异给译者带来不少困难。译者既然不能在所修饰的名词前放太多的东西，就只能另辟蹊径，比如有些定语从句可以译成各种不同类型的状语从句或索性写成两个句子。定语从句的具体译法请参考"翻译的基本技巧"一章。

句法对比中另一个值得注意的是被动语态的对比。英汉两种语言中都有被动句："Steve was beaten by Tom." 和 "张三被李四打了。"都是被动结构。但英汉两种语言使用被动句的场合不完全一致。英语语法十分严谨，一个句子必须有主语；但汉语则不然，不用主语是经常见到的。结果，英语只能用被动语态的句子，汉语可以用主动句。请看："The application has been improved. A number of new features have been added and a number of bugs have been fixed."，本句用了三个被动结构，如果要用主动语态的话，就很难找到三个动作的实施者，而且科技文章要尽量减少主观色彩，引进主语反而会增加主观色彩，所以用被动语态是上策。但汉语用主动语态时不一定要用主语，所以上面的句子可以译成："已改进了该应用程序，增加了一些新的功能，同时也纠正了一些错误。"英语必须有主语这一特点给英语设下了不少限制，而汉语既有被动结构又不一定要用主语的特点，反倒使是否用被动句成为一种选择。"The procedure is performed under local anesthesia in an outpatient facility." 这句就可以译成无被动形式标识的被动句："这种手术只需局部麻醉，在门诊部就可以做。"或译成无主语的主动句："可在局部麻醉情况下在门诊部进行手术。"

另外一个在翻译中要注意的问题是汉语被动句的无形式标识特性。汉语的被动句不一定要用"被"字。学生常犯的错误就是不停地使用"被"字。汉语可以说"他选上了"或"麦子收割了"。"The article has been translated into English, but with little elegance to speak of." 这句译成："这篇文章被译成英语后失去了不少文采"，就不如去掉"被"字。即便是使用被动语态的标识词，也不一定要用"被"。汉语中还有"受""遭""为"等，都能起到相同的作用，译者要灵活运用，切勿抱住一个"被"字不放。有关被动句的具体译法，请参阅"翻译的基本技巧"一章。

5 话语和篇章结构的对比

话语结构这个概念对语言的研究十分重要，所以这几十年来语言学家一直热心地研究话语。翻译研究者们也早就开始讨论话语与翻译的关系。但翻译理论方面的成果却没有很好地应用到实践中；换句话说，翻译实践略显滞后。这其中的原因恐怕和传统翻译理论只注意句子结构，很少以话语结构为翻译单位有关。要让译者认识到从话语层看翻译的必要性，首先就应该对英汉两种语言中话语的结构进行比较，然后才能以理服人，让从事翻译实践的人能接受话语理论并应用到翻译实践中去。

所谓话语结构，指的就是人们讲话的固定模式，特别是几个句子如何组合在一起的规则。因此，话语结构是约定俗成的。有些句子的结构并不是很固定的。但有些句子的结构却很固定，不容增减改动，比如英语中的某些套语就是特定场合下约定俗成的固定说法，不能随意改动，最常见的就是礼貌用语。在人际交往的特定场合，各个文化都有自己特定的用语。比如在把一份礼物赠送给别人时中国人习惯上会尽量贬低自己的礼物，说一些不见得符合事实的话，如"只是薄礼，不成敬意，请笑纳"；在同样的场合西方人却会有另一套用语。再比如别人夸一个人英文说得好，中国人一般会说"不行，说得不好"；但西方人往往会说 Thank you。甚至最常用的"谢谢"这个表达法在英汉两种语言中的用法也不一样。"谢谢"在英语中使用的频率大大高于它在汉语中的使用频率，使用的场合也不完全相同。比如美国的家庭成员之间常说"谢谢"，但中国家庭中一家人之间不说"谢谢"，说了反倒有些见外（当然，随着文化的开放，这种习惯也在改变）。另外，表请求之类的用语也有约定俗成的特征。如在电话上想与某人讲话英语常说"May I talk to John?"，汉语如果说"我可以和约翰讲话吗？"就很别扭。除此之外，还有其他固定的话语结构，如"That was then." "This is now."和"Those things come and go."等都是所谓"老生常谈"，不停地被说英语的人重复使用着。只要我们仔细观察就会发现，英汉两种语言在这类话语结构的使用上差异很大，这反映了语言背后的文化不同，使用语言的人行为模式也不同。翻译这类话语结构时是照原文直译，还是完全采用译入语中功能完全对等的译法，这些都是很值得讨论的。

另一个与话语结构有关的问题是句子之间的衔接是否紧凑（cohesion），即句子的承前启后。这个问题在以句子为翻译单位时看不出来，但从话语结构的角度看一下子就清楚了。英语中由几个句子构成的一个整体中每句间的承前启后自有一套规则，但汉语在表达同样的思想时就不一定用同样的方法来连接各句。冲破句子的极限来观察语言，看到话语结构这个层次上英汉语言的差异是译者绝不应该忽视的。只要放开眼界，把比句子大的语言单位看作一个一个的整体，就会发现这些较大的语言单位的结构也是受各自文化制约的。因此篇章的结构、段落的安排也属于本节要讨论的。翻译系的学生有时常会问一些非常有意思的问题，如是否可以将一段中的最后一句放到最前面，或将几个句子的次序颠倒等。这实际上就涉及语段篇章的安排，即汉语写作中常说的"布局谋篇"。

篇章结构的异同实际上是思维结构不同在语言上的反映，因此，比较一下英汉语言在思维方式上的差异很有必要。辜正坤在他的《翻译标准多元互补论》中曾说，英语往往把最需要表达的东西放在一个句子的最前边，而汉语却往往把最需要说的东西放在句子的最后边 [1]。他将印欧语与汉语句法结构的差异如何反映心理结构的差异概括如下：

印欧语	汉语
由内向外	由外向内
由小到大	由大到小
由近到远	由远到近
由微观到宏观	由宏观到微观
由个别到整体	由整体到个别
由具体到抽象	由抽象到具体

这个差异不仅反映在句子的句法结构上，也反映在比句子大的语言结构上。一个最明显的例子就是英汉两种语言在书写姓名和地址时的差异。用英语写信封，总是先写人的姓名，然后是街、城市、州、国家。但汉语在写信封时却把这个次序完全颠倒过来：

John Smith
389 Pine St.　　　　　中国北京
Fresno，CA 90111　　黄河大街 11 号
U.S.A.　　　　　　　李海林先生 收

所以，在翻译信封上的地址时，是照原文的顺序排列，还是照译入语的习惯排列，也值得考虑。段落中句子的排列在英汉两种语言中也有差异。大部分英语的段落总是以主题句起头，结尾处往往有结尾句。这种写作的结构根深蒂固，孩子们从小在学校里就是这么学的。相比之下，汉语中具有高度概括性的句子则常常出现在段落的中间或末尾处 [2]。这种差异往往给中国人学英文写作造成困难。英语老师常常要再三强调，先写主题句，然后再围绕主题句展开段落，而说惯汉语的人对这一套说法很不习惯，虽然会写一个一个英文的单句，但英语的布局谋篇还要从头学起。那么在进行英汉翻

---

[1]　见《翻译标准多元互补论》，辜正坤著，北京大学研究生学刊，1988 年第 1 期。
[2]　见《英语修辞比较研究》，胡曙中著，上海外语教育出版社，第 116 页。

译时是保留原句的布局特征，还是采用译入语的布局特征就是一个很值得注意和思考的问题。如果将源语段落内的布局迁移到译入语中就保留了源语的思维过程，而采用译入语的布局安排就是将译入语的思维过程强加到译文中去，虽然两种不同的段落结构并不改变基本的语义。所以，学生提出的能否将一段中的句子前后颠倒并不是一个很好回答的问题。

6 语言外因素的对比

我们对英汉两种语言的比较从很小的语言单位开始，一直比到篇章结构，语言本身的比较，基本上完成了。但是语言不是孤立的，它完全"浸泡"在社会、文化这个大环境里。所以对于一个译者来说，比较东西方文化的差异，比较英汉两种语言所处的社会结构之差异也很有必要。

其实，当我们讨论语义结构、表达方式、思维结构的差异时，我们就已经触及文化对比这个题目了。文化无孔不入地浸透在语言的结构中。有关文化与翻译的关系，请参阅"文化与翻译"一章。我们这里将集中对比一下社会结构的不同在人们的世界观上可能造成的差异，这种世界观的差异直接或间接地影响着不同文化的读者解读文本的过程。

我们一般总是以东西方文化的差异来讨论中国社会和西方社会的不同。确实，东西方社会有很多本质的不同，如中国社会较注重国家、集体，而西方社会则特别强调个人；中国社会独特的家庭观和西方社会也不尽相同。但这种以空间为基础的对比也有其局限性。比如当我们声称中国社会特别注重家庭时，有些美国人则会说美国人传统上也很注重家庭，只是最近几十年家庭的观念淡薄，而且有些美国人也毫不客气地指出，随着中国社会的现代化发展，传统中国家庭观是否能保持下去很值得怀疑。这就说明仅以空间为基础的对比很不全面，有必要也从时间的角度来观察中国社会和西方社会的不同。时空并重的分析法更能揭示两种社会本质上的差异。

那么从什么角度切入才能较深入地揭示两种社会的异同呢？奈达在他那本著名的《信息与传教》[①]中采用了哈佛大学著名社会学家李斯曼 20 世纪 50 年代提出的一个模式，分析人类社会的差异。李斯曼在《孤独的人群》[②]一书中将人类社会分成三类：

- 传统导向型（tradition-directed）；

---

① 见 *Message and Mission*，by Eugene Nida，1990，第 192 页。

② 见 *The Lonely Crowd*，by David Riesman，2020，第 2—28 页。

- 内心导向型（inner-directed）；
- 他人导向型（other-directed）。

　　李斯曼认为这三种不同社会类型中的人对生活与人生的态度和观点会很不一致，从而导致价值观的不同。比如属于传统导向类型的社会，总是向传统寻求准绳，生活在这种社会中的人常会说，"我们历来就是这样做的"，不敢越雷池一步。这种社会因循守旧，一些比较原始的社会属于这一类。

　　内心导向型的社会总是向内心深处已经建立的一套原则寻求准绳。生活在这种社会中的人总是说，"我们应该这么做，因为这样做才是对的"。他们的这套原则是长辈们传下来的。这类社会中的人口增加较快，不停地想开拓新的领域，生活方面也与传统类有很大差别。作者当时写书时认为 50 年前的美国，以及当时欧洲的很多社会都属于这一类型。

　　他人导向型的社会总是向（同代人中的）他人寻求准绳。生活在这种社会中的人总是说，"谁都这么做，所以这样做肯定是对的"。由于人们总是在他人中寻求标准，所以他们的标准常常变化，因为他人的行为准则常常变化。作者认为当代美国社会正是这样的社会。在这种社会中人们感到再也没有什么可以企盼的新地平线了。

　　李斯曼的这种划分方法是从人寻求生活准绳的不同来建立分析社会的模式，与传统的社会划分法颇有巧合之处。传统导向的社会很接近前现代社会（premodern society），内心导向的社会很像现代社会（modern society），而他人导向的社会颇似后现代社会（postmodern society）。

　　生活在这三种不同类型社会中的人对生活的态度会因自己的境遇不同而不同。传统导向型社会里的人总是设想从自己民族的神话中寻求解决问题的方法，一旦他们干了有悖传统的事，他们会感到"羞耻"（shame）；生活在内心导向型社会里的人常是从牧师的布道词中获得精神支柱，一旦他们干了有悖内心准则的事，他们会感到"内疚"（guilt）；而生活在他人导向型社会里的人常从心灵顾问和心理咨询师那里获得安慰，一旦他们违背了他人确立的准则时，内心就会感到"焦虑"（anxiety），十分关心与他人的关系。

　　这三个类型的划分并不是十分清楚，而且其影响一个社会的速度也非整齐划一。在一个较大的社会中不同的类型会并存。奈达认为，由于这三个类型的社会中人的世界观、人生观不同，所以要在三个不同社会中进行有效的语言交流就有必要将信息接受者所处的社会环境考虑进去。就拿美国社会来说，几十年前的美国和今日的美国已不可同日而语，典型的西方现代社会读《圣经》、去教堂等习惯已经在后现代社会的环境中有所变化，不少人用看电视、玩计算机取代了读《圣经》，用心理咨询取代了牧师的布道。结果面对面的交流相对减少，通过印刷媒体了解信息的机会也减少，取而代之的是以声音和图像为媒介的所谓"口语社会"（oral society）。这种社会中的家庭虽然仍然是社会存在的最基本单位，但其传播社会价值观的功能已经大打折扣。另外，由于现代社会发展到了极致，社会机构的分工越来越细，法律的作用也越来越大，结果在早期现代社会中起重要作用的道德，也被法律挤到了一边。许多原本毫无疑问属于不道德的现象，在法律程序的帮助下也可以逃出法网。生活在他人取向社会中的人已经很难找到生活的准则，即使找到了也无法持久，因为他人的标准总是在不停地变换。

　　那么中国社会又是如何呢？根据李斯曼的模式，今日的中国和几十年前的中国显然不应属于同一类型。几十年前的中国虽然已经有了电灯、电话、柴油机车等低级现代社会的"催生剂"，文化心态上仍然保存着不少传统导向型社会的特征，比如20世纪五六十年代的中国社会就保留着不少传统导向社会的特征，当时的中国人确实很少提出疑问，我们今天之所以这么做，是因为我们历来就是如此。但最近几十年来中国社会的情况已发生很大变化。虽然从政治运作的结构和文化心态角度看，当今中国社会依然存在不少传统导向社会的特征，但内心导向社会的特征也已开始出现。伴随着内心导向社会特征的出现，社会功能逐渐开始分化，法律开始发挥作用。"冷战"后国际经济全球化势不可当，西方文化的渗入，高科技的引进，特别是互联网在中国的逐渐普及，都为中国这个仍具有前现代特征的社会添上了一层后现代的色彩。中国社会为了要达到发展的目标，不得不两面作战：一方面，它必须极力反对传统导向社会对它的牵制，大胆地走出"部落"，向现代化社会迈进；另一方面，它也必须适度抵制他人导向社会对它的诱惑，这样才能在现代社会根基不稳的情况下将后现代的因素转变成社会良性发展的催化剂。在这样一个大的框架下看东西方文化和社会的差异定能帮助译者看清将文本从一种语言转换成另一种语言的本质。一个传统导向型社会中的符号转换到他人导向型社会中，其意义是否可以被接受，这个问题和跨文化交流有着密切的联系。我们在跨语言交流中，有时自以为是，把一套套自己非常得意的说法用在对外交流上，殊不知，这类表达法不仅可能对方无法理解，甚至还可能冒犯对方，实在是好心办坏事。所以，译者有必要将那些东西方社会中截然不同的价值观、概念放到不同社会形态的大背景下仔细分析，才能正确解读出它们在原来语言中的意义以及在跨文化交流中可能衍生出来的附加含义，使得不同社会文化背景的人在错综复杂的跨文化交流中仍可以"心有灵犀一点通"。

第三章

文化与翻译

文化与翻译这个领域已经被数不尽的学者研究过，因此，可能没有新意。但是谈翻译就不可能回避这个题目。

大多数人都从文化因素如何在翻译过程中起作用这个角度来讨论文化与翻译的关系。显然这是最具有实用价值的处理方法。在英汉翻译中有无数的例子可以说明忽视了文化因素就不会有成功的译文。中外学者对此已多有评说。当代翻译理论家尤金·奈达在研究《圣经》翻译过程中提出了一整套处理文化与翻译的理论和方法，其核心内容就是他的"功能对等"原则。该原则强调译者追求的不是文字上的对应，而是要将文化因素在译文中反映出来，达到功能上的对等。他的《跨文化过程中的意义》[①]从信息理论出发，用实际的例子生动地说明了文化这个因素在翻译中是绝不应该忽视的。

奈达有关翻译的著作在中国早有所介绍。但他还有一部分著作属于宗教类，没有被象牙塔中的学者注意到。其实，奈达有关语言和翻译的思想和他在宗教上的思想是一脉相承的，甚至可以说，后者虽是涓涓细流，没有他在翻译理论方面所掀起的大浪那样"惊世骇俗"，但这涓涓细流正是其思想的源头活水。他在1968年出版过一本《跨文化宗教》[②]。该书从人的各种不同冲动切入，讨论各文化间的同和异。一个从事翻译的人对这个题目是应该有所了解的。

1 人类最基本冲动的相通性

一谈文化与翻译，我们总是谈异多，谈同少。其实文化不同的人除了有差异外，也有很多相同的地方。如果不同文化的人之间没有相同的地方，跨文化交流就不可能进行，翻译也同样不能进行。那么，从什么角度来看才能对不同文化间的异同有较清楚的认识呢？奈达在谈这个问题时，十分深刻地触及了人的生理冲动（physical drives）。人类在最基本的生理冲动与需求方面是基本相同的。口渴时想喝水，不因文化而异；饥饿时要吃东西也无文化上的差异；另外，生理上的性欲需求也没有文化上的差异。因此，将"I am hungry."译成中文难度不大，因为在中国文化里有完全

---

① 见 *Meaning Across Cultures*，by Eugene Nida and William Reyburn，1981。

② 见 *Religion Across Cultures*，by Eugene Nida，1968。

相同的情况发生，也有完全对应的表达法来表示这句话的意思。表达人类最基本冲动和需求的说法在翻译上不构成多大困难，因为这类表达生理冲动或需求的语言（在它们没有被附加人文意思之前）在各个不同文化里没有什么不同的意思，人类在这方面的生理反应是相同的。

根据上面的道理，只刺激人类生物感官的外部环境属于自然，也没有多大文化差异。我们可以做一个试验。将一个人关在一个大花园内，里面有各种并不提示文化的花草树木，但没有文字，没有音乐，没有图画，没有任何可以提示文化的符号，当然更没有其他人。在这种环境中，人就很难辨别出周围环境是属于哪一特定的文化，因为一切可以提示文化的信息都被切断了。在这样的环境中，人仍可以认识外部环境，但主要是科学上的认识。科学语言的描写就是没有情感的描写，从植物学角度描写一种花，从地质学角度描写一块岩石，从环境学角度描写一池水，都没有情感掺杂其间。由于没有情感，各文化间的差异就很小，语言间的冲突也不大。在这种环境中的人当然也可以对自然环境进行文化性的描写，但他要这样做，就必须动用他心灵深处的文化沉积，让回忆来荡起心灵的涟漪，成为描写的源泉。

2 人类较高层次冲动的差异

人类不满足于生理的冲动和自然的环境。他们有更高的追求。在饮用清泉中的一瓢清水之后，人发明了酒。于是一个简单的人变成了一个复杂的人。酒不再只满足于人止渴的需求，随酒而来的是文化。因此差异也随之而来。我们中国人举杯消愁，酒可以消除胸中的块垒。西方人在烦闷时也可能求助于酒，但是两种酒文化酿造出的情怀就可能十分不同。这是以酒为例，想说明的道理则是普遍的。

人不满足于生理的冲动和物理的环境，这还体现在人类对真理、生死、个人、集体等关键概念所具有的强烈兴趣。人们希望知道人生的意义，希望知道什么是对的，应该为之奋斗；什么是错的，要与之斗争。这类问题就不像前面提到的问题那么容易回答了，因为不同文化群体中的人对这些问题会有完全不同的答案。同一件事对一个文化群体的人来说可称为好事，而另一文化群体中的人则可将其认成坏事。从性冲动到爱情是一个升华，说明人类走向了成熟。基本的生理冲动（性）有其跨文化的相通性，但升华了的爱情就可能因文化而异。爱憎、音乐等与人的精神有关的活动以及审美等活动都属于较高层次的冲动，有丰富的文化内涵，因此也就会因文化而异。

除了这些主观的精神活动外，上面提到的客观的、没有情感的外部自然环境也可能被有情感的人"点石成金"，赋予人文色彩。在一本描写气象的教科书中描写雨打在屋顶上的情景可能是无情感的客观描写，而同样的现象出自诗人之口就变成了"小楼一夜听春雨"，一下子便有了人文色彩，因此，区别属于生理或自然的符号和属于文化的符号是十分重要的。人的很多生理行为以及风霜雨雪等自然现象，只要一经作者打扮就可能一下子带上人文意义。气象预报中的雪是自然，"独钓寒江雪"中的雪是文化。婴儿饥饿时的喊叫是生理的，而成人绝望时的喊叫则是文化的。婴儿的流泪是生理的，而成人回首往事时的流泪则是文化的。动物界母兽对幼仔的保护是生理的，中国人孝敬父母的行为则是文化的。长空的一声雁叫是自然的，反射到人的心中则是有文化的。属于生理、自然的事物和现象常可在不同文化的人心中激起相同或相似的反应，而属于文化的事物和现象对人的作用则常因文化不同而大相径庭。

所以对译者来说最大的挑战并不是来自科技类文本的翻译，而是来自带人文色彩的文本的翻译。科技翻译描写客观现象，关键是要解决译法统一的问题，同时译者要懂所译的内容。这些困难都可以在较短时间内通过刻苦学习来克服。这类翻译被人工智能取代的可能性也较大。但文学翻译则要求译者对数不尽的文化因素有全面而深刻的认识，这样才能在译文中成功地克服文化因素所造成的障碍。要做到这点，短期突击可能不够，需要日积月累。这类翻译人工智能很难取代。

在描写人的各种不同层次的冲动时，奈达根据与人生理关系的深浅和与文化关系的远近，将各种冲动排列如下[①]：

- 审美活动；
- 精神活动；
- 物理活动（如四处走动）；
- 爱和被爱；
- 性；
- 饥饿；
- 口渴。

我们可以看到在这个排列的最底层是最基本的生理需求，与文化的关系最远，可以说从最底下三个层次上看，人与动物没有差异，而且人与人之间也没有差异。在较低层上讨论问题，不同文化的人常可以取得一致。但高层次的冲动则是动物所不具有的，如精神和审美的冲动唯人类所有。而在这种较高层的冲动方面，各文化间的差异可能很大。在口渴时，东西方人都会不约而同地抢水喝。但东西方人对是否应该给予

---

① 见 *Religion Across Cultures*，by Eugene Nida，1968，第 4 页。

个人很大的自由权则会因文化而异。

　　所以，描写较低层冲动的文字，如口渴时喊着要喝水，饥饿时要食物等，相对来说较容易翻译；描写计算机软件安装过程的文字不涉及人的主观因素，因此也就没有文化因素对译者造成的困难。相反，描写美国文化的各种文本，包括文学作品，总是给译者出难题，因为在翻译过程中各种文化因素会接二连三地"跳"出来，要求译者"关照"。这些有文化特色的表达照原来那身打扮去翻译有时很难在译入语的环境里被人接受。译者因此就必须看一看同一表达法在英汉两种语言中是否意思不同，然后还要想出恰当的办法，既不改变原文的意思，又要让译文读者接受。这种高难度的翻译选择岂是人工智能可以胜任的？

3　商业和高科技环境中的语言特点

　　在商业和科技环境中，各文化中的语言当然也会有极大的差异。广告就是一个例子。写广告的人会挖空心思在语言库中搜寻最能打动读者的表达法，因此广告语言色彩纷呈，从不整齐划一。但我们在这里要讨论的是商业和科技环境中与广告截然相反的一面，即现代文化中整齐划一的一面。

　　古人早就说过"商人重利轻别离"。商业活动求的是利，避免的是情。因此，在国际商业活动中谁都斤斤计较。为了能找出一个可行的运作方法，不同文化的人首先必须找出他们的共同点。所以，与商业有关的文字必须排除人的情感因素。一纸合同是一堆冷冰冰的文字，描写商业活动中冷冰冰的客观事实。不同文化的商人会对有些表述提出异议。于是在一番谈判之后，略加修改，终于有了一个各方都可接受的合同文本。生活在这种环境中的人不会去使用色彩纷呈的语言，因为那会造成极大的混乱，不利于商业活动。虽然世界上语言有千百种，但为了便于商业交流，为了不造成混乱，人们只好采用一种语言为国际交流的语言，这样才能在最大程度上取得统一性。目前这一语言是英语。虽然一些民族意识强的人会大声疾呼这样不公平，但这种历史造成的语言选择并不是几个人可以改变的。在滚滚商业大潮的喧嚣声中他们的声音毕竟是微不足道的。公平也罢，不公平也罢，一张张冷冰冰的合同毕竟给不少人带来了小康生活，也能使一部分人腰缠万贯。

　　现代社会中的另一个重要方面是科学技术的普及。东方人可能对西方的一些价值观不以为然，但是对产生于西方的高科技却从来不会拒绝。科技是自然的、客观的、无人为因素的，因此，科技交流必须以标准化为前提。一个计算机指令的描写，一个开胸手术过程的描述都必须精确简明。作者要用标准的语言，不能在一个地方用一个词，在另一个地方用这个词的同义词，因此，作者使用语言的自由度极有限。同理，译者也面临同样的问题。这里没有什么神来之笔，大多是一些既定的说法，译者只能亦步亦趋，采用已经广为接受的用法。只有这样，全世界不同文化的人才能成功地交流。如果同一个事物有各种不同的说法，结果就会十分混乱。由于大多数高科技的发源地都在西方，所以目前科技语言由英文一统天下的现象是无法避免的，汉语受英语影响的局面也同样不可避免。

人类不能没有生理的、物理的活动，也不能没有精神的、审美的活动。这之间有一个平衡的问题。所以我们不能排除商业和科技活动，也不能排除商业的和科技的语言。这类整齐划一的、标准化的，有时甚至是死板的语言自有其存在的理由。但目前的趋势是这类标准化的语言已经溢出了它们的"生存空间"，弥漫在语言交流的各个领域。因此，我们天天可以听到"非常严肃的心智锻炼正在进行着"这类西化了的汉语。生活在楼高车快的现代化城市中的中国人，看的是 CNN 的新闻节目，吃的是麦当劳的汉堡包，"的的"不休地（余光中语）说着西化的汉语，以西方文化为楷模的"地球村"文化终于在势不可当的商业和科技交流的过程中占据了重要地位。长此以往，中国人内心深处的"文化沉积"便在潜移默化中被偷梁换柱。结果，中国人不再为"西出阳关无故人"那样的语言所感动，他们将会忘记李白和杜甫，疏远朱自清和谢冰心。在互联网上乐不思蜀的青年男女将没有闲情去欣赏余光中的诗句，也懒于踏上余秋雨的文化苦旅。这听起来好像耸人听闻，其实不然。只要看看我们的出版物，就不难相信，中国文化中的核心部分——汉语——正经历着考验。

那么造成这种现象的"元凶"是谁呢？我想绝不能怪罪使用语言的大众。西化的汉语大都出自翻译之手。如果我们不那么译，不懂英文的大众是不会凭空造出那么多令人费解的表达的。而译者之所以采用西化的译法，我想有两个原因，其一是译者偷懒，其二是译者对翻译的观点有误。

先说偷懒。如前所述，较为贴近原文的译法在某些种类文章的翻译中是应该的。但推而广之，在什么情况下都用这样的译法就不可取了。要译得像汉语，是件十分吃力的事。译者常常要绞尽脑汁才能找到一个恰到好处的译法。很多译者不愿意在翻译的过程中这样艰难地"跋山涉水"，索性采用较为懒惰的办法，照着原文搬过来就交差了。其实在大多数情况下采用偷懒的办法也是译者不得已而为之，因为译者并没有真正看懂原文。译者当然也会有其他苦衷，要推敲速度就会慢下来，结果收入也因之减少。但偷懒的结果却是洋话连篇。

第二个问题是译者的翻译思想有误，认为这类贴近原文的译法才是忠实的译法。有人甚至认为译文必须像原文，否则就是不忠实于原文。最近读到思果先生的一篇文章，他将"There are no limitations to the self except those you believe in."这句话译成"人的一己没有种种局限，除非你画地为牢。"认为译文应该贴近原文的人则可能译成"对于一己是没有局限的，除掉你相信的那些局限。"对比一下两个译文，谁优谁劣是很清楚的。要想避免西化的汉语，首先必须树立一个正确的翻译观，译文必须像中文，不带翻译腔。

我们当前生活在一个西方文化占主导地位的世界中，这种格局有其历史渊源。我们没有必要愤愤不平。我们应该做的是在可能的范围内尽量减少一些来自强势文化的不必要的影响，保持自己文化和语言的特征。这样做当然如逆水行舟，困难一定很大。但唯其如此，我们才能保持语言的独特性。一旦失去了语言的独特性，也就失去了文化的独特性。

人类各层次的冲动以及商业和科技环境中语言的特点都是与文化和翻译相关的议题，是翻译工作者应该了解的大背景。文化与翻译这个大题目最后毕竟要落实到如何处理翻译中的实际问题这一点上。在各类体裁的文本中最富有文化特色的表达法是比喻和套语。每种语言都有自己独特的比喻和套语。一个社会中，法律、商业、科技语言膨胀势必会挤掉不少比喻和套语（当然，严格地说，法律、商业、科技领域中的不少固定用法也可被称为套语。），因为这类具有文化色彩的表达法不常见于上述体裁的文本中，而是多见于日常的生活语言和文学作品中。如何处理好比喻和套语是文化与翻译的核心问题。有关套语将在另一章中讨论。下面我们来讨论一下比喻或形象语言的译法。

4　各种比喻或形象语言的译法

比喻和其他文化色彩浓的表达法（如成语）是使语言生动活泼的语言成分。原作者使用这类表达法旨在取得一定的效果。但由于英汉两种语言差异极大，有时译者不得不忍痛割爱，舍去一些形象的表达法。有时译者会显得不公正，比如在译者眼中莎士比亚用的一个比喻就会比一张普通报纸上用的比喻更有分量。译者会想方设法尽量译出莎士比亚的比喻，而对一张报纸上的比喻他也许不会花太多精力，有时会放弃比喻，用普通的语言译出。对文化色彩浓的表达法的价值进行权衡是应该的，译者必须牢记，我们不可能将所有原文中的比喻转换成译文中的比喻。译者必须仔细掂量一下每一个比喻或成语的分量。如果可能的话当然应该尽量在译文中保留比喻或成语。但必要时也应敢于牺牲这些表达法。一般来说，原作价值越高，其中的比喻和成语的价值也越高，有必要多注意。如果原作没有很高的保留价值，如普通报纸上的文章，其中比喻的价值也相对较低，译者就有理由牺牲掉这类比喻。翻译比喻等文化色彩浓的表达法时，一般常用的办法不外乎：

- 照译原文中的比喻；
- 将原文中的比喻改成地道的译入语中的比喻；
- 照译原文中的比喻，但附加一个说明；
- 舍弃比喻，改用普通语言来表达比喻的意思。

　　第一种译法的优点是保留了原文的特征，能向译入语读者介绍一种源语的表达法。但这样译的前提仍然是译文读者可以接受这种直接搬过来的比喻。假如保持原文比喻的特征会影响读者理解译文，那么这种译法就是不可取的。当然，可接受性也是可能改变的，目前使用的很多比喻或成语原来都是来自外语，但已在汉语中安家落户，被名正言顺地接受了。但在英汉翻译中这种将原文中的比喻原封不动地引入汉语，又能非常满意地被读者接受的机会不多，因为英汉两种语言文化的差异毕竟很大。

　　第二种译法是将原文中的比喻改头换面成译文中的比喻。这类译法的优点是译文为地道的译入语，少有翻译的痕迹；缺点是不能反映原作者的表达手段。不过这是很多优秀的译者反复使用的办法。介绍英文的表达法固然是翻译的一个方面，但翻译最主要的任务仍然是交流，地道的中文则是交流顺畅的前提。这种译法的例子也很多，将 a flash in a pan 译成"昙花一现"、将 have one foot in the grave 译成"已是风烛残年"、将 spring up like mushrooms 译成"如雨后春笋般涌现出来"等都是改用中文比喻的好例子。使用这个译法时还有一个要注意的问题：如果中文的比喻有很强的中国文化特征，则应尽量避免使用，如在英译汉中就不能用"轻移莲步"这样的表达法。此外，当一个比喻在原文中举足轻重，甚至是一连串比喻中的一个，是原作者刻意的安排，那么保留源语的比喻应为优先考虑的译法。

　　第三种译法是保留原文的比喻，然后再加上一个说明。这实际是对第一种译法的补充，其优点是既保持了原文的比喻，又解释了原文中比喻的意思，但由于要补充文字，译文就会略长些。把"The tongue is a fire."译成"口舌如火，火能伤人，口舌亦然。"就是一个典型的例子。如果不加后面的说明，有些读者会无法将 tongue 和 fire 联系起来。周到的译者总是为读者把话说得清清楚楚。另外，有时原文是一个暗喻，翻译时改成明喻，再加上一个说明，也应属于这一类译法。其实，这种译法和在译文中加注解差不多，所不同的是译者将脚注引进了正文。

　　第四种译法是舍弃形象的比喻，索性改用普通的语言。在翻译过程中有时译者找不到译入语中的比喻，而保留原文的比喻又不恰当，这时也可以考虑只译比喻的意思。日常大量的翻译中，译者出于种种考虑可以心安理得地舍弃比喻，特别是当有些比喻对整个译文并不重要时，就更有理由这么做了。如"Wall Street is a dog-eat-dog place."这句中的形象就可以舍弃，因为 dog-eat-dog 这个形象在这里并无重要意义。有人会建议用"狗咬狗"。但只要仔细一想，就会发现同样的形象在两种语言中的外延意义并非完全一样。原文的 dog-eat-dog 基本上是残酷的意思，而中文的"狗咬狗"则有相互揭短，从第三者那里得到利益这一潜台词。所以，译者可采用第四种译法，舍弃形象，译成"华尔街是个残酷的地方。"但是，舍弃比喻或形象的语言特征可能会抹掉语言的精华，使得语言淡而无味。美国黄石公园有一个著名的温泉，叫作 Old Faithful Geyser，有人译成"老忠诚温泉"，保留了"忠诚"这个比喻。如果译成"准时喷射的温泉"，就是舍弃比喻只取意思的译法，语言就不那么生动形象了。

上面这四种译法是翻译比喻的最常用译法。比喻之类形象的语言和套语一样，是语言保持其特性、有别于其他语言的关键语言成分。人类在远古时期就有用形象传意的能力。但是现代社会越发展，逻辑思维越发达，语言的规则性就越强。在一个商业和科技活动频繁的社会中，人们的逻辑思维会越加发达，比喻的生存空间也会越来越小。其结果是人类常会精确有余，但灵性不足。译者在处理比喻时如果记住这一现代社会的特征，就能对比喻这类文化内涵浓厚的语言形式给予足够的重视，不至于忽略了语言中的精华。

最后还有必要指出一点，比喻等形象表达法也非一成不变的语言材料。一个比喻刚刚被引进语言体系时，总是会引来读者极大的关注，但是随着时间的推移，比喻的色彩常会暗淡。这就如一个妙龄少女会引来无数少男的追求，但慢慢芳泽渐退，不得不让位给新的妙龄少女。新的比喻、新的形象用法层出不穷，少数幸运者可能长期以比喻的身份留在语言中从而成为历史中留下来的比喻，但有些比喻和形象表达法则渐渐退化为普通的语言。hole up 原来应该是一个很具形象的比喻说法，形容人躲在一个洞中，但现在它只表示躲起来的意思，"洞"这个形象渐渐隐退。比喻的这种演变是不应该逃过译者的敏锐的眼光的。加州大学伯克利分校的雷克夫写过一本十分生动的书，叫《我们赖以生存的隐喻》[①]，为隐喻研究打开了新天地。本书后面我们将专辟章节，从认知隐喻的角度讨论隐喻和翻译的议题。

---

① 见 *Metaphors We Live By*，by George Lakoff and Mark Johnson，2003。

第四章
翻译的过程

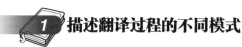

1 描述翻译过程的不同模式

翻译的过程常常被翻译实践者简练地概括成理解与表达：理解包括分析原文，弄通原文的确切意思；表达就是要在译入语中把原文的意思说出来。这种描述方法相当简单，但弱点是不能揭示翻译中句子或语篇深层的转换过程。

如果从译者的思维过程切入，翻译过程的描写则会更具体些。很多语言学家从翻译的思维活动过程来描写翻译，其中较有影响的是尤金·奈达的模式[①]：

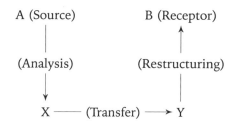

从图中可以看出整个过程分成三个阶段，即分析、转换、重建。应该说明，这三个步骤是翻译研究人员为翻译这一过程建立起来的模式，以便更清楚地描写翻译过程中的具体内容。在翻译实践中译者并不是这样一步一步地来完成任务的。这些过程实际上可能会同时发生，而且是在译者不知不觉的情况下发生的。

所谓分析就是要分析出原文的全部信息，特别是语义信息。语义并不是一览无余的，各个层次的语义常常要在分析中挖掘出来。转换是介于分析和重建之间的一个步骤，指译者把在大脑中分析好的语言材料从源语转换到译入语。重建是指译者把原文中重要的信息在译入语中表达出来。奈达的不少翻译概念，如核心句等都在这个过程中得到应用。传统上理解与表达的分法使分析者不得不将有些翻译过程中的活动纳入其中一个，如分析一个句子的意思是理解阶段，把理解的意思写出来是表达。但有些活动常常介于两者之间，在分析之后表达之前，停留在译者大脑中的分析产物往哪儿放？在奈达的三阶段过程中，这种活动就可以放到转换这个步骤中。因此，三阶段要

---

① 见 *The Theory and Practice of Translation*，by Eugene Nida and Charles Taber，1982，第 33 页。

比两阶段更能精确地描写译者的思维过程。有关翻译过程三阶段的具体内容奈达在《翻译的理论和实践》一书中有详尽论述。

我们在这里参考传统的两阶段和奈达的三阶段模式，对翻译的过程进行描写。由于我们的主要目的是指导实践，所以我们将不严格地采纳上述任何模式。相反，我们将尽量以一般学习者较容易懂的角度和方法来描写翻译的过程。

2 分析理解原文

通俗地讲，分析原文主要是为了弄懂原文是什么意思。这话听起来容易，做起来难。正如我们在第一章讲过的那样，"意思"（meaning）一词很难把握。原文有词、短语、句子等语言单位，所以最基本的意义都是从这些最基本的语言单位中生成的。如"There is a book on the table."的语义十分清楚，因为句中基本语言单位的所指十分清楚，句子没有言外之意。但并不是所有的句子都这么一清二楚。有时大人会对小孩说"That's not funny."，句中的每一个词都十分简单易懂，英文水平不高的人也都认识这些词。但只看字面并不一定能帮你解读出句子的潜台词，如"That's not funny. Stop it."，译者在分析原文时就有必要分析出这层字面上没有显露出来的意思。另外，有些词还承载语言之外的意义，社会、文化等因素都可以在一个普通的词上反映出来。red 一词的基本所指意义是无文化差别的，但这个词的象征意义却因文化不同而有差异。所以，词、短语、句子等语言单位完全可能在原来的基本意义外衍生出其他意义，附加在基本意义上。学习翻译的人有必要区别各种不同的意义。

由于不同的学者使用不同的术语，所以语义划分时常会很混乱。人们有时用不同的术语指同一概念。为了便于讨论，我们只将不同的语义分为下面三种：

- 所指意义（referential meaning，以语言所指的客观世界为基础的意义）；
- 关联意义（associated meaning，包括所有由人或社会文化因素引发的意义）；
- 结构意义（structural meaning，包括语言本身结构产生的意义）。

所指意义：这层意义指词或短语所指称的事物的语义特征，是词最基本的意义。如果我们想指一个物品，如电脑，我们可以用手指一下电脑，所指清清楚楚；如果我们要指一个动作，如跑，我们可以示范跑的动作，别人一下子就理解了。所以，所指意义比较容易表达，因为它比较稳定，不太容易变化。"Turn on the speaker on my cell phone."的所指意义很清楚，一般不会因不同人而有不同的理解。科学技术方面的翻译大多只需反映所指意义，语言不涉及情感之类的因素。换句话说，语言的所指意义是用来描述客观世界的，不掺杂人对客观世界的情感和态度。尽管有时所指意义并不一定表示一个具体的客观实物，而是表达一个抽象的概念和关系，但它仍然是描写人体之外的客观世界的，没有主观色彩。因此，翻译所指意义相对容易些，因为不同文化的人只要不涉及个人的情感和态度，还是能在对客观世界的描述上取得一致的。"Take three tablets a day."这样的医嘱由不同文化的人来解读不会有什么分歧。

关联意义：这层附加的意义则不同。它很难保持稳定，因为语言的关联意义是从语言所存在的大环境中产生的，是社会的、文化的意义。由于社会和文化常常变化，所以关联意义也常常变化。gay 这个词原来用来表示高兴。我们小时候的英文课本中有这样一个句子："Work while you work and play while you play. This is the way to be happy and gay."。但这个词逐渐获得了一个附加的意义，与同性恋有关。要挖掘出语言的关联意义，就必须扩大视野，因为一个语言单位的关联意义常常是从词的上下文，甚至是从语言之外的大环境中产生的。of the people、by the people、for the people 这几个短语有所指意义，但它们也有关联意义，因为它们使人联想到林肯的葛底斯堡演讲。光从字面上看，读者是无法找出这层关联意义来的，这层意义存在于美国历史中。同理，当 Martin Luther King 用 five score years ago 开始他著名的《我有一个梦想》的演讲时，他希望我们能联想到林肯的 four scores and seven years ago。因此，译者必须博览群书，这样才能尽可能多地在历史文化中发掘出关联意义。

关联意义有时隐藏得十分好，很容易逃过译者的分析。to be saved 的所指意义很清楚。但有时用在基督教的布道中就添加了一层宗教色彩，专指耶稣拯救世人。在汉语中常用"得救"反映这层意义，用其他同义词就不是教友间常说的话，很难反映出这层宗教的关联意义。

关联意义不像所指意义那么稳定。一个词在不同的语境中会意外地产生不同的关联意义，有时甚至可能产生多个意义相反的关联意义来。son of a bitch 是骂人的话。但两个好友久别重逢后，其中一个说"And how are you doing, you son of a bitch?"，这时这个短语的关联意义和前面的意义完全不同。译者必须在语义分析时看出其差别，有时还要考虑在译文中反映出这层关联意义。

不同的人在不同的场合说不同的话，语言在所指意义的基础上又产生了色彩纷呈的关联意义。因此，我们一听人说话就知道说话人是否受过教育，是男是女，是装腔作势还是粗俗低下。有时说话人就事论事，意在所指，别无他意；有时则在旁敲侧击，意在言外。只要译者有一双敏锐的眼睛，这一层层关联意义都可以在语义分析的过程中被分辨出来。

　　一般来说，在以信息为主的文本中没有很多关联意义，此时，所指意义占主导地位。因此，科技报告、教科书、经济形势分析、仪器操作手册等文本主要承载所指意义，翻译时以反映所指意义为主。但表达情感或宣传广告之类的文本中则会有不少关联意义。因此，在翻译文学作品、政治演说、商业广告时，译者就必须仔细分析原文，看出所指意义之外的附加意义，并考虑是否并如何在译文中反映出这类意义。

　　结构意义：除了语言的所指意义和关联意义外，语言本身的结构也会有意义。一个事件可以用不同的方式表达，不同的表达法效果也不同。所以句子的语言结构并非形同虚设。下面这段文字看上去是一张便条："This is to say I have eaten the plums that were in the icebox and which you were probably saving for breakfast. Forgive me, they were so delicious, so sweet and so cold."，但 Williams C. Williams 把它分行书写后，就成了一首诗。这时，结构本身就产生了意义。

　　句法结构也可能生成意义，有必要引起译者的注意。请看下句："Although he attempts what no English novelist has ever attempted, although he extends the language before all precedent, I feel that his novel is trivial."。本句将两个 although 从句放到主句之前，就产生了某种意义，造成悬念，读者不知道作者想说什么。如果我们将两个 although 从句放到后面，这种由结构引出的意义就会消失。

　　另外，句子简洁与否也构成意义。请看下面这段文字："Once upon a time there was a princess. And the princess lived in a castle with her father and mother. Her father and mother were King and Queen of the country. One day the King took the princess away on his horse and they rode over the hills and then they came to a great city."。这段文字是由并列的短句构成，结构简单，用了不少 and 和 then，因为这几句是一个儿童故事的开头。试想一下，如果将句中所描述的内容一点都不漏地用很长的复合句表达，是否还能用在儿童文学中呢？显然不恰当。将简单句改成复杂的句子来描述所指相同的事件，改变的不是所指意义，只是句子结构。可见句法结构本身也有意义。这种结构意义也是译者在分析原文时要察觉的。当然，有些不同的结构并不构成什么重要的意义，如 "John was beaten by the man." 和 "The man beat John." 就没有什么值得保留的结构意义。不少情况下，特别是科技文本中，被动句并没有任何重要的结构意义。

　　结构意义并不仅仅体现在句法一层上，语言的其他层次也可能有结构意义。比如词性不同也可能产生意义。temporality 和 functionality 分别是 temporal 和 functional 的名词形式。说英语的人可能用后者而非前者来表达意义。但有人会选用名词，使文章的语域（register）提高。如果在一篇文章中反复用这类"大"词，至少说明说话人使用的语域较高，传达了有关说话人的某种信息，这层所指意义外的结构意义也是译者要分辨出来的。有时篇章结构的安排都有可能构成某种意义，使文字在所指意义外又衍生出附加的意义来。

总之，译者在拿到一个文本后必须认真阅读，仔细分析原文可能承载的各层意义，首先是所指意义，然后还要看是否有附加意义。分析原文是翻译的第一步，也是最关键的一步，分析错了，翻译不可能正确。

3 头脑中图像的形成

分析的结果是对原文的理解。我们在分析阶段看到的仍然是语言的线性结构，看到的是文字。英汉翻译的译者大多是汉语为母语，英语为外语。所以，在分析的过程中总是不可避免地要使用语法知识。也就是说，我们常说的"语法是翻译的大敌"在这个阶段并不适用。一个外语是英语的人不可能在这个阶段抛弃语法，因为我们不像英语是母语的人那样有足够的语感。当分析略见成果时，我们一下子感到语法不再有用，因为这时我们已经脱离了原文的语言文字，经过分析，理解了原文的意思，更重要的是我们在头脑中形成了一个图像。这时线性结构已不复存在，只有头脑中立体的图像。当看到 "Turn off the computer." 这句话时，我们从线性结构中生成的图像是一个人去将电脑关掉。当我们看到 "The blockage should remain flattened." 这句话时，我们可能很难在头脑中形成图像，因为不知道这个 blockage 到底指什么。我们必须依靠上下文才能知道，原来 blockage 指的是心脏病病人冠状动脉内的阻塞物，医生将气球放入冠状动脉充气后压扁的阻塞物。这时图像马上就在头脑中出现了。这个例子说明要理解原文必须要有文本意识，要从上下文中找到意义所依附的支撑点，只盯着某个孤立的句子是不够的。

描写客观实物的文字容易在头脑中形成图像，描写抽象概念的文字就较难生成图像。"Democracy will win." 这句话就不容易生成图像，而且生成的图像也会因人而异，因为这个词本身不像电脑、冠状动脉这种实体那样看得见、摸得着。它是一个抽象的概念，解读起来会因社会不同而有些差异。

只要图像正确，译者基本上走完了一半的路程。评判译文的人最多只能说译文文字表达欠佳，但意思是对的。图像错了，表达再好也没用。所以，我们见到 a beautiful dancer 时就左右为难，不知道该如何将原文转换到译入语中。我们看到的是一个长得十分漂亮的人在跳舞，还是一个相貌平平但舞姿十分优美的人？译者可能生成两个图像，所以他必须从上下文中找出根据，选择其中一个。

上述词组或句子基本上只有一个图像。但长的句子就可能有好多图像。请看下面句:

> On one of those sober and rather melancholy days, in the latter part of autumn, when the shadows of morning and evening almost mingle together, and throw a gloom over the decline of the year, I passed several hours in rambling about Westminster Abbey.

这句很长,包括数个意群,可由数个图像组成。我们可将这个长句转变成一个个短小的句子:

(1) The day was sober and melancholy.

(2) It is autumn.

(3) The shadows of morning and evening mingle together.

(4) The shadows throw a gloom over the decline of the year.

(5) I rambled about Westminster Abbey.

(6) I passed several hours.

我们可以发现,上面的句子中描写客观实体的短句最容易在头脑中形成图像,如第(5)句。但有些句子就不那么容易在头脑中生成图像,如第(1)、(2)、(6)句。因为这些句子表达的是比较抽象的概念,译者对它们的理解要依靠对这些抽象概念的理解,如对 sober 的理解和对 hours 的理解。在实际语言交流中,我们常常需要依靠生活中长年累月形成的概念来理解语言,并不都是直接的图像。表达抽象概念的文字难译,因为人们总是更容易把握“可视”的图像,而“看不清”抽象概念。有些人对抽象概念有较扎实的把握,概念清楚,这时译起来就容易些;而对抽象概念把握不准确的人翻译起来总是不知所云。

看了上面 6 个句子,我们都会认为译者的任务还没有完成。因为我们虽然在头脑中对原文进行了转换,脱离了线性的语言,形成了立体的图像,或至少将文字转换成了概念,但头脑中的图像不属于任何语言,头脑中的概念也是语言生成前的思维产物,它们实际是悬空在源语和译入语之间。这种既不属于源语又不属于译入语的悬空状态有其有益的一面,它有利于译者摆脱原文的束缚。形成图像的弱点是在表达时远离了原文的文字,如果原文的文字结构承载着各种各样的信息,译文就有可能会不准确。

比如有些译文语义基本正确，但句子的侧重、强调等却和原文有出入，究其原因，就是表达时没有文字的参照。所以有必要从文本类型的差异看图像形成这个议题。一般情况下，人文特征比较强的文章，如某些文学作品、游记、传记、随笔散文等，较容易在理解时形成图像，但是应用性的文本却不是靠图像驱动产生文字的，这类文本的基础是逻辑思维，比如经济、法律、政治等文本，不那么容易在头脑中形成图像，此时应依靠原文的逻辑线索摸索原文的语义，同时在翻译时尽量按照原文的逻辑线索行文。当然，这并不是说翻译这类文章就只能亦步亦趋，不过目前翻译实践的现状告诉我们，大家似乎在本该参照原文的地方完全抛弃了原文，结果翻译的准确性就受到很大的影响。

另外，应该特别指出的是，本章中提到的翻译过程，在实际翻译时只发生在人的头脑中，完全不必具体演示在纸上。

4 译入语表达

在这一阶段译者要将所有分析理解的内容用译入语表达出来，也就是说，要用线性结构的文字表达。我们经常说的"语法是翻译的大敌"在这一阶段有最重要的意义。分析过程中，我们发现了不同层次的意义。译者现在要做的就是把分析出来的各层意义在译入语中重现。这时我们一般应以译入语为归依，将分析理解过程中形成的图像或抽象概念根据正确的关系重新组合，再用地道的译入语表达出来：

> 时方晚秋，气象肃穆，略带忧郁，早晨的阴影和黄昏的阴影几乎连接在一起，不可分别，岁将云暮，终日昏暗，我就在这么一天，到西敏大寺去散步了几个钟头。（夏济安译）

这个译文看不出多少英文的痕迹，符合中文语法，而且略带文采，是一个可接受的中文句子。读者读这样的句子时会感到是在读自己的语言。

表达时，译者的立足点到底应在哪一边，人们对此很有争议。大多数人都同意要照顾译入语的读者。但有些翻译家走得更远，提出在翻译时译者应假想原文作者为中国人。[①] 不少人反对这样的观点，认为这样走得太远了，无异于为洋人穿上中国的服装，有歪曲原作者之嫌。这种极度中文化的译法引起争议是可以理解的。也许我们不应该

---

① 见思果《传神》一文，香港地区《明报月刊》1998年第3期，第77页。在文中，思果认为为了传神，译者甚至可以冒不信的危险。他这篇文章的副标题就是"译文不信的雅"。

提得那么极端，因为真正要假想原文作者为中国人在实践中也很难办到。不过，以中文读者为服务对象，以汉语为皈依的总方向却仍然是正确的。当然，在翻译实践中，真正毫无原文踪影的译文并不是在所有情况下都能达到的。在实际情况中，译者可以企盼的很可能是所谓的"中间地带"，也就是并不完全像原文，但还是谈不上毫无原文的踪影。[①] 以译入语为皈依的提法虽然在理论和实践上都可能遇到一些挑战，但仍不失为指导实践的一个指南。真不敢想象，将皈依原文作为指导翻译的总原则会创造出一个怎样的翻译局面。

我们可以用一个简单的模式来描写分析理解原文、形成图像概念和用译入语表达的过程：

analyze the original text	form pictures or concepts	reconstruct in the target language
from linear	to picture	back to linear again

一个希望学习翻译的人了解一下这个翻译的思维过程是有益无害的，尽管这在很大程度上仍然是纸上谈兵。至于说翻译的实际操作步骤，诸如动笔、修改、定稿等，译者往往可在翻译实践中自然形成，这里就不赘述了。

---

① 有关这方面的详细理论分析，请参见斯坦纳 *After Babel* 一书中 "The Hermeneutic Motion" 一章。

第五章
翻译的基本技巧

1 翻译技巧概述

对翻译的基本概念与问题的了解，对英汉语言文化差异的熟悉，是翻译工作必不可少的理论务虚过程。缺少这一课虽然有时也能对付过去，但毕竟后劲不足。不过，只停留在这一步是不够的。在实际从事翻译前，还有必要学习一些具体的方法，以便在翻译中应用自如。所以，从理论和实践两个角度了解英汉翻译中最常用的一些技巧就显得尤为重要。

翻译的技巧实际就是变通的技巧。源语和译入语差别如此之大，不变通无法进行翻译。于是人们创造了一系列可以帮助译者完成翻译任务的具体方法。这些方法表面上看只是示人以路径的操作技能，但每一个技巧后面都有其存在的语言文化基础。因此，在介绍技巧本身的同时也十分简洁地提一下每个技巧背后的跨文化语言学基础是有益的，因为对技巧较为深入的了解可能帮助译者在其他情况下触类旁通，更灵活地使用技巧，甚至能打开思路，创造出新的方法。

那么，怎样讨论翻译技巧才能事半功倍呢？应该说，不同的人可以从不同的角度讨论技巧问题，但基本上都殊途同归到一些相同的技巧上。要是有人角度新颖，就会给人耳目一新的感觉。北京大学许渊冲教授套用简单的数学公式描写翻译技巧就是一个很好的例子。现将许教授的数学公式介绍如下[1]：

- 加词 $2+1=2$（加词不加意）；
- 减词 $2-1=2$（减词不减意）；
- 换词 $2+2=3+1$（变换符号不变换意思）；
- 移词 $1+2=2+1$（前后移位）；
- 分译 $4=2+2$（一分为二）；
- 合译 $2+2=4$（合二为一）；
- 深化 $1:2=2:4$（具体化）；
- 浅化 $2:4=1:2$（抽象化）；

---

[1] 《外国语》1990 年第 1 期，许渊冲，上海外国语学院（现上海外国语大学）。

- 等化 2+2=2×2（寻求灵活对等）；
- 一分为四 4=1+1+1+1（莎士比亚戏剧中的 woe 译成"离合悲欢"）；
- 合四为一 1+1+1+1=4（鲁迅的"管它冬夏与春秋"译成"I don't care what season it is."）。

　　在这个公式里，各种各样的翻译手段都被用简单的数学公式表达出来，看起来清楚易懂。如我们最常用的加词法用 2+1=2 的公式，表示虽然在译文中加了 1，但实际价值不变，仍然是 2；又如同样常用的切分断句法在公式中用 4=2+2，简明易懂。许教授还认为文学翻译应该是 1+1=3，译文甚至可能优于原文。所以，有时用新的角度看老问题会创出新意。

　　技巧这类变通的手段是为克服跨文化障碍创造出来的。翻译中的障碍大多来自词性、词的语义结构和句法结构等方面的差异。所以，这些技巧和手段的作用点也常常是词性、语义结构、句法结构。常用的技巧种类繁多，但主要包括词性转换法、增减重复法、反面着笔法、分合移位法以及专门针对句型结构的方法，如定语从句的译法、状语从句的译法、被动句的译法等。这些都是用在表达阶段的方法。另外，在理解阶段如何理清短语中词之间的关系也是至关重要的。所以从这个角度出发创造出来的"解包袱法"（unpacking[①]）对译者就有特别大的帮助。下面我们将上述各种技巧或方法作一简单的介绍。

2　解包袱法

　　词与词之间的关系有时一目了然，如我们说"漂亮的衣服"，谁都知道"漂亮的"和"衣服"之间的修饰关系；wonderful books 中两个词修饰与被修饰的关系也很清楚。这是因为中文里的"的"字给了读者明确的指示，说明了形容词和后面名词的关系；同理，英文以 ful 结尾的形容词也是一个标记，指示英文中这两个词之间的关系。但是，我们并不是总那么有运气。我曾看到报纸上有一篇文章，题目是《内蒙古大兴绿色食品》，这个"绿色食品"就不一定是指绿颜色的食品。《纽约客》（*New Yorker*）杂志上也曾称美国总统克林顿是 the first black president。克林顿明明是白人，怎么会一下子成了黑人？ black 和 president 两个词之间的关系就无法用大家熟知的形容词

---

① unpacking 这个词奈达在一些学术会议上经常使用。但他在正式出版物中还没有使用过。他在北京出版的一本名为 *Understanding English*（中译《懂英语》，胡壮麟，黄倩译）的书中对这个概念有较详尽的论述，对学习翻译的人会有一定的帮助。

修饰名词的关系来解读。原来，作者想表达的是克林顿特别重视黑人的利益并与黑人有特别紧密的联系，所以就不能译成"克林顿是第一个黑人总统"，而应加几个字把 black 和 president 之间的语义关系挑明，如"第一个关注黑人权益的总统"等。但加字就比较危险，因为如果你解读错误，加字就必错无疑。比如，有人见到"Clinton is the first woman president."这句话后就想当然地认为这是在说他和女人有婚外关系这类事，因为我们听到的有关他与女人有不正常关系的报道实在太多了，所以很自然地想到了那方面。但本句是美国女权主义者们的观点，认为克林顿在政治上特别注重妇女的利益，能代表妇女说话，与上面黑人的情况一样。这就说明，加字必须理解正确。

也许是因为加字有一定"风险"，或者是因为加字太复杂，所以在目前这个贪图简便的时代里，一字不加照原样搬到中文里的办法就常常可以见到，比如 opinion leaders 就译成"意见领袖"，"意见"和"领袖"之间的关系根本没有说清楚。到底什么叫"意见领袖"？去问一问从来都不关心时事、不看报读书的人，他们也许并不能依靠汉语的语言知识和语感弄懂这个词组的意思。但常读时事报刊的人可能没有困难，因为他们已经在大量的阅读中了解到这两个名词已被作为一个整体对待，表示能影响或左右舆论的人。

上面的例子几乎都是名词和名词或形容词和名词的关系。但在实际语言中，各类词之间都有复杂的关系。译者在使用各种翻译技巧前，有必要先将这些缠在一起的关系像解包袱一样解开，然后理顺。这样读者就可以不背这个包袱。这就是所谓的"解包袱法"。但应指出的是，理解时，译者必须解开包袱；表达时，我们并不排除"意见领袖"那种译法。下面就让我们来看看各种不同的包袱是怎样被译者一一解开的。

We want to buy quality steel.
我们要买高质量的钢材。

本句中 quality 和 steel 之间的关系实际上与形容词和名词的关系类似，而且 quality 中实际有 high 的意思在内了。形容词修饰名词我们看到的比较多，但我们也常常看到名词＋名词这种修饰关系。这时两个词之间的关系就可能会比较复杂，译者有必要根据语境仔细分析，不能千篇一律地用一种关系解释所有名词＋名词的关系。

I am pleased to be here to offer a U.S. business perspective on one of today's great quality challenges: building a high skills/high wage workforce.

我很高兴能来此介绍一下美国商界对当今我们在（员工）素质方面所面临的挑战的看法，这项挑战就是如何建立一支高技术、高薪金的劳动队伍。

本句中的 quality 和 challenges 之间的关系就和上句不一样。quality 实际是 challenges 的范围。如果译者把这个短语译成"质量的挑战"，读者就可能会有疑问。

The president now is on a poverty tour.
总统目前正在访问贫困地区。

这句是在说克林顿总统到美国仍然非常贫困的地区去访问，所以本句应解读为
"The president is touring the poor areas."，译者万万不能根据英文的结构译成"贫困的出访"。

noise abatement procedures
抑制噪声的措施

在这个词组中，三个名词叠加在一起。这三个词之间的关系应该是 the procedures that abate noise，所以翻译时就应该有所调整。

satellite communications ground station equipment repairer
卫星通信地面站设备修理人员

本句一共有六个名词叠加在一起，表示的关系是 the person that repairs the equipment used for satellite communications installed in the ground station。翻译时倒并不一定要用这么多字把关系表达得这么清楚，但至少应该把这个解读出来的意思说出来，使读者不会误解。特别是在科技等文本中，译者有时确实可以省去一些词，使译文简洁，而不是把解读出来的所有意思都用文字表达出来。

She is on her listening tour of New York.
她正在纽约巡回访问，听取群众的意见。

本句的 listening 和 tour 根本没有直接关系。listening 的实施者是"她"，她听

取的是纽约人的意见。原来这是在说美国前第一夫人希拉里。为了决定是否竞选参议员，她到纽约州基层出访，听取一般民众对她竞选的看法。尽管在原文中没有"群众"这个词，翻译时还是可以补进去。

Professor Smith is leaving the school. That is a <u>stupid loss</u>.
史密斯教授要离开学校了。<u>这个损失实在是不明智才造成的</u>。

英文句子画线部分也是形容词 + 名词的结构。如照语法逻辑译，就是"愚蠢的损失"。这样译中文的意思不够清楚。其实这里的 stupid 和 loss 没有什么关系，应该是指造成损失的人愚蠢。这里，表层的语言结构把词与词之间的语义关系弄模糊了，应该对词语的深层结构关系进行剖析才能厘清头绪。

The kiss represents the <u>symbolic loss</u> of the most famous American child.
那轻轻的一吻是<u>一个象征</u>，代表这个美国最著名的孩子<u>已经长大成人了</u>。

本句是在说美国著名童星 Shirley Temple 在银幕上第一次与男友接吻。如果照原文的修饰关系，那么就可能译成"那一吻代表了这个美国最著名的孩子象征性的丧失"，这样的中文很别扭。其实完全可以调整修饰关系，如："The kiss is a symbol that represents the loss of the most famous American child."。

criminal law; criminal lawyer; criminal attack; criminally insane
刑法；专门处理刑事案件的律师；构成犯罪的攻击；刑事法庭鉴定为患有精神病

上面前三个词组中都有 criminal 这个形容词，从语法角度看，前三个词组的语法关系是一样的，都是形容词 + 名词。但每个词组中 criminal 和后面名词的语义关系不同。criminal law 表示 the law involving crime and its punishment；criminal lawyer 表示 the lawyer specializing in criminal law；criminal attack 表示 the attack punishable by criminal law。但是，criminally insane 是副词 + 形容词的结构，很容易被认为是一个普通的词组，但实际它是一个与刑法有关的专门的法律概念，表示某人经刑法程序鉴定患有精神病，不必负所犯罪行的刑事责任。

This is a <u>thought-provokingly different</u> explanation.

这个解释<u>完全不同</u>，但却<u>很能给人启发</u>。

　　本句的基本修饰关系是副词＋形容词。这里的副词（thought-provokingly）不可能照搬到中文里来，不能说"启发思想地不同"。我们有必要将这几个词之间的关系理顺。首先，最基本的语义关系应该是"The explanation is different."。但到底应该怎样将副词引进来呢？也就是"What provokes the thought?"。这可能有两个解释，一个是"The explanation provokes the thought."；另一个是"The difference of the explanation provokes the thought."。从语法角度看，后者更正确，但在翻译时我们倒不必这么认真，因为两个解释并非一点联系都没有。

Bryant Gumbel is sometimes <u>favorably compared</u> with Ted Koppel.
人们有时把布来恩特·甘贝尔和特德·考波尔<u>相比</u>，认为<u>甘贝尔更好</u>。

　　本句的基本结构是副词＋动词，是英文语法中典型的修饰方法。但 favorably 在这里和动词 compared 的关系与 quickly read 中副词和动词的关系并不完全一样。原来布来恩特·甘贝尔是全国广播公司（NBC）晨间节目的主持人，是一颗正在上升的新星；特德·考波尔则是美国广播公司（ABC）《夜线》（*Nightline*）节目的主持人，是美国新闻界的重量级人物。人们把前者和后者相比，认为前者更好，所以这句可以解读成"The comparison of Gumbel with Koppel favors Gumbel."。副词 favorably 中的动作成分在解读时被引出来了。使用这种"解包袱"的方法来分析原文，词与词之间的深层语义关系就能显露出来，在翻译时译者就有极大的自由。

The so-called critics are only <u>generically mentioned</u>, but not <u>individually mentioned</u>.
那些所谓的批评者，传媒提到他们时总是<u>泛泛而指</u>，从来不<u>指名道姓</u>。

　　本句也是副词＋动词这类结构，但 generically 和 individually 在转换成中文时无法用副词修饰动词这一基本语法关系来描写，所以必须从新的角度来解读。实际上，本句可解读为"When (the media) mention critics, they only mention them as a whole, they don't mention their individual names."。这样，译者就可以将原句的副词修饰动词这个结构用别的方法翻译出来。

The areas could be <u>profitably rehabilitated</u>.

<u>重建</u>这些地区<u>是有利可图的</u>。

本句也是副词＋动词这个结构，但副词却和本句中的 rehabilitated 没有什么关系，反倒和句子中根本没有的人有关系。要是译成"这些地区可用一种合算的方式予以恢复"，读者可能会很不满意。其实，本句可以解读成"To rehabilitate the areas could be profitable."，那么翻译时就可以照这个思路下笔。

the <u>consensus strategies</u> for managing the world's forests <u>sustainably</u>
既能获得各方同意，又能使全球森林得以可持续生长的管理策略

这个短语中的 consensus strategies 可具体解读为能得到不同利益各方一致同意的策略。而 managing the world's forests sustainably 中的 sustainably 虽然从语法上看是修饰动词 managing 的，但却绝不能照这种语法关系来译，因为不是"Managing can be sustained."，而是"Forests can be sustained."。

Men tend to enjoy public, <u>referentially orientated</u> talk, while women enjoy intimate, <u>affectively orientated</u> talk.
男人喜欢公开谈论大众关心的具体话题，而女人则喜欢两三个人在一起交流感情。

翻译时，本句中的 referentially 和 affectively 都无法理解成修饰有动词性质的 orientated。其实，orientated 在这里是虚的，没有实质意义，解读时可省略掉，而两个副词都可转换成名词，如 referent 和 affection。另外，intimate 虽然是亲密的意思，但这里和前面的 public 对应，所以不一定要译成"亲密的"。

the examination <u>of</u> the man

这个短语和前面的句子都不一样，这里造成理解困难的关键是介词 of。我们头脑中已经有了一个固定的观念，见到 of 就用"的"表示。但要译这个短语，只用"的"就可能不够清楚（那个人的检查）。这个词组可能有不止一个解读法，它可以表示"The man examines others."，这时 the man 是检查者，而其他人是被检查的对象；也可以表示"Someone examines the man."，这时 the man 是被检查者，检查者是另外的人。

the joy of his return
由于他回来而有的喜悦

这里的 of 表示的语义关系也不是一个"的"字能清楚表达的（他回归的喜悦）。为了表达的简便，英文将 joy 和 return 之间的关系都"挤"到一个介词 of 当中，使这个介词负荷过重。其实两个名词间有因果关系，是因为他的归来，才有了喜悦。解开这个语义的"包袱"，翻译起来就方便多了。

Of humble parentage, he began his working life in a shoe factory.
由于出身低微，他的第一份工作是在一家制鞋厂。

本句也是 of 这个介词的翻译是重点，但这个短语表达的是一个状语，of 引导的是一个表示原因的短语。由于介词 of 本身并没有明确表示这层因果关系，要由译者在理解时解读出来。

With the tree now tall, we get more shade.
由于树长高了，我们就有了更多的树荫。

本句和上句是同样的道理，介词 with 并没有明确指明和主句的因果关系，也要由译者将"包袱"解开。

drug-induced diseases; heart-breaking news
药源性疾病；令人心碎的消息

这是两个含有分词的短语。在 drug-induced diseases 中是由 drug 引起的疾病（The diseases were induced by the drug.）。如要用现在分词表达同样的意思，就必须颠倒词的位置（disease-inducing drug）。第二个短语是现在分词短语。heart-breaking news 表示的是"The heart was broken by the news."。这种分词结构往往会给译者带来困难，因为分词本身并未明确点明词之间的关系。这时语法知识就非常重要。

上面介绍的解包袱法能将紧紧捆在一起的词与词之间的语义关系解开，把隐藏的词与词之间的连接方式暴露出来，成为在理解阶段译者可以使用的一个法宝。但是，解开的包袱并非一定要照解开时的样子搬到译入语中。也就是说，通过解包袱法分析后的原义很具体，因为我们在理解时正是通过加进一些词才将不明确的关系说清楚的。但是我们解开包袱后会发现，有时包袱不解开，译文读者也能理解，于是就决定把包袱重新包起来，照原样放到译入语中，结果就有了像"意见领袖"这类的译法。在目前这个追求效率、追求简洁的时代，这种将包袱原封不动地搬到译入语中的方法也许无法避免。其实不解包袱并非总是没有益处。照原样翻译可以让读者按原文的思路思考，而且在科技等文本中似乎有必要将不解开的整个包袱当成一个符号对待，解释了反而不利于标准化。从更深层的角度来考虑，语言本身就是"暴虐"的，人的思想正是由语言这个媒介被硬性包装起来的。即便是解开了包袱，也不见得和语言所指的现实一模一样。只要我们用语言，意义就不可避免地要走样，只是程度不同而已，因此我们应该给"意见领袖"这种译法留有一席之地。不过，当原封不动的译法影响读者理解译文时，解开的包袱就不应该重新包起来，加词等变通的手法就不得不用。下面就让我们来看看在翻译的表达阶段常用的一些变通的手段。

3 词性转换法

词性转换（conversion）是最常用的手段。我们学英语时老师总是不停地灌输"词性"这一概念，所以在我们头脑里，名词、动词、形容词、副词、介词、连接词、代词等词类分得清清楚楚。这对于一个外语是英语的学生来说，本该是一个长处。但强调词性概念在翻译时就可能成为译者的障碍。因为，词性概念都是建立在语言的表层结构上，而英汉两种语言恰恰在表层结构上差别很大。在英语里可以用一个名词表达的概念，汉语也许可以用一个动词；汉语里的一个副词在用英语表达时可能转换成形容词，这类例子比比皆是。词性转换这个手段是以词为对象的变通手段，但其作用所及已不仅仅是词。调整短语间词与词的关系、转换句型等都可能要同时用到词性转换法。

词性转换几乎可以在所有词性间进行，如名词转换成动词、动词转换成名词、介词转换成动词、副词转换成动词、名词转换成形容词等，都是常常使用的。请看下面一些例子。

The improbable pregnancy was big news for the woman's family.
她竟然怀孕了，这对她的家庭来说可是一大消息。

本句中的名词 pregnancy 转换成了动词"怀孕"，而形容词 improbable 则译成"竟然"，是非常成功的词性转换。

It took a long Presidential drive to get them talk again.
只是在总统不顾旅途遥远，驱车前往调停后，双方才恢复了对话。

本句是写叙利亚外交部部长和以色列总理访美期间所进行的谈判陷入僵局，美国总统亲自驱车前往调停，使对话恢复。形容词 Presidential 只能转换成名词，long 也相应转换。另外，动词 talk 也变成了名词。

Wherever you go, there are signs of human presence.
无论你走到哪里，总有人迹存在。

本句英文中 presence 在译文中用了动词"存在"表达。

It is already dark, and the chorus of insects and frogs is in full swing.
天已经黑了，虫鸣蛙噪，一片喧闹。

本句名词词组 chorus of insects and frogs 在译文中变成了动词词组"虫鸣蛙噪，一片喧闹"。

A well-dressed man, who looked and talked like an American, got into the car.
一个穿着讲究的人上了车。他的外表和谈吐都像个美国人。

本句原文中的两个动词 looked and talked 在译文中成了名词词组"外表和谈吐"。

She was true to her master through the obscurity in which she first labored, through the acclaim that began in the 1960s, through the sometimes heated denunciation that ensued when she defended controversial church teachings on contraception.
她对自己信奉的主忠心耿耿，不管是先前辛苦工作默默无闻的日子，或是 20 世纪 60 年代开始受到赞扬时，还是在她为避孕这项受争议的教义辩护而偶遭强烈抨击之际，她都始终如一。

本句中形容词词组 true to 在译文中成了动词"忠心耿耿"；名词 obscurity 成了形容词"默默无闻"；名词 acclaim 成了动词"受到赞扬"；名词 denunciation 在译

文中成了动词"抨击"，前面的形容词 heated 成了副词性质的"强烈"，转换灵活自如。

Securities laws require companies to treat all shareholders reasonably equally.
证券法要求公司给所有持股人<u>既合理又平等的待遇</u>。

本句两个副词 reasonably 和 equally 译成了形容词"既合理又平等"，而动词 treat 则变成了名词"待遇"。

Time Warner will pay TCI 360 million <u>for</u> Southern Satellite company.
时代华纳愿付给 TCI 三亿六千万美元<u>购买</u>南方卫星这家公司。

本句中介词 for 译成中文时变成了动词"购买"。

从上面的句子中我们已经发现，在学习英语过程中辛苦建立起来的牢固的词性概念，在翻译时都被译者"抛在脑后，不予理睬"。译者这样做是明智的，否则译出来的中文就会缺乏可读性。

4 增减重复法

在翻译过程中有时译者不得不在原文的基础上略有增减或故意重复某些词。因此，英汉翻译中增词法（amplification）、减词或省略法（omission）和重复法（repetition）就使用得异常频繁。不过，增减重复时有一条金科玉律，即增词不增意，减词不删意。所以，在译入语中的这种增减重复主要用于两种情况：一是把不清楚的语义用更多的字讲清楚，比如 presidential historian 这个词组译成"总统的历史学家"就不够清楚，用增词法译成"研究总统的历史学家"，语义一下子就清楚了；二是在译入语中用增减重复法调整语言结构，使译文更像地道的译入语，如"For mistakes had been made, bad ones."这句可译成"因为已经犯了错误，很严重的错误"，但还可以通过增词法使这句话中的两部分关系更协调，进而使中文表达更顺畅——"因为已经犯了错误，<u>而且</u>是很严重的错误"，加了一个连接词，但实际没有加任何语义信息。下面是一些有关增词的例子。

Asia's strength of economic management, however, has not been its perfection, but its pragmatism and flexibility.
亚洲经济管理向来不以完美<u>见长</u>，而是以务实和弹性<u>取胜</u>。

英文整句已经含有"见长""取胜"之意，译文是典型的加词不加意。

Peter's admirers believe that his legacy goes beyond such reversals.
彼得的拥护者相信他的影响<u>不会被</u>这些后退的情势<u>抹杀掉</u>。

原文 goes beyond 如从反面思路想，就是"不会被抹杀掉"的意思。

She was more <u>royal</u> than the royals.
她比皇家成员更有<u>皇家气质</u>。

本句 royal 一词实际在译文中成了名词，而且是由加词构成的（皇家气质）。英汉翻译时不少表达抽象特质的形容词或名词都可通过加词来更清楚地表达，如 statesmanship 译成"政治家的风度"等。

You must come back before nine. <u>Period!</u>
你必须九点之前回来。<u>没什么可商量的余地</u>。

本句中的 period 是英文中常说的，表示说话人不想让步。不加词就无法译。

An episode of <u>humor</u> or <u>kindness</u> touches and amuses him here and there.
他不时会碰到一两件事，或是<u>幽默得逗人发笑</u>，或是<u>显出人心忠厚的一面</u>，使人感动。

英文中的 humor 和 kindness 只是两个名词，在译文中则用了加词法，译成很长的两个词组"或是幽默得逗人发笑，或是显出人心忠厚的一面"。

There are scenes of all sorts, some dreadful combats, some grand and lofty horse-riding, some scenes of high life, and some of very middling indeed, some love-making for the sentimental, and some light comic business.
看看各种表演，像激烈的格斗，精彩的骑术，上流社会的<u>形形色色</u>，普通人家<u>生活的情形</u>，专为多情的看客预备的<u>恋爱场面</u>，轻松滑稽的穿插等。

本句可谓加词的集大成之作。其实，加进去的词的意思原文中都有，只是不很明显而已。用"形形色色"更好地表达了 scenes 中的复数形式；"生活的情形"也寓于 some of very middling indeed 之中；"专为……预备的"原文字面上没有，但译文绝对没加文外之意。拿掉这些加进去的字也许并非不可，但很可能影响译文的可读性。

The famous little Becky Puppet has been pronounced to be uncommonly flexible in the joints, <u>lively on the wire</u>.

那个叫培基的木偶人非常有名，大家一致称赞她的骨节特别灵活，<u>线一牵就活泼地手舞足蹈</u>。

本句先用了转换法将名词 wire 变成了动词"线一牵"，又通过加词，把本来想象中的现象用文字表达出来。有人说哪儿来的手舞足蹈？手舞足蹈不正是 lively 的具体化，"线一牵"的结果吗？

The heaven <u>being spread</u> with this pallid screen and the earth with the darker vegetation, their meeting-line at the horizon was clearly marked.

天上悬的是这样灰白的帐幕，地上铺的又是那种最苍郁的灌莽，<u>所以远处天地交接的界线显得清清楚楚</u>。

就像很多汉语的句子不用连接词表示各语言成分间的关系一样，本句的现在分词短语（being spread）和主句的关系在英文中也没有用一个具体的词挑明。这在英文的现在分词或过去分词结构充当状语的情况下最明显。翻译时译者往往可以把隐藏的关系用一个词表达出来，如本句译者就加了一个原文根本没有的"所以"。

减词（有时也称为省略）则恰恰相反，是把原文中有的一些词省略不用。省略或减词基本上是用于改善汉语行文。英文中有些词在译文中不一定个个都要写出来，写了不能算错，但省略掉会使译文更简洁。英文里的不少代词、连接词在中文表达时省掉才能避免累赘，比如，"他摇着他的头"中的"他的"就可以省略掉。在有些情况下，减词也许是因为该词的意思已经融入其他词中，不必再用一个专门的词来表达了。这种减词十分重要，英汉翻译时每个词都译出的话，译文的可读性就会受到严重影响。下面是几个省略或减词的例子：

When the students finished all the books <u>they</u> had brought, <u>they</u> opened the lunch

and ate <u>it</u>.
学生们看完了随身带的书，就打开饭盒吃起来。

代词是经常被省略掉的词，因为不省略的话就会很累赘。上面这句如果写成"学生们看完了<u>他们</u>随身带着的书，<u>他们</u>就打开饭盒吃起来"，就略显啰唆了。

She listened to me with <u>her</u> rounded eyes.
她睁圆着眼睛听我说话。

本句和上句一样，也是省略代词，不省也显得啰唆。

<u>As</u> the manager of the performance sits before the curtain on the boards, <u>and</u> looks into the Fair, a feeling of profound melancholy comes over him in his survey of the bustling place.
领班的坐在戏台上幔子前面，对着底下闹哄哄的市场，瞧了半晌，心里不觉悲惨起来。

本句省略的主要是连接词（as 和 and）。由于英文重形合，语言各成分间的关系往往由词挑明，如本句用 as 构成从句，修饰主句（a feeling...），而且 as 从句里还用一个 and 表示连接关系。这在汉语里都是可以省略的，上面的译文去掉了连接词，效果更佳。

What could marriage mean <u>if</u> we did not feel ourselves capable of love?
连爱都爱不起来，还谈什么婚姻！

本句中的 if 在译文里被省略了，假设从句在中文里变成了另一种表达法（连……都……，还……）。

Smoking is not allowed <u>in</u> the store-house.
仓库重地，禁止吸烟。

本句中介词 in 被省略，才使译文像一个标语。要是说"在仓库里禁止吸烟"，就不像是一条告诫人的标语，而像是一般的叙述。

He shouldn't have taken advantage of her <u>sexually</u>.
他本不应该占她的便宜。

中文只说"占便宜"也能提示"性"，但要从语境中引出这层意思，中文字面并无这层意思。

Small islands have played a <u>disproportionately</u> large role in the thinking of evolutionary biologists.
岛屿虽小，但在影响进化论生物学家思维的过程中起到的作用却非常大。

本句中 disproportionately 一词主要是说 small 与 large 之间比例失调，说得直接些，一个这么小，而另一个居然那么大。所以中文表达时可以将 disproportionately 省掉，而用其他表达法将该词的意思结合到整句之中，如"却非常大"。

Anelia Doll, though it has had <u>a smaller circle of admirers</u>, has yet been carved and dressed with the greatest care by the artist.
那个叫爱米丽的洋娃娃虽然没有那么叫座，卖艺的倒也费了好些心血刻她的面貌，设计她的服装。

这里对 a smaller circle of admirers 的处理既可以说是省略，也可以说是词性转换。在译文里这几个英文词全都被省略了，只用一个"没有那么叫座"表达出来。这实际是将一个名词词组转换成了动词词组。英文中的词全被减掉了，但这些词代表的意义却一点不漏地在译文中复现出来了。

重复法是另一个可以使用的翻译手段。作者之所以要重复，是因为行文和修辞的需要。本来可以用两个字，却偏偏用四个字；本来可以用一个成语，却偏偏用两个成语。这一类的重复往往是为了"雅"。但有时倒并不是为使用成语之类的"雅"词，而仅仅是为了满足译文行文表达的基本要求，如"You need and deserve admiration."可以译成"你需要并也值得羡慕。"但如果重复 admiration，就会更通顺："你需要让人羡慕，也值得让人羡慕。"下面是几个重复的例子。

These seemed to call into question the <u>dominance</u> not only of Western power, but of Western ideology.

这一切似乎不仅使人怀疑西方强权的<u>垄断地位</u>，而且也使西方意识形态<u>一统天下</u>的局面受到质疑。

原文一个 dominance 后面接两个 of 短语，为了避免单调，译者将 dominance 在中文里重复，并且不是简单地照原样重复，而是用了两个同义词组（"垄断地位"和"一统天下"）

There had been too much <u>publicity</u> about their relationship.

他们的关系已经闹得<u>满城风雨，人人皆知</u>了。

本句中的 publicity 被译者用重复法扩充为"满城风雨，人人皆知"。其实，用其中一个就完全够了。这类重复法用的时候要谨慎。用得不当，会有华而不实之嫌。

But <u>Europe</u> held forth the <u>charms</u> of storied and poetical association.

但<u>欧洲</u>也有它的<u>美</u>，<u>欧洲</u>的<u>美</u>更富于历史与诗意的联想。

本句中的 Europe 和 charms 两个词在译文中都重复了。这种重复不是必不可少的，不重复句子照样通顺，但译者可以根据个人的风格并考虑上下文选择重复法，以达到所追求的语言效果。

5 反面着笔法

反面着笔（negation）有时也称正说反译或反说正译，其基本概念是原文从一个角度下笔，译文恰恰从相反的角度下笔。采取这个译法时被反面处理的可以是词、短语，也可以是整个句子。有时采用这个译法是被逼出来的，因为照原文角度下笔在译文中行不通。正面硬闯过不去，所以译者就掉转方向，从另一个角度下笔，结果一下子就闯通了。但有时译者采用这种方法是为了使译文行文优美，不用这个反面着笔的方法译文并非不通。反面着笔的方法在实际翻译中如果用得恰到好处，常常会使译者绝处逢生，是英汉翻译中一个非常有用的技巧。下面我们来看看反面着笔法的几个实际例子。

Yet the process of achieving gender equality is still <u>an ongoing one</u>.

然而争取男女平等仍然是<u>一项未竟之业</u>。

本句中 an ongoing one 是指 the process is ongoing，译文则把这个 ongoing 转到人身上，而且是从反面下笔，译成了"未竟"。

You couldn't kill any more.
你已经恶贯满盈了。

原文是"你不能再杀人了"，但译文从另一个角度看，说你"恶贯满盈"。kill 这个概念在译文中被取消，而替换成了杀人的记录（满盈）。

I hear everything.
什么都瞒不过我。

本句整句都被译者反过来了。原文中 I 是动作的实施者，everything 是被听到的。但译文主语和宾语（受词）的位置和英文恰恰相反。整句都用反面着笔法处理。

Peter's admirers believe that his legacy goes beyond such reversals.
彼得的拥护者相信他的影响不会被这些后退情势抹杀掉。

原文是 legacy goes beyond，但译文是 legacy 不被抹杀，引进了句中没有的人的动作（抹杀），与原文角度相反。（另见"增减重复法"）

With Silicon Valley's notorious housing prices in mind, I expected to see a much worse house.
由于对硅谷房价出奇的高早有所闻，所以看到房子还过得去，真出乎我的意料。

原文是 much worse，但译文却从正面着笔，说成是"还过得去"。

Osborne was Sedley's godson, and had been one of the family anytime these 23 years.
奥斯本是赛特笠的干儿子。23 年来，这家子一向没有把他当外人。

本句原文是说他是家庭成员之一，但译文来了个一百八十度大转弯，译成"没有把他当外人"。这是反面着笔运用得十分成功的一例。

The moon lies fair upon the straits.

长峡托孤月。

本句是一首诗中的一句。原文是月亮在海峡上空，lie 是月亮发出的。但译文完全反了过来，是海峡把月亮托了起来，原文中主动的月亮，译文中被海峡托起。

6 分合移位法

切分（division）、合并（combination）与移位（shifting）也是翻译中最常用的方法。切分与合并的对象可大可小。有时原文是一个简单句，但句中的某一个词或短语很难照原样处理，有必要将某个词拿出来，构成一个单独的从句，甚至一个单独的句子。比如 "Those Chinese scientists in Silicon Valley are understandably proud of their achievements."，这句中的 understandably 就可以拿出来单独处理："这些在硅谷工作的中国科学家对他们取得的成就感到很自豪。这是可以理解的。"有时切分的单位较大，如将一个长句子一分为二。这时，译者实际在调整翻译单位。下面是几个切分的例子。

And a growing minority of Western intellectuals agreed.

越来越多的西方知识分子当时接受这种看法，虽然从数量上说，他们仍是少数。

原文是一句简单句，没有分句存在。但原文中的 growing minority 在中文里不可能照原来的语法结构译，所以译者把两个词拆开，一个放在前面（"越来越"），一个单独另组一个分句（"虽然从数量上说，他们仍是少数"）。

A naive projection of their past growth rates into the future was likely to greatly overstate their real prospects.

若以过去的增长率来预测未来，会显得考虑欠佳，因为那种预测会严重夸大未来的实际增长。

本句中的 naive 只是一个形容词，修饰名词 projection。由于 projection 是由动词名词化而来，翻译时可以转换成动词。但 naive 如转换成副词则不见得方便。所以译者索性彻底改变了句型，一句简单句拆成了两个分句。

My father <u>was not wrong</u> in judging me too young to manage business of importance.
我父亲认定我太年轻，办不了大事。<u>他算是没说错</u>。

本句原文为一个简单句，但译成中文后成了两句。

The president of the university has watched soaring real-estate prices in Silicon Valley prompt a steady exodus of his staff.
硅谷地区房地产价格飞涨，<u>结果</u>大学校长眼看着他手下的人都纷纷离去。

本句的基本句型是 The president watched prices prompt exodus，显然是一个简单句。译文则变成了一个包括结果从句的复合句。

Many years ago, when I was vicar of a small parish in the north of England, I remember hearing a sad story of a certain businessman.
许多年前，我在英格兰北部的一个小教区当牧师。<u>当时</u>我听人讲过一个商人的悲惨经历。

本句是一个句子，但译文则用了一个"当时"，使原句变成了两个句子。把一个句子拆成两个或更多的句子也是灵活处理句型结构的常用方法。

Macroeconomics stabilisation quickly became a major focus of transition policy, however, with varying degrees of success, often due to political pressure for credits and subsidiaries for the enterprise sector coupled, in some cases, with uncontrollable growth of credit in the form of inter-enterprise arrears.
宏观经济的稳定迅速成为转型政策的主要重点，不过各国取得成功的程度不同。其原因往往是企业为取得贷款和补助而向政府施加政治压力，加之在某些情况下，以企业之间欠款形式的信贷也不受控制地增加。

英文原句只是一个句子，但这个句子中有好几个表示动作的词，如 became、success、coupled、growth，这就为切分提供了基础，因为有些表示动作的词（如名词或过去分词）可以通过转换变成分句的动词。本句译成中文后是两个句子。这种抓住表示动作意义的词，将其扩展成另一个句子的办法有时会十分有效地切分长句，使英文转换成几个地道的中文短句。

　　和切分相反，有时译者要合并语言成分，因为合在一起更符合中文的习惯，更顺畅。和切分一样，合并的可以是几个词，也可以是分句，甚至是几个句子。将几个句子合起来处理，译者实际就冲破了句子的藩篱，以语段为翻译的基本单位。合并也是翻译时常常使用的。下面是几个合并的例子。

　　The inauguration took place on a <u>bright, cold, and windy</u> day.
　　就职典礼那天<u>天气晴朗，寒风凛冽</u>。

　　原文是三个形容词，但译文中却合并成了两个修饰成分。翻译时有些并列的修饰成分如无特殊意义，译者可以考虑合并，只要原文的意思都包括进去就可以。

　　Thank you for your <u>advice and counsel</u>.
　　谢谢您的<u>忠告</u>。

　　本句中两个名词（advice 和 counsel）实际是一个意思，原文重复使用基本上是一个语言手段，翻译时可以考虑合并成一个。

　　<u>Montag shook</u> his head. <u>He looked</u> at a blank wall. <u>The girl's face was</u> there, really quite beautiful in memory: astonishing, in fact.
　　蒙特昝摇摇头。注视白墙，他仿佛看见那姑娘的肖像；真奇怪，印在他头脑里的肖像的确很美。

　　原文一共有三个句子，但译文只有两个句子，英文的第二句和第三句合并成了一句。

　　<u>This single stick,</u> which you now behold ingloriously lying in that neglected corner, I once knew in a flourishing state in a forest. <u>It was full of</u> sap, full of leaves, and full of boughs.
　　君不见，眼前这根孤零零、灰溜溜、羞怯怯地躺在壁角里的扫把，往年在森林里它也曾有过汁液旺盛、枝叶繁茂、欣欣向荣的日子。

　　英文原文一共两句，都是描写扫把的，所以译者将两句合并成了一句中文。这说明译者取舍翻译单位时不是根据有形的句子，而是根据背后的意义。

The most significant liberalization measures were the easing of exchange controls in the three major industrial countries that had maintained such controls—France, Japan, and the United Kingdom. This relaxation permitted residents of these countries access to foreign currency investments, thereby increasing the substitutability of domestic and foreign assets.
最重要的开放措施是一直保持外汇控制的三个主要工业国——法国、日本和联合王国——放松了这些控制，这些国家的居民因此能够从事外汇投资，从而增加了国内和国外资产的替代性。

本句原文是两句，但第二句的 This relaxation 就是指前面的 liberalization，所以从语义看，第一句完全可以延伸到第二句。因此译者就没有在中文的句子之间画上一个句号，而是让句子延伸下去，结果译成了一个较长的中文句子。

将原文的语言成分前后移位在翻译中也常用。一般来说，移位最常用在一句之内的语言成分间，如把一个词或短语从前面移到后面，把一个从句从后面移到前面。如果想移动两个句子，那就要从语段的角度找依据。除非有足够理由，否则一般不主张将数个句子前后移位。

I knew every spot where a murder or robbery had been committed or a ghost seen.
什么地方发生过盗窃案或者凶杀案，什么地方有鬼魂出现过，我都知道。

本句句首的 I knew 被放到了句子的最后，完全颠倒了原句的顺序。

A woman infected with HIV may be ostracized or abandoned by her husband if her condition is revealed, even when he is the source of the disease.
即使妇女的 HIV 是被丈夫传染的，病情一旦泄露，还是会被排斥或被抛弃。

本句最后的分句在译文中放到了最前面，既简洁又清楚。如果仍然放到后面效果就不见得那么好："感染了 HIV 的妇女，如果其病情被泄露出来，可能被丈夫排斥或抛弃，即使她的病情是因丈夫而引起时也是这样。"颠倒法在这里起到了非常好的效果。

7　定语从句的译法

定语从句（attributive clause）有时也称为形容词从句（adjectival clause），在英汉两种语言中结构完全相反。中文修饰名词的成分常在名词前边，英文的修饰性从句恰恰在后边。这一根本性的差别迫使译者在翻译时必须善于变通。这种变通主要与句法的调整有关。英文的定语从句译成中文一般不放在被修饰词的前面。但这也要视情况而定。如果定语从句短小，就可以考虑仍放在前面，如 "The book I bought you is very good." 就完全可以译成 "我给你买的那本书非常好。" 但定语太长就不行。另外，译者也应特别注意定语的限定性和非限定性。非限定性定语从句与主句结构松散，对位置的要求不高。但如定语从句是限定性的，处理起来就有必要仍放到被修饰词的前面。比如 "Many people have read the book I bought you a few years ago in San Francisco, but few people have read this new book."，这句中的定语从句就最好放在被修饰词（book）的前面："许多人都读过我几年前在旧金山为你买的那本书，但很少人读过这本新书。" 将定语从句硬放到后面另起一句就较别扭。

定语从句翻译时主要是要注意调整从句的类别。实际上，大多数定语从句都不一定要翻译成中文的定语，而是可以灵活变通，译成各种类型的状语或转换成其他类型的从句，甚至译成独立的句子。当然，译者必须照应到上下文，根据语境灵活处理。下面是几个翻译定语从句的例子。

Give me the book you bought me, not the one I bought you.
把你买给我的书给我，不是我买给你的那本。

本句定语从句仍然放到被修饰词的前面，原因至少可以有两个：第一，原文的定语较短，比较容易放到前面；第二，原文定语是限定性的，区别了两本不同的书，有必要放到前面。限定性定语从句有时即便较长，仍有必要放在被修饰词的前面。当然，也可能有另外的变通办法。

How can I introduce into a casual conversation those lengthy lines of argument that inject the adrenaline into a given idea?
我怎样才能将那些冗长的学术文章的内容，在与普通人的交谈中表达出来？这些文字常为人的思想注入生机活力。

本句含有一个定语从句，但这个从句与前面被修饰词之间的关系并不十分紧密，所以译者在翻译时将从句单独处理成一个句子。

AIDS patients and others infected with HIV, the AIDS virus, face discrimination of various sorts the world over, and the high cost and long-term nature of treatment aggravate quandaries that occur to a lesser degree in other serious diseases.

艾滋病人和其他受 HIV （艾滋病病毒）感染的人面对着世上各种各样的歧视；此外，由于治疗费用高昂，再加上需要长期进行，与其他重病病人相比，他们所面对的境况要严峻得多。

此处，译者采取了极灵活的办法，用了各种不同的技巧，如将名词词组 high cost and long-term nature 转换成动词词组"治疗费用高昂，再加上需要长期进行"，而且用"由于"转换成了原因状语。另外，原文中的 that 定语从句在中文里没有了，其中的 lesser degree 也被转移到了下一分句中，而且用反面着笔法译成了"严重得多"。假如译者硬要还定语为定语，那么就请看下面的译法："艾滋病人和其他受 HIV（艾滋病病毒）感染的人面对着世界上各种各样的歧视，而且治疗费用高昂与需要长期治疗这种特点加重了在其他严重疾病中发生的程度较轻的窘境。"这样的译文显然不行。

Individuals who are infected with HIV but remain healthy and keep viral replication in check may offer some hope for guiding the design of an effective HIV vaccine.

有些人虽然感染了 HIV 病毒，但身体仍然健康，并能遏制病毒的复制，他们为研制有效的 HIV 疫苗带来了一线希望。

本句的定语从句与后面的 but 连起来，译成了"虽然……但"这一状语从句结构，汉语中原文结构的影子完全消失了。将英语中的定语译成各种不同的状语是英汉翻译时常常使用的方法。假如译者一定要用定语译定语，就会译成一个很长的句子，读起来很费力："那些感染了 HIV 病毒但仍然保持健康并使病毒的复制受到遏制的人为指导设计一种有效的 HIV 疫苗提供了某些希望。"

Nobody could be said to understand the heath who had not been there at such a time.

凡是没有在这种时节到过那里的人，就不能说他领会这片荒原。

本句的定语从句在翻译时可转换成"如果""凡是"这类表示假设的状语从句。本句译者当然也可以还定语为定语。

Washington who could have been king insisted that ultimate sovereignty lay with the people.

华盛顿虽然原本可以成为国王，但却坚持至高无上的权力应归人民所有。

本句中的定语从句在中文里用"虽然"表达，成了让步状语从句。

The software engineer bought the half million house, but the professor of sociology, whose salary is much lower, only bought a small apartment.

那位软件设计工程师买了那幢五十万美元的房子，但那位社会学教授却因为工资远远低于工程师，只买了一套公寓房。

本句中的定语从句显然被译者转换成了表示因果的状语从句，译成了"因为工资远远低于工程师"。

He decided to take this difficult course, which has made him extremely busy during the summer.

他决定修这门很难的课，结果他整个夏天忙得不得了。

这里，定语从句译成了表示结果的状语从句。

8 状语从句的译法

语法中称为状语的成分在英汉两种语言的表达里有很大的差异，不少英文的状语如照原样搬到中文里本该很不受欢迎，但是，由于汉语受到英文影响，现在不少照英文搬过来的句子好像并没有受到多大排斥。我们经常看到用汉语写的文章中有"他是如此的累，以至于不能再工作下去"这样的句子。不懂英文的人也会这么写，但他们并不知道这原来是英文 so...that 结果状语从句在中文里的再现。英文各类状语从句结构极易在汉语中再现，用的是汉语的词，背后的结构却是英文的。英文结构并非一定不可以用，只要读者可以接受，适度的西化倒也不必齐声谴责，何况有些西化说法已经被汉语接受为自己的说法。但如果我们忘掉了自己的语言中原来也有表达这些概念的说法，就有必要提醒一下。其实，不少采用英文结构译出来的句子，都可以用另外的译法译，避免原文的句型结构。不妨看看下面的一些状语是如何在中文里表达的。

He stole, not because he wanted the money but because he liked stealing.
他偷窃的目的不是钱，他就是喜欢偷。

本句原文的原因状语从句（because...）被译者转换成了名词"目的"，彻底避免了状语从句的结构。

The days were short, for it was now December.
现在是 12 月，白天短了。

本句表示原因的状语从句（for...）并没有一个用"因为"的连接词来译。很多原文用连接词的状语从句在中文里常常可以省略连接词。

When it is wet, the buses are crowded.
下雨天的公共汽车总是很拥挤。

本句的时间状语（when...）被译者转换成了定语，修饰"公共汽车"。试比较一下紧靠原文结构的译法："当天下雨时，公共汽车总是很拥挤。"两种说法没有对错之分。后者当然可以，但也别忘了前者。

As the sun rose, the fog dispersed.
太阳一升起，雾就散了。

本句用了"一……就"的结构，而没有用原文的结构。试比较紧靠原文结构的译法："随着太阳升起，雾就散了。"

How can you expect your children to be truthful when you yourself tell lies?
如果你自己讲假话，怎么能期待你的孩子说真话呢?

本句中 when 引导的状语从句翻译时改成了由 "如果" 引导的状语从句。当然你完全可以说 "当你自己讲假话时，怎么能期待你的孩子说真话呢？"

There was so much dust that we couldn't see what was happening.
尘土很大，我们看不清发生了什么事。

本句没有沿用 so...that 的结构，试比较："尘土如此之大，以至于我们看不清发生了什么事。"

I tried to be polite, although I didn't like him.
我虽然不喜欢他，但还是显得很有礼貌。

本句中 although 引导的让步状语从句被放到了前面。当然，放到后面也常看到。

举出上述例子旨在提醒用惯了西化表达法的译者，我们自己的语言里不乏简洁的表达法，可以表达同样的概念。当然，有时我们也可以用一些语言形式接近英文的表达法，但在很多情况下，译者应该用转换、颠倒、省略等方法把原文脱胎换骨成没有原文影子的中文，因为说到底，so...that 之类表示状语的语言形式没有任何实际意义。

9 被动句的译法

英汉两种语言中都有被动语态，因此，"The man was beaten by the police." 就可以还原成汉语的被动结构 "那人被警察打了。" 英汉翻译时，有时可以将英文的被动句翻译成中文的被动句。但译者有必要认识到，被动结构本身并没有什么意义。我们将英文被动句照样转换成中文被动句，并不是旨在保留被动结构，只是汉语有这个结构，而且用在上述情况下也恰到好处。被动结构本身并没有什么大的文章可做。

译者更应该注意的倒是英汉两种语言在使用被动结构方面的差异。用中文被动结构来译英文被动结构的机会并不多。很多情况下，英文的被动结构反倒应该译成汉语的主动结构，或没有明确形式标记的被动句。"Heart murmurs are frequently heard in these patients." 这句就可以译成 "这些病人中常可听到心脏杂音"，被动变成了主动。之所以能这么转换是因为汉语不一定要有主语。上句中到底是由谁听的没有说出，也不必说出。但英文如没有主语就会被认为是语法有问题。

在不少情况下，是转换成主动还是仍用被动，实际是一个选择的问题，两种方法都不能算错。"The house next door has been bought." 可译成"隔壁的房子已被卖掉了"，但也可译成"有人已经买了隔壁的房子"。第二句还被动为主动，补进去了一个"有人"。"This sort of advertisement is seen everywhere." 这个被动句可译成"这类广告四处可见"，或"人们到处都能看到这类广告"。两句似乎都可以。但并非任何被动句都可以转换成主动句。"When he arrived, he was arrested." 这句可以译成"他一回家，就被逮捕了"，英文的被动结构在中文里保留了下来。我们可能会对把这句转换成主动结构比较犹豫（"他一回家，人们就把他逮捕了"），因为我们不能像上面那句那样补进一个"人们"。当然，警察逮捕的可能性较大，但没有语境，我们仍然不能确定，因为执行逮捕的也有可能是警察以外的特工人员。

汉语有无主句，这就为英汉翻译时将被动句转换成主动句创造了条件。但除此之外，汉语还有其他有利的条件。汉语可以省略表达被动的形式标志"被"字，这就使汉语在主动被动结构的转换上显得非常灵活。"X-ray examination of the chest and heart should be routinely performed." 这句可译成"胸部和心脏 X 光检查应列为常规"，根本没有"被"字。

另外，即便要使用标志词，汉语也不只有一个"被"字。汉语的"受""遭""挨""叫""让"等或可以用来当助词表示被动，或用来当介词引进动作的实施者。常常看到有人不停地使用"被"，使译文"被"字连篇，影响译文的可读性。

被动结构在汉语中的活动空间显然没有在英语中那么大，所以译者应该根据实际情况选择最佳翻译方法，提高译文的可读性。

10 对"词性转换"的新认识

上面讲过，将动词转换成名词，将名词转换成介词这类灵活的方法往往可救译者于"危难"，一句翻不下去的话，一经转换便起死回生。这说明，词性本身有时是障碍，翻译时不能死盯着原文的词性。奈达翻译理论的一个核心内容就与突破词性束缚有关。他主张超越词性，在更深（或言"更高"）的层次，译者方能游刃有余。对这些基本观念，不需要颠覆，因为这些都是翻译实践中使用经年的招数，理论上说得过去，实践中用得顺手，应该继续作为翻译的技巧加以传授。

但是多年来，人们在讲翻译时只强调转换"利"的一面，却很少关注转换"弊"的一面；对于可以转换讲得多，对于不该转换讲得少，甚至可以说基本没讲。所以就必须对转换这类技巧给予新的解释，赋予新的内容，再提出更完整的技巧"适应征"。下面让我们用认知语言学领域的理念对词性转换这一技巧作些补充。

为说明词之间的关系，奈达提出了一组经典例句：

- She sings beautifully.
- the beauty of her singing
- Her singing is beautiful.
- her beautiful singing

(Nida and Taber, 1982, p.48)

奈达认为，这四组表达法的语法结构虽然不同，但词之间的深层关系是一样的。所以，仅就文字的基本意思而言，这四句所表达的事件是一样的。他的目的是要给译者一个理论基础，使他们在翻译时不要被词性束缚，大胆地灵活处理。

总体来说，奈达的这个判断应该是切中要害的。问题是，文字的意思有时不仅仅靠基本语义表达，一些附加的信息很可能通过语言的其他手段表达出来。换句话说，语义相同但词性不同很可能传达的信息并不完全一样。有些认知语言学家的研究很值得注意。比如兰盖克（Langacker）就认为，名词、动词、副词、形容词等语言范畴不仅仅是只有形式属性的语法范畴，而且也承载意义。兰盖克用下面这两个表达法来解释名词和动词之间的差别 [1]：

- The Boston Bridge collapsed.
- the collapse of the Boston Bridge

就语义来说，这两个表达法说的是一回事，但在认知语言学家的眼里，却有所不同。首先，第一句中的 collapsed 是动词，而由动作表达的事件往往更容易给人一种延续感，好像事件在你眼前展开，你好像看到桥在倒下去，像演电影一样。所以兰盖克认为这种由动词表达的事件是动态的，从观察者的角度说，这个过程是序列扫描（sequential scanning）。再看第二句中的名词 collapse，显然和第一句中的 collapsed 意义完全一样，但名词却给人一种静态的感觉，一个在时间序列里展开的事件被固定成一幅不移动的画面，这种情况兰盖克把它称为概括扫描（summary scanning）。也就是说，动词更凸显事件的序列关系，呈现时间过程（temporal）；名词则强调其非时间性的一面，它不在你的大脑中促成序列的关系（atemporal）。Kövecses 用了另

---

① 见 *Foundations of Cognitive Grammar*，by Ronald Langacker，1987。

外一对句子说明同一个问题 [①]：

- He suffered terribly.
- His suffering was terrible.

　　根据 Kövecses 的解释，第一句中的动词 suffered 给人动感，是有时间序列的，而第二句中的名词 suffering 则是无序列关系的，静止的，无时间延续的。但由于是静止不动的，所以这样的图像更容易给人"物"（thing）的印象。相反，在时间中移动的事件就不能给人"物"的感觉。根据心理语言学的观察，名词更容易给人留下印象，因它不在你眼前一闪而过，动词则次之，其他词性也都不如名词容易记忆。Evans 和 Green 也提供了一个类似的例子 [②]：

- Lily destroyed the letters secretively.
- Her destruction of the letters was secretive.

　　根据他们的解释，第一句由动词表达，因而呈现的是一个动态的过程，而这个动态过程是以某一特定的方式展开的，这个方式由副词 secretively 表达。相反，第二句是以静态呈现的，是概括性扫描，destruction 是以 thing 这样的身份呈现的，而这个 thing 是由形容词 secretive 修饰的。他们也认为，动词最常表达动态，名词则表达静态。根据 Goatly 的观点，名词表示物（thing），形容词表示事物的属性，动词表示事物的状态与过程，副词表示过程的属性，介词则表示事物间的关系 [③]。从心理学的角度讲，名词的隐喻力度（metaphoric force）最大，最容易被人记住，其他词性的隐喻力度相对微弱。名词容易被记忆的一个原因是它表示"事物"，而事物较容易在你头脑中形成图像，容易被记住。但人们会说，不少名词不是表示物，而是较抽象的动作，比如上面的 collapse 和 suffering，都是由动词变来的名词。所以，这里就涉及我们对名词化（nominalization）的看法。

　　所谓名词化，我们指的是将动词或形容词在不变词形或略变词形的情况下用作名词，如 change 既可用作动词，也可用作名词，investigate 这个动词可以将其名词化成 investigation，所以大多数名词化的过程就是词性转换的过程。尽管涉及的是抽

① 　见 *Language, Mind and Culture*，by Zoltán Kövecses，2006，第 244 页。

② 　见 *Cognitive Linguistics*：*An Introduction*，by Vyvyan Evans and Melanie Green，2006，第 563 页。

③ 　见 *The Language of Metaphors*，by Andrew Goatly，1997，第 83 页。

象的动作，但由动词转换成名词这一名词化的过程仍然使这个词增加了类似 "物"（thing-like）的特征。所以当我们说 the collapse of the Boston Bridge 时，尽管这是一个动词，却仍然给人一种静止的 "物" 像。此外，从文体上说，名词化往往使语域提高，使阅读变得艰难，造成作者和读者间距离增大。

　　除了动词和名词间的转换外，其他词性的转换也有同样的问题，如名词转换成形容词也被认为可能是词的隐喻力度削弱，比如 Goatly 的例子。在他看来，"This experience removed any magnetism there was in London." 中的 magnetism 就要比 "London was less magnetic." 中的形容词 magnetic 更有隐喻力度 [①]。

　　那么这些对翻译的意义何在呢？这个心理语言学的角度提醒译者，词性转换虽然不改变语义，却有可能改变读者的心理感受。"波士顿桥倒塌了" 和 "波士顿桥的倒塌" 在读者心理层面上的冲击力度是不同的。"它对我不再有吸引力" 和 "它不再吸引我了" 在心理语言学家眼里也不能画上等号。过去，对于这类句子的差别我们并不是完全熟视无睹的，但却很少从隐喻力度这个心理语言学的角度来观察。其实，提出这个观察点的目的并非是建议译者不用词性转换，只是意在促进译者把阅读原文的过程变得更精准透彻。大多数情况下，即便词性转换确实造成细微的差别，翻译实践者还是会权衡利弊，最后选择转换。这并不是说，词性转换和不转换完全一样，只是说其差别仍然没有达到需要我们放弃转换的地步。但在有些情况下，比如语域非常高的文本的翻译，一些文学作品的翻译，注意这些因转换而造成的细微差别，并在翻译中给予关照，甚至放弃词性转换的译法就是应该推荐的。有人把 "This agreement addresses each layer of..." 翻译成 "这个协议设法逐层处理……"，将其中的 each layer 转换成了 "逐层"，以为这是灵活处理的范例；而一位资深的编辑却翻译成 "这个协议涉及……的每一个层面"，后者更准确地反映了原文。

　　从心理语言学的角度看词性转换，能使我们更准确地把握这一技巧，用起来也就更得心应手了。应该认识到，翻译实践活动在很大程度上是依靠经验和感觉的活动，揭示词性转换的理论若能导入翻译实践，应该有助于实践。但是理论浑然天成地和实践携手却并不容易。所以我们这里介绍的词性转换的认知观从理论上说也许会让译者受益，但是这毕竟是一个较为 "尖端" 的议题，从事翻译实践的人不必过度 "迷恋" 这个议题，抱着知道比不知道好的态度就不错了。毕竟还有那么多更为重要的实践议题等待我们去关注探讨。

----

① 见 *The Language of Metaphors*，by Andrew Goatly，1997，第 102 页。

第六章
翻译单位

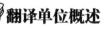

1 翻译单位概述

熟悉了翻译的基本概念，又了解了翻译的一些基本技巧，我们开始进行翻译。译者面对的问题千头万绪，其中一个根本的问题就是翻译单位。

不少从事翻译实践的人常说，他们根本不知道什么叫翻译单位，但照样可以翻译，而且译文也频频发表。这样说的人似乎根本不知道何为翻译单位。殊不知每一个译者都离不开这个概念，他们所不知的仅仅是这个概念的名称，但翻译单位这个概念不知不觉中已经被他们反复地运用了。

那么到底什么是翻译单位呢？这是个不太容易回答的问题。有人认为翻译单位应该以思维单位为基础，也有人认为从翻译实践看，翻译单位应该以可以看到的语言单位为基础。可这一下问题又出来了，是以源语的语言单位为依据来寻找译入语中对应的单位，还是以译入语的语言单位为依据来寻找源语中对应的单位？我们对翻译单位的认识有一定的局限性，因为我们跳不出语言形式与内容统一的传统思维方式。这里，我们不想陷入这种纯理论的讨论中，所以下面我们将从对翻译实践帮助较大的角度出发讨论一下翻译单位。

翻译单位就是指在译入语中可以找到的与源语语言单位相对应的分量相等的单位。这么说也许仍然不够通俗易懂。我们以搬家为例。搬家时让人头疼的是家中大大小小的东西。一般来说，体积大的东西，一件一件地搬；体积小的东西，可放到一个个箱子中再搬。我们不会去拆开一架钢琴，因为一架钢琴是一个不可拆散的整体。但书架就不同了。架上的书可以取下，分别放到纸板箱中，一箱箱地搬。有时书架本身也可以拆散。翻译单位这个概念和搬家道理相同。一个句子有时可拆散译，有时则必须将句子视为一个整体来译，有时可将几个句子视为一个整体，在这个整体中可随便进行调整，前面的放到后面，后面的放到前面，都可以，因为这几个句子是一个单位。翻译单位可大可小，如将几句视为一个整体，那么翻译单位则较大。但翻译单位也可以很小。比如有时我们在翻译地名时，常常希望能贴近原文的语音，因为地名之所以要译成中文，是为了让那些不懂英文的人看到中译的地名照样能知道所指的地方，如 Los Angeles 译成"洛杉矶"，Monterey 译成"蒙特雷"等。这时我们的翻译单位就很小，小到一个音位（phoneme），而音位（在英汉翻译中与之相对应的是字位）根本没有语义内容，"洛""杉""矶"三个字作为地名都不承载任何语义信息。上面举的都是比较极端的例子。翻译单位的选择有时会很麻烦。有人曾说翻译单位"应该尽可能小，但又该尽量大"，突出反映了在这个问题上的矛盾。用较大的翻译单位，译者在译入语中的回旋余地就较大，可以较为得心应手地照顾译文的行文；较小的翻译单位则可使译文在结构上接近原文，但译者就难免受到原文的束缚。

　　有些人认为为了忠于原文，翻译单位不应该太大，他们甚至认为亦步亦趋、不敢越雷池一步的译法虽然可能会死板些，但毕竟是忠于原文的。这实际只能说明持这种看法的人没有真正认识语际交流的本质。死板的译文不可能忠于原文，因为原文由原文读者读时并不死板（当然，原文死板另当别论）。将"He was at the wrong time and the wrong place."译成"他是在错的时间和错的地点"，翻译单位算是很小吧，几乎小到了以词为单位。但这样的译法忠于原文吗？英语读者一看到这个句子就知道意思，但字字照原文搬到中文后，中文读者并不能解读出同样的意思，因此就根本谈不上忠于原文。如果我们将这一整句作为一个翻译单位，不去管一个个词的意思，而从整体出发，看整个句子在语言中的功能，那么我们甚至可以译成"他当时实在不巧在场"，表面结构上和原文大相径庭，但这不正是原文的意思吗？当然，我们也注意到类似上面那种直译的句子目前也渐渐开始被人们接受。

　　那么，是不是说翻译单位总是唯大是好呢？那也不对。很多英文作者所采用的一些有意义的语言手段有时恰恰是使用在细微之处。翻译单位过大，就可能忽视了一些有意义的形式。看下面一段英文："Jim threw the ball. The ball broke a window. The noise attracted the owner's attention. The owner scolded him."，这是四个简单的句子。假如我将这段译成"当吉姆将球扔出去并打碎了玻璃时，他遭到了老板的责骂，因老板听到了打碎玻璃的声音"，是否忠于原文呢？译者显然是将英文的四句看成一个翻译单位，因此采用合并法把四个句子合并起来。但原文是摘自一个儿童故事，简短的句子恰恰是儿童文学的特点，虽然合并没有影响语义，但却改变了句式简短这个特点，这样可以说是忠于原文吗？

　　那么到底以什么作为翻译单位最合适呢？我们可能无法找到一个放之四海而皆准的答案。而且在回答这个问题时，不同的学派会有不同的答案，遵循不同理论的人译出来的作品也会因此而差别很大。最近几十年，对文本（text）和话语（discourse）的研究很流行，因此有的学者认为，为了使译文流畅易懂，尽可能照顾到译文的读者，译者甚至可以将整个文本或话语作为一个翻译单位。这种象牙塔中的议论对我们实际从事翻译的人会有些启发，但帮助是否大就不一定了。很注重实践的纽马克认为，如将文本作为翻译单位，必将导致混乱，但他同时也说有必要在翻译过程中时刻考虑或照应到这个最大的语言单位。[①]

提出以较大的语言单位作为翻译单位的人也是有一定道理的。翻译领域的研究一直都得益于语言学领域的进展。传统上，语言学研究一向注重以句子为基础的语法研究。后来兴起的对话语和文本的研究实际上正是不满足于以句子为中心的结果。研究翻译的人从一开始就对话语和文本这类概念十分感兴趣，因为翻译中的许多问题并不出在句子内，而是存在于句子和句子之间，甚至段落与段落之间。原来以句子为单位的研究方法在句子之间、段落之间留下了盲区。用翻译实践者的话说，为什么有时每一句都没翻错，可整篇读起来却总是不尽如人意呢？原来问题出在句子间和段落间的承前启后没有处理好。只要我们采用较大的翻译单位，不孤立地一句一句看原文，而是根据原文话语或文本的实际功能，把几句甚至整段整合起来看，问题就会迎刃而解。这就是提出较大翻译单位的人可以依靠的理论基础。但从翻译实践的角度看，大多数人都会认为最常用的翻译单位还是句子，因为我们在大多数情况下总是一句一句译的。翻译家杨绛就主张大多数情况下应一句句译。

至此，我们对翻译单位的讨论仍属泛泛而谈，没有将翻译中一个十分重要的方面考虑进去，也就是原文的类型。其实如何取舍翻译单位在很大程度上要看是什么类别的原文。原文中关键的意义如果是用较小的语言单位体现的，那么译这类文章就可能要用较小的翻译单位。比如说十分严谨的法律文件，原作者有时正是通过一个词来表述某一特殊概念有别于其他概念，这时那个词就很可能要被视为一个翻译单位。再如有些诗人用很小的语言单位（如音位和词）来表示艺术效果，此时译者也有可能要考虑较小的翻译单位以反映原文中的某些声音或词。但在另一些原文中，译者显然就没有必要那么谨小慎微，完全可以大刀阔斧地描出大图景，而不去顾及细微之处，因为在这类文章里，细微之处并无多大文章可做，如译一篇描写加州蒙特雷风景的旅游手册就可能基本上以句子为翻译单位，甚至可以将几个句子合并起来译，因为这类文章的细微之处没有多少作者精心安排、供人把玩的"装饰品"。即便有时作者偶尔用几个语言手段，其价值也并不那么重要，译者可以置之不理，采用较大的语言单位。旅游手册之类的文章毕竟肩负着一个很明确的使命，即让读者看了之后喜欢那个地方，所以译者也应将这一大目标牢记心中，而不在一两个语言问题上纠结。

应该切记的是，译者毕竟和原作者不同，作者有着无限的活动空间，思想驰骋，万字如流。但译者却被关在了"牢笼"中，他不可能脱离作者而思想驰骋，但他又必须尽量能与原作者一样译笔流畅。因此，在以句子为翻译单位的总的原则下，尽可

[①] 见 *A Textbook of Translation*，by Peter Newmark，1988，第 55 页。

能将翻译单位扩大是译者所应努力的方向。下面我们将分别叙述最常用的翻译单位。

2 音位

音位（phoneme）是最小的语言单位，具有语音上的区别性特征，但本身不承载语义。在翻译时，如原文中的音位需要在译文中获得对应，音位本身就成了翻译单位。这主要用在音译借词（如 laser 译成"镭射"）和翻译专有名词（如 Lincoln 译成"林肯"）方面。在书写系统相近的语言间（如英、德）处理音位这个翻译单位可能存在两个方面，即转写和标音；也就是说，到底是照音位书写一致，还是标音一致。因为同样的书写并不一定是同样的发音。但就英、汉语言来说，音位作为翻译单位时主要是一个标音的问题。汉语是语素文字，与音位文字没有文字上的一一对应。所谓将音位作为翻译单位，也只是求语音相近，而非绝对对应。

以音位作为翻译单位的例子举不胜举，如 nylon（尼龙）和 copy（拷贝）为音译借词；Denver（丹佛）、Vermont（佛芒特）和 Clinton（克林顿）为专有名词的音位翻译。音译借词只是翻译新词的一种译法。另一种译法是根据新名词的意思译，如中国 20 世纪 70 年代早期将 laser 译成"镭射"，后来抛弃了这种音译借词法，而转用"激光"。其实音位翻译在"五四"前后是非常普遍的，比如现在的"电话"，当时叫"德律风"。有时一个词既可以以音位为单位译，也可以根据意思译，此时如何取舍是一个很有探讨价值的题目。在一个对英语文化十分崇拜的社会（如殖民地文化）中，人们更倾向于音译还是意译？为什么过去（如 20 世纪上半叶）我们说"普罗文化""费厄泼赖"，而后来这类音译借词甚少，但随着中国改革开放，音译词似乎又多了起来？再看我国香港地区和台湾地区的情况，我们也许可以找到一些规律。

至于人名和地名的翻译，还有一个音译附加意思的方法。正如上面所说，汉语是语素文字，每一个字都有一个意思，这和英文的音位不一样。有些译者喜欢选用一些既可反映语音又可产生一些意思的字来译人名和地名，如 Yosemite 译成"优胜美地"、Coca-Cola 译成"可口可乐"都是无可争议的佳译。但音意兼顾的译法不宜广为采用，特别不宜使用在严肃作品的翻译中。一般来说，当原文有宣传广告色彩时，这种音意兼顾的方法用得适当会产生十分好的效果。不过在法律文件中用音位作为翻译单位，不附加意义的方法更为普遍。当然，一旦一个音意兼顾的译名已被广为采用（如"可口可乐"），上述区别就没有必要了。此外，采用表意的中文字时必须十分仔细，如在译男人的名字时就不能用"娣""娟"等字，而 Newmark 也不能译成"牛马客"。至于如何选词，我们可以参考有关的人名和地名翻译手册，从中总结出一些规律，选择适当的字。

专有名词汉译时应切记名从主人这一原则，也就是要尽可能接近原文的发音。一些现已约定俗成的译名也许并不十分接近原文的音位，但约定俗成也是一个应该记住的原则。所以即便译名发音和原文发音差距非常大，一两个译者也无法将其改变过来，只能延用。

3 词素

词素（morpheme）是最小的有意义的语言单位；也就是说，任何一个词素都有意义，而且一个词素只有一个意义。比如说，walking 大家都知道是一个词，但它有两个词素。walk 是一个词素，表示一个动作，ing 也是一个词素，其意义表示前面那个词素所处的状态正在进行。dreamy 也是一个词，但却有两个词素，dream 是一个词素，表示一个动作，y 虽然只是一个字母，却是一个词素，因为 y 有意义，表示前一个词素的特征，因其将一个动词改成了形容词，所以它有语法意义。这里的字母 y 与 Monterey 中的 y 完全不一样，后者没有意义。很多情况下，一个词可能包含多个词素，如 antidisestablishmentarianism 中就有六个词素，anti-dis-establish-ment-arian-ism。有时一个词只有一个词素，如 I、love 和 him 分别都只有一个词素。因此，将 "I love you." 译成中文既可以说以词素为翻译单位，也可以说以词为翻译单位，译文完全一样（"我爱你"），因为词素和词在这个句子里原来是一回事。有些含两个或更多词素的词如何译，可能会因选择的翻译单位不同而异。如 post-Deng 中有两个词素，post 是一个，Deng 是一个。译成 "后邓" 就是以词素为翻译单位，而译成 "邓以后"，则是将整个词作为翻译单位了。词素作为翻译单位的机会极少，因此其意义也就相对不重要了。

4 词

词（word）是大家最熟悉的语言单位，所以没有必要在这里界定。在翻译中以词为翻译单位的情况并不多。因为英汉两种语言的句法结构差异很大，所以只有在一些巧合情况下，译者才可以用词作为翻译单位。我们可以将 "The man died." 译成 "那个人死了"，此时可以说翻译单位是词。但只要在原文中添加一个词，就会马上改变以词为翻译单位的可能性。我们不能用词作为翻译单位，将 "The man died yesterday." 译成 "那个人死了昨天。" 我们只能把视野扩大，看一下整个句子，作一下调整，译成 "那个人昨天死了。" 假如将翻译这个句子比成搬家，我们可以说在原来的屋内 yesterday 放在最后这个位置完全可以，但放到新的屋里情况就不同了。新屋的主人看不惯原来那种摆设方法，一定要调整一下家具的位置才能感到舒服，因此"昨天"就不得不拿到紧接着主语的位置上。在实际翻译中，以词作为翻译单位的机会也极有限，因此也就不是一个主要的翻译单位。

5 词组

词组（phrase）有时也可以作为翻译单位，比如"What we should not do in this situation is to fish in troubled waters."中的 to fish in troubled waters 就有必要作为一个独立的单位来处理才能将这个成语还原成中文的成语"浑水摸鱼"。但由于词组总是句子的一个组成部分，所以除非译者希望凸显某一词组，否则在大部分情况下，词组总是被融入整个句子中。

6 句子

句子（sentence）是作家写作时的基本单位，因此它也是译者翻译的基本单位。在可供译者使用的翻译单位的"武库"中，有的"兵器"（如音位、词素）只是偶尔操之，最常使用的还是句子这支"长枪"。因此句子作为翻译单位可谓是翻译的"中流砥柱"，有些英文句子非用这个"武器"不可，用了"短兵器"，译出来的句子怎么看都不顺眼。请看这句："For locals, there is always something new, from music—a tradition that includes Bach and extends to visits from trendy artists like Nicolas Jaar—to craftsmanship and experimental design."。先聚焦较小的翻译单位，看看效果如何："对当地人来说，新事物层出不穷，从音乐，如包括巴赫和尼古拉斯·贾亚尔的音乐，到工艺、创新设计都让你耳目一新。"译者把 from music—a tradition that includes Bach and extends to visits from trendy artists like Nicolas Jaar 这个有关音乐的部分当作一个翻译单位，生硬地把巴赫和新潮音乐这两个例子插在中间，结果就破坏了句子的连贯。要知道，英文的 from...to 虽是一个很紧密的结构，但在逻辑性强的英语中，中间插入些文字没关系，而在汉语的"从……到"中间插入文字就会破坏衔接，一般我们一听到"从"，心理上马上就在期盼"到"这个词了，因为汉语是以听觉见长的语言，而英语似乎以视觉见长，你可以慢慢地看下去，总会找到那个 to 的。如果换一个"兵器"，以整个句子为翻译单位，那么译者就可以在这一长句内游刃有余，把有些句内的成分挪来挪去，效果就更好，比如"对当地人来说，新事物层出不穷，音乐、工艺、创新设计都让你耳目一新，比如音乐就不仅有巴赫那样的传统音乐，还有像尼古拉斯·贾亚尔那样的新潮音乐。"巴赫和新潮音乐这两个例子被放到最后了。

以句子作为翻译单位的优点是译者在一个句子内有充分的自由，可以充分利用这种自由，调整句中较小的语言单位，以便更符合中文行文的要求，写出一句让中文读者读起来像中文的句子。有时一个句子译不好恰恰是由于译者放不开手脚，总对句中的某一部分（如词、短语）恋恋不舍。这种将着眼点放到较小的"树木"（词、短语等）的倾向遮住了译者的视线，使他无法看到"森林"（整句的意思）。一旦将句子作为一个翻译单位，译者就可在句子内进行调整变换。但在决定将句子作为翻译单位前，译者必须先仔细观察一下，在这个句子中有些较小的语言成分是否承载了特殊的意义。请看莎士比亚剧中这个对话：

Quince: Yea, and the best person, and he is a very paramour for a sweet voice.
Flute: You must say paragon. A paramour is a thing of naught.

莎士比亚在这里用了一个头韵，以取得特殊效果。Quince 说错了一字，Flute 加以纠正，如果头韵这个语音特征不表达出来，这段对话也就失去了意义，所以在这里，句中暗藏着一个语言手段，只用句子作为翻译单位就可能会忽视这点。朱生豪先生的译文显然没有忘记要反映出这个属于音位一层的语言特征：

昆斯：对，而且也是顶好的人，有一副好喉咙，吊起膀子来真是顶呱呱的。
弗鲁特：你说错了，你应该说"吊嗓子"。吊膀子，老天爷！那是一种难为情的事。

另外，句内各成分的前后安排也并非都可自由处理，以句子作为翻译单位有时会忽视句子线性结构的特征，请看"He stood convicted of sickness, hunger, wretchedness, and want."一句。of 后面本应该是一连串罪名，如杀人、放火、抢劫之类。但使人感到意外的是，convicted 后居然是一连串不幸的遭遇。正是这个句法的巧妙安排才造成了这一效果。如果我们采用句子作为翻译单位，显然会忽视这个句型的特点："他站在那儿，因为有病、饥饿、不幸又穷困，而被判有罪。"这样译所造成的心理效果和下面的译法就略有不同："他站在那儿，被判有罪，因为他有病、饥饿、不幸又穷困。"

上面举了几个应该注意较小语言单位的例子，但是必须强调，这样的例子为数不多，而且有时即便是存在一些有意义的形式，在整篇文章中也不占据重要地位。这种情况下，假如刻意在译文中表达这些形式可能造成译文不通顺的话，译者就有责任只译语义，舍弃形式。在翻译中这种忍痛割爱是常有的事。简言之，译者努力的主要方向并不是去注意句中较小的语言单位，而是要尽量看句子的整体，充分发挥译文的优势。我们不仅要在句子层上灵活，有时甚至要着眼于句子以上更大的语言单位，这也就是在下面要谈的另一个翻译单位。

7　语段或文本

　　话语或文本（discourse or text）这个概念大多数非语言专业的人并不熟悉。不同语言学家对 discourse 和 text 的界定也不尽相同。所以有必要先对这两个术语简单介绍一下。

　　我们传统上研究语言总是把重点放到句子上。句子是传统语法研究的对象，句子以外虽然天地广阔，但语言学家却很少注意。句子作为最基本的研究单位比较容易把握，因为句子有明显的外在形式，英文中一句话开头要大写，句子结束要用句号。也就是说，句子是由语言形式界定的。一个人可以根本不懂一句话的意思，但他仍然能知道这是一个句子，因为开头的大写和结尾的句号是句子表现的形式。但语言难道在句子以外就再也没有"景观"了吗？当然并非如此。语言不仅在句子内有其结构的特点，在句子以上也可能有各句间承前启后的特点，各段间相互呼应的特色，甚至布局谋篇都可能自成体系。于是语言学家就跳出了句子的藩篱，在句子以上（beyond sentence）做起文章来。第一个问题就是要确定在句子以上的语言单位，因为如果连一个名称都没有，就无法进行研究。麻烦的是，句子以上的语言单位常无外部形式的标记。所以，由于不容易用形式来界定，语言学家决定用意义作为单位，于是话语（discourse）和文本（text）便被选来作为这个较大的语言单位。

　　那么，discourse 和 text 有何区别呢？对于大部分的语言学家来说，它们是一回事。[1] 不过也有人将它们分开，认为 text 是一个人说的或写的，而 discourse 是两个以上的人之间的交流；也有人认为，text 是书面的，而 discourse 是口头的；甚至有人认为 text 比 discourse 更大。之所以造成这样的局面是因为语言学家对 discourse 或 text 的界定非常宽泛，似乎可以包括句子以上任何的语言内容。一般的定义是："A text, or discourse, is a stretch of language that may be longer than one sentence."。[2] 也就是说，任何比句子大的一段言语都可以是一个 discourse 或 text。也有人认为

①　见 *Text and Discourse Analysis*，by Raphael Salkie，1995，Introduction。

②　见 *Text and Discourse Analysis*，by Raphael Salkie，1995，Introduction。

应纯粹从语义出发来界定，如 Halliday 就说："A text is the product of ongoing semantic relationships."。[①] 如果这样从语义界定的话，任何口头或书面的一段言语，无论长短，只要在语义上是一个整体，就是一个 discourse 或 text。所以，根据这样的概念，一个话语或文本就有可能是一首诗、一则广告，甚至一整本书。反过来，它也可能小到只是一个词，只要语义完整就行，如紧急情况时喊的"Help!"。强调语义整体性是话语或文本界定的关键。

话语可以具体分成几个方面谈，但讨论得最多的是连贯（coherence）和衔接（cohesion）。连贯从概念出发，看各部分间的逻辑关系，内容的组织结构是否合理等。反映原文的连贯特征当然可以反映出原文写作者思维的特征，但有时不反映原文的连贯特征并非不可以，因为人类在逻辑思维及社会经验方面有时也会相似。相反，衔接反映的却是句子表层结构的连接是否合理，即各句承前启后是否恰当。衔接常由一些连接词来完成。各语言间衔接手段有同也有异。翻译中照原文的衔接方式不进行调整倒，译文读者不一定看不懂，但却是语言潜移默化的一个潜在原因。

所以我们在这里用"话语"一词想要表达的是一个完整的语言单位，表达一个完整的信息，而且单位内各部分之间关系和谐。要识别话语结构，我们的目光就不能只停留在句子一层上，而要看比句子更大的单位。看看有些句子是否看似孤立，但实际是一个较完整的整体。我们可以再用搬家为例来说明话语结构。如果要搬电脑，我们会将电脑的一些部件分开，中央处理器（CPU）是一个单位，显示器是一个单位，键盘是一个单位。它们各自都是独立、完整的单位，不能进一步拆散。但它们谁都无法单独工作，必须将三个单位整合起来才能有一个可工作的完整的电脑。所谓话语这个概念和电脑的这个例子道理是相同的。为了说明话语整体的语言功能，让我们来看看下面的例子。Jean Aitchison 在《自学语言学》[②] 中举了一个十分有说服力的例子，说明话语结构的重要性，下面是她对比的两段文字：

- George ate the curry with delight. Curry had always been George's favourite food. The curry was subtly flavoured. George detected hints of cumin and coriander in the curry. Cumin and coriander are Gorge's favourite spices.
- George ate the curry with delight. This type of food had always been his favourite. The dish was subtly flavoured, and in it he detected hints of his favourite spices, cumin and coriander.

① 见 *An Introduction to Functional Grammar*，by M. A. K. Halliday，1985，第 291 页。
② 见 *Teach Yourself Linguistics*，by Jean Aitchison，2010，第 97 页。

看了上面两段文字，你会发现就语义而言，两段没有什么差别，甚至句法结构上也大同小异。但第一段读起来十分别扭，第二段读起来就十分顺畅。那么第一段问题在哪里呢？我想主要在于第一段一句一句孤立地写成，没有照应到整段总体的效果。这个问题在翻译时就显得尤为突出。我们不是也经常听到一些译者说，一句句译下来，好像每句都译得十分得意，但连起来一读总感到支离破碎，原因就是没有将本应属于一个语言单位的句子群当成一个翻译单位。由于英汉语言间的差别，在跨语言活动（翻译）中克服话语结构方面的困难远较在单一语言中大，因为句间承前启后的手段在两个语言中可能会十分不同，而且有些话语结构很不容易识别，如下句就是一个很好的例子："I am sorry for the delay in replying. But I have been very busy with my work."。我们如果把句子作为翻译单位，那么上面这个例子中就有两个翻译单位，译成中文是"很抱歉回信迟了。但是我工作一直很忙。"这样的中文在当今洋话不绝于耳的现代中国文化圈中大概完全会被人们接受。但如果我们把翻译单位提升一级，把两句视为一个话语结构，采用一个翻译单位，译出来的句子就会更像地道的中文："我因工作繁忙，迟复为歉。"这里，but 是影响译文质量的关键词。在英语中先表示道歉，然后用一个 but 为自己开脱一下已是一种固定的话语结构。但汉语表达这种关系时采用的手段与英文并不一样。所以在汉语中用"但是"的译法显然没有完全在深层转换成地道的中文。说得生动些，这好比人虽站在了中国的大地上，但灵魂依旧飘荡在英语世界里。

从翻译的角度看，将话语或文本的长短进行区分还是有益的。假如从解读原文的目的出发，在某一段中一个词的意义也许要几段以后的某个语境帮助才能解读出来。从这个意义上说，这几段文字可以看作是一个话语或文本结构。但这么大的语言结构在表达时很难拿来当作翻译单位。因为这么大的翻译单位会给译者无限的自由。译者可以作非常大的调整，句子前后可以调换，甚至段落都可以变换，三段文字可合并成两段等。在翻译实践中，有些学翻译的学生常会提出下面这样的问题：我可不可以将最后一段放到最前面，而将最前一段放到后面？或将前面的几句移到一段中的最后，把最后几句移到一段的前面？学生提出这样调换的理由是汉语在一节或一段文字中对事件叙述的安排和英文不一样。比如典型的英文段落总是先有一个 topic sentence，然后再展开，但汉语则不一定照这个结构框架展开。有时英文表述一件事用三段文字，而中文也可能只有两段文字，这些问题都是和话语或文本有关的问题。到底是否作这种大幅度的调整，人们分歧很大（纽马克倾向以句子为基本翻译单位，但奈达认为有时完全可以考虑以文本为翻译单位）。我的看法是，只要我们能在句子层次和较短小的话语或文本层次上充分地汉语化，似乎不必作较大的话语或文本结构的调整。汉语读者对西化句子结构的排斥大于对西化话语或文本结构的排斥。保留原文西化的句子结构会造成译文艰涩难懂，而保留原文的话语或文本结构所造成的译文难懂的程度却因话语结构大小而异。将较小的话语或文本结构转换成功能相似的地道的中文话语或文本结构有助于译文的流畅，但将数段文字前后调整以适应汉语的布局谋篇特征就不一定有必要。

当然，并不是大的话语或文本结构永远也不能作为翻译单位。在有些体裁的作品中，以整个话语或文本为翻译单位的可能性还是存在的。比如一则广告有时候可能是一个翻译单位。虽然广告中有数段文字，译者还是有可能不着眼于句子，甚至不着眼于较小的话语单位，而将广告作为一个整体看，非常自由地翻译。三段改成两段又有何妨？形象改掉又有何不可？只要总体效果好，读广告的人绝不会说你不忠于原文。因为在这种情况下，对原文的忠实并不体现在语言上，广告最终的目的是要把产品推销出去。由于文化上的差异，就算是把绝妙的广告词照原样搬到中文广告里来，也不一定能打动中国读者的心，因为中文自有中文那一套说服人的方法。在这种情况下，以整个话语或文本为翻译单位，就是可以考虑的。

最近几十年来，对于话语或文本的研究蔚然成风，这多少影响到了翻译研究。不少学者从话语或文本角度讨论翻译问题，这是十分有益的。在当今国际化的环境下，要想有效地对抗排山倒海般的语言西化浪潮，话语或文本这个翻译单位是尽量保持汉语纯正的另一个中流砥柱。在理论上认识话语或文本作为翻译单位的重要性能帮助译者提高译文质量，从而在更大范围内增加中国语言的"乡土气"。

8 灵活运用翻译单位这一概念

翻译单位这一概念的运用必须灵活。其实在译一篇文章时，不同的翻译单位会交替使用。译者不应该认为译一篇属于科学小品的文章只能采用一种翻译单位，整篇文章中不同的语言特点会要求译者在译不同的语言单位时采用不同的翻译单位。

任何一个从事翻译工作的人都知道，在翻译过程中，译者并不会想到翻译单位这个概念。但在决定翻译方法的过程中这个概念实际上已不知不觉地被运用了。我想，大部分情况下译者并没有必要明显地引进翻译单位这个概念，但在一些难句的翻译过程中，有意识地从翻译单位这个角度分析原文，取舍译法，也许会很有收获。

第七章

套语的翻译

1 套语是文化的结晶

在谈到翻译单位时，我曾提到话语结构这一语言单位，并推荐译者将话语作为翻译单位。上一章中提到的几个例子都是数个句子构成一个整体，成为一个完整的话语单位。这里我们要谈的套语（language formula）的概念，和上一章举出的话语单位的概念是一回事。为了对套语这一概念有一个清楚的认识，让我们先举一个例子。

水是流动的，假如有一盆水，你可以从中抽出一些，然后放入其他液体。有些句子（或句子群）也如一盆水，可以将其中一部分拿掉，加入新词或短语，如"We like apples."这句话，就可随你取舍，却仍然不失为一个符合英文语法的句子。你可以说"We like books."，也可以说"They like books."。总之，原句并不拒绝外界干涉，就如同一盆水一样，它是对外开放的。可以说，英文中大多数句子都是这一类"灵活"如水的句子。这类句子中的成分可被替换。这种可替换性说明句子本身文化内涵不多，翻译时所要跨越的文化障碍不大（并不一定容易翻译）。相对来说，这类句子用电脑翻译的可能性略大些。如前所述，这类句子文化特征不强，基本句子形式在略微调整后，较易为不同语言的读者接受，因为这些句子最基本的句型和其他语言的基本句型相仿，如 S.V.O.（主语、谓语、宾语）是很多语言共有的一个句式。我们每日常见到的句子中大多数是这一类，特别是在为实用目的进行的交流中，这类句子比例很大。在国际交流过程中，这类没有强烈文化特征的语言起到了重要的作用。但它们不能帮助某一个体文化保持自己的特征，因为在某种意义上说，这类句子是无文化的，或者说是弱文化的。只有文化特征很强的句子才能起到捍卫本族语言和文化的作用。

那么什么样的语言才是有文化内涵的呢？套语就是主要的一类。与上面的句子不一样，套语犹如冰块，已经被冰冻起来了（frozen）。一个套语，不管它是一句，还是多句，都很难改动，要想替换其中的成分不容易。就像冰一样，套语是一个整体，不易被分割；硬要分开处理，就会破坏套语，那么冰就打碎了。"Where there is a will, there is a way."就是一个整体，其中文化内涵丰富，从中我们知道说英文的人用 will 和 way 来表达决心和出路的关系。其实要表达这个意思，英文肯定有不同的说法，甚至可以在原句上略加改动，比如可以说 "When there is a will, there is a way." 或 "If you are determined to do something, you can find a way to do it."。从语义上讲，这两个句子和原句没有什么差别。但原句拒绝你对它进行这样的改动。一句成语是一个整体，它已经被历史和文化"冻结"成坚硬的"冰块"。你如果硬要打碎它，成语也就不复存在了。这样的句子是一个语言文化体系的结晶。

 ## 2 科技套语和文化套语的差异

上面说的套语是以个体文化为核心的语言单位，它是一种文化在语言中的体现。但有些人会说，这样理解会将科技、商业、法律等领域中的固定说法排除在外，而科技等领域中的固定说法也是套语，也是文化的组成部分。这当然十分正确。科技等领域的不少表达法也和上面说的文化套语一样，不是"水"，而是"冰"，因为它们也拒绝别人对它们进行改动。可是，这两类套语却有十分不同的特征。

首先，科技等领域中的套语本身和文化套语有差异。文化套语可小到一个词，大到数个句子，甚至更大。打电话时的一套礼貌对话就是一个套语，可能会由数个句子组成。句子间承前启后的规则大有文化特征。但是，科技等领域中的固定说法则往往是以词或词组为单位，一般不会上升到句子或句子以上。科技固定表达法一般是专有名词，或是由几个词组成的固定短语，如 minimally invasive surgery。这种套语之所以要被固定下来主要是因为技术交流的需要，这是一个十分实用的目的。

另外，两种套语的"效忠"对象不一样。科技等领域的套语由于是为一个实用的目的而存在，所以必须对科技交流的大目标负责，而目前科技、商业等领域的活动是以国际化、全球化为背景，所以在跨文化交流中这类套语的转换原则是"求同"，即尽量在译入语中用与原文相同或相近的表达法。与之相反，文化套语并非为任何短期的实用目的而存在，它要"效忠"某一个体文化，所以在跨文化交流中文化套语的转换原则就不一定总是"求同"。在有些情况下，"存异"反倒更好。在开始讨论文化套语的翻译之前，先对上述两种不同类型的套语加以区分是有必要的。

 ## 3 文化套语的翻译

当我们说 "Where there is a will, there is a way." 时，我们每个人一见到就能辨认出来，因为那是一块成语的"冰"。但有些句子看似流动的"水"，而实际却是坚硬的"冰"。正是这类文化内涵极浓的套语为译者带来不少麻烦，因为它们"朴素"

的打扮蒙蔽了涉"语"不深的译者。请看下面几句：

- Your guess is as good as mine.
- If you ever think he is lazy, think again.
- When I say Chinese food, I mean Chinese food.

上面的句子看似平常，很容易被看成是"水"，而不是"冰"。但只要用替换法一试，就会发现三个句子都不愿意其中的成分被替换或改动。如我们在第一句的特定上下文中就不会听到有人说"Your guess is good just as my guess is good."。这样说不仅破坏了原来的套语，而且意思也变了。原句的意思实际是："我和你一样根本不知道答案是什么。"在第二句特定的语境中说英语的人一般也不会说"You should think twice."，第三句也不宜改成"When I say Chinese food, what I mean is Chinese food."。从翻译上说，如果我们没有看出这三个句子原来是"冰"，而误认为是"水"，那么就很可能分别译成：

- 你的猜想和我的猜想一样好。
- 如果你认为他懒的话，再想一想吧！
- 当我说中国菜时，我是指中国菜。

这样的翻译表面上十分忠实原文，但却完全没有将原文的真正意思译出来。如果我们将它们看成是固定表达法或套语，就可能将它们分别译成：

- 我和你一样不知道。
- 如果你认为他懒的话，那你就错了。
- 我说的是正宗的中国菜。

之所以能译得如上面那样入木三分，是因为译者的眼睛没有被眼前的文字所遮住，看到了文字后面的功能，翻译单位因此扩大了，译文也就不像前面那种译法不知所云。

从上面的例子我们可以看出，所谓套语，实际上就是人们在特定场合中表达某种意思的特定说法。译者对套语的敏感程度完全取决于他对原文的熟悉程度。"For better or for worse…"这类婚礼上的誓言是比较容易辨认出来的套语。上面三句就不那么容易看出其套语的"真面目"。有些套语也许会更难辨认，"Oh! No."就是一个习惯表达法，有人译成"啊！不。"显然没有将套语译出来。一位花样滑冰选手遭人暗算，别人打伤了她的腿。她在疼痛万分中喊出了"Why me?"。这是在这种特定情况下的典型用语，是译成"为什么是我？"还是"我怎么这么倒霉？"关键在于译者是否辨认出了这个套语，并在汉语中找出功能对等的译法。

深入理解套语，从语言的功能切入，译得入木三分，这样当然会很吃力。因此，懒惰的译者就会照原来的语言依样画葫芦。有时，这种靠近英文的译法并不是完全不可以接受的。当商业用语逐渐渗透到生活的其他领域时，人们对于这类"洋话"已经见怪不怪了。既然读者没有发出多大抗议声，译者又何必自找苦吃呢？单就某一次语言交流的目的来说，一次靠近原文的西化译法并不一定影响交流。但如果这类偷懒的"杰作"不绝于耳的话，整个中国语言就在不知不觉中被改变了面貌。因此，一个译者不仅承担着交流信息的任务，他同时也肩负着纯洁本国语言的使命。洋话连篇的语言现状怪谁？责任绝不在那些不懂英文的大众。这一切的始作俑者不正是我们这些既懂些英文，又不全懂英文的译者吗？

当然，用较大的翻译单位译套语，有时也会遇到困难。有些套语用较大的翻译单位译会引起争议。请看下面一例：

Tom: I've been sick for the whole week.
John: I'm sorry to hear that.

在这种场合常用的一个说法就是"I'm sorry to hear that."。因此，这就是一个套语。中文怎么译？译成"听到这个我很难过""我很抱歉听到你的话"，还是任何其他含有 sorry 和 hear 的句子？好像都不十分恰当。什么是中国人功能上对等的说法呢？中国人在这种场合不一定会有一个十分统一的说法。有时我们会说"哎呀！你生病了。看医生了吗？"或"多多注意休息"等安慰的话。但回答中一般不会用到 sorry 和 hear。但我们能用这些中文译这句英文吗？

再比如说，有一次我和一位美国朋友去吃饭，我决定请客。当我告诉他时，他回答说"Are you sure?"，这句可不可以译成"你真的要付吗？"在同样的场合，中国人是否会用"Are you sure?"这类句子？首先，美国人不像中国人那样会为你付饭钱，而中国人为对方付饭钱比较普遍。但中国人的回答和美国人的回答就不大一样了。我在这个场合会说"不用，还是我来付"，或至少会说"我自己付"。绝不会试探性地说一句"Are you sure?"，这说明两种文化在相同的语言情境中的语言行为不同。要着眼于文化功能上脱胎换骨的对等一定会引起一些争议。这就如同将阿拉伯世界中的男子相互亲吻对方面颊译成两个男子相互握手一样，在功能上说，明明亲面颊就等于西方文化中的握手，但人们还是会觉得这样的译法变动太大了。这些都是值得探讨的问题。

在某种意义上说，套语的翻译常常是考验译者功力的试金石。套语能否译好可以反映出译者辨别套语的能力以及中文表达的能力。

第八章
前景化概念在翻译中的应用

翻译中到底哪些语义之外的成分需要在译文中保留是一个经常被人问到的问题。一篇技术报告中就没有什么值得保留的语言形式，因为这类文本主要是传意，意思译出来就行。虽然原文也许有自己的文体，但这个文体特征往往不是属于写作者的，而是反映科技类写作的特征，所以作者表达了什么是译者关注的焦点，作者是如何表达的一般不是译者要关注的，没有人会关注计算机操作手册的作者是谁。相反，一篇有写作特色的文学作品就不同了；译者不仅要译出语义内容，还要尽可能保留原文的语言特色，这样才能译出原作者的风格。

有人常提文体与风格，但又指不出文体风格的具体表现。如果仅仅说某作家写作笔锋辛辣，对译者没有什么大帮助，因为这样概括作家的风格太笼统，译者下笔时仍然没有明确的依托。所以有些研究文学的人便从语言学角度出发，界定文体与风格。这方面贡献较大的一位学者是杰弗·利奇（Geoffrey Leech）和他的那本《小说文体分析》。[1] 在界定文体过程中他借用了前景化（foregrounding）这个概念来描写语言偏离常规的现象。[2] 让我们在讨论前景化和翻译前，先熟悉一下这个概念。

1 前景化概念

前景化这一提法并不新颖，早在 20 世纪 30 年代和 40 年代时，布拉格学派的学者就提出了这个概念。用最简单的话概括就是，前景化时使用的语言与众不同，以至于引起了读者的注意。其实，前景化是和自动化（automatization）这个概念同时提出的。最早提出前景化概念时使用的例子恰恰是翻译。如把俄语的打招呼用语 zdravstvuyte 翻译成捷克语 bud'te zdrav（be healthy）时，人们会觉得这个翻译不恰当，因为一个普通恰当的俄语表达法被翻译成了一个在这个语境中不寻常的表达法。换句话说，这个捷克语表达法本身并非不正常，用在有些地方很恰当，但是用在这里就不合适了。用前景化理论来说，这是将一个 automatized 的表达法翻译成了一个 foregrounded 的表达法。再如将法语的 s'il vous plaît 翻译成捷克语的 líbí-lise vám，尽管每个字都准确，但整个短语却不是法语的语境意思。也就是说，法语原文中的表达法并不引起人们的

---

① 见 *Style in Fiction*，by Geoffrey Leech and Michael Short，1981。

② 见 *Style in Fiction* 中第 48—70 页有关偏离常规的内容。

注意，用这样自然的语言交流，信息的接受者不费力，一听就懂，因为语言表达法本身并没有"跳到前台来"吸引你的注意力，这可称为自动化表达法。相反，捷克语的表达法就偏离了常规，因为它不是这种情况下广为接受的说法，语言本身"跳到了前台"，因此引起了人们的注意，这种表达法可称为前景化。

在界定了自动化和前景化这两个概念后，就可以进一步讨论这个概念在实际语言交流中的应用，如在日常生活语言、科技语言和文学语言中的应用。比方说，一般会话的语言当然是自动化的，大家你一言我一语，对话正常进行，谁都没有被对话中的某个说法吸引。可突然间对话的一方使用了一个很不寻常的表达法，意在激活对话，给人以惊奇的感觉，这个引人注意的表达法就是前景化的语言。再如，科技文本的作者在写给专业人士阅读的文本中，会使用一些专业语言，在行业内这些语言都是很正常的表达法，没有什么突出的特征，属于自动化的语言，但同样的表达法若讲给非专业人士听，就可能属于前景化，并可能产生特殊的效果。有人从标准语言和文学语言的角度讨论前景化现象，认为在文学语言中，作者经常违反语言的规范，创造出一般人不说的话，结果诱发前景化语言的出现。不过学者们常区别普通交流中非刻意使用的前景化语言和为艺术美学目的刻意应用的前景化语言，认为后者更为重要。总而言之，前景化这个概念的核心内容就是使用的语言偏离常规，引起了人们的注意。

这个概念在 20 世纪 30 年代提出时仅仅是一个雏形。此后，应用这个理论的人不少，但是后来研究的主要领域仍然是文学，特别是文体学领域。如前所说，应用前景化理论分析文学作品最深入的一位学者当属利奇。他将早期理论进一步加以阐述，比如早期理论没有充分讨论有目的前景化和无目的前景化的区别，而利奇则仔细地将 prominence（凸显）和 foregrounding（前景化）区别开来。他首先从语言的内容和形式是否可以分开的角度切入，讨论了是否可以将文学语言释义（paraphrase）。持有些文学理论的人会认为，语言中有些意义（sense）可以用不同的语言来表达而不失其原意。这种理论在用日常用语检验时并不会碰到大的挑战，但是遇到文学语言时就站不住脚了。当然，文学作品也不都是一样的。他借用别人的理论，将小说分为 Class 1 和 Class 2 两类。第一类小说不以语言取胜，第二类小说的语言结构则往往有特殊的意义。

在上面的基础上，利奇进一步将凸显和前景化加以区分。我们说，在各种不同的文本中，仅仅表达法偏离常规并不一定有多大意义。我们在日常会话中有时就会使用一些偏离常规的说法，甚至一些文学作品中，都有可能存在一些会引起人注意的特殊语言表达法，但是在这些语境中，这些表达法意义并不重大，因为这些用语可能并非作者故意安排在那里的，动机不强。这种偏离常规的语言成分，可以称其为凸显，比

如你说 "I am cash-starved." 这句话时，也就是顺口说出来的，虽然说 cash-starved 是一个醒目的说法，可能也偏离了常规说法，但是并没有特殊的价值，因为并非说话者的刻意选择，可以说是无动机凸显（unmotivated prominence）。相反，有些偏离常规的表达法却是作者刻意所为，是作者有意选择的结果；换句话说，这个表达法是有动机的选择。比如 the city that is devoured by locusts each day and spat out each night 中有关蝗虫的隐喻，就比前面的 cash-starved 更有意义，因为这显然是一个经过推敲后的选择，是有动机的。利奇认为应该区别这两类不同的偏离常规现象。简言之，没有动机的凸显可能意义不大，而前景化则可能在艺术风格上有意义，因为它是有动机的选择。

2 前景化概念在翻译中的应用

利奇对前景化的研究主要是在一种语言中进行的，但我们完全可以将这一概念用到翻译上来，成为译者翻译过程中可供使用的有效工具。

在单个语言中看，前景化常是由于作者有目的地使用偏离常规语言的结果。一旦我们从跨语言的角度看翻译活动，就会发现，如果我们照原文的语言结构将原文译成中文，大部分的句子都会偏离汉语的常规。比如说 "He died yesterday." 在原文中并不偏离英文的常规，译成"他死了昨天"，就偏离了汉语的常规，是不可接受的。只有极少数的句子，英译汉时可以照原文结构搬过来仍可被汉语读者接受，如 "I love you." 译成"我爱你"就是完全照原文的句法结构译过来的。这是因为在这个句子的表达方面，英汉的结构完全一样，都是 subject+verb+object，因此就不会偏离常规。但除了这些极少数的句子外，大部分的英文句子在译成汉语时恐怕都要作些调整，使它们不偏离汉语的常规，不造成前景化或凸显，因为这些句子在英文中并没有偏离英文的常规，不会引起英文读者的注意。

不过在翻译过程中，译者有必要区别两种不同的偏离。第一种是由于英汉语言体系不同所造成的偏离，第二种是由于原作者刻意安排语言材料所造成的偏离。如"他死了昨天"就是英语语言体系和汉语语言体系不同造成的偏离。而第二种是原作者有目的地安排语言材料造成的前景化，比如 "Talent Professor Smith has. Money Professor Smith has not." 译成"才能，史密斯教授有。钱，史密斯教授没有。" talent 和 money 两个词置于句首，显然偏离英语的常规，也偏离汉语的常规。一般情况下英语和汉语总是将宾语放到动词的后面，前置的用法是作者故意安排的，以表示强调。这种前景化就有一定意义，如果译成"史密斯教授有才能，但史密斯教授没有钱"，虽然语义相同，但却失去了原文中的强调语气。

　　译者要区别对待可造成汉语偏离的英文句子，把因语言体系不同所造成的凸显和因作者故意偏离语言体系所造成的前景化分开。假如译者的主要目的是交流，他就没有必要去反映源语的语言体系，所有带有源语语言体系特征的表达法均可以归化。译者不必担心归化会不忠于原文，因为原文语言的特征只属于语言体系，并没有特殊意义。译者可以大胆地将这些句子汉语化。假如我们迁就原文的语言体系，将很多典型英语的表达照原样搬到汉语中，结果就会在汉语里出现大量偏离汉语常规的句子。这些句子的原文并不偏离原文的常规，所以在汉语中也不应该偏离汉语的常规。从这个角度看，很多被认为是忠于原文的译法实际上是背叛了原文，因为原文句子听起来不怪，汉语却读起来很怪。

　　译者确实应该对因原作者故意违背源语常规所造成的语言前景化给予重视。译者有责任将原文中的前景化转为译文中的前景化。比如上面提到的 talent 和 money 的位置在汉语中也应该相同。

　　但这并不等于说只要是原作者故意安排的，我们就应该照搬到汉语中来。翻译中的一个重要原则就是要承认不可译性的存在。有些原作者刻意安排的说法因英汉语言的差异，不可能照搬到汉语中。译者有时必须"忍痛割爱"。究竟是否在汉语中保留原作者的前景化表达法要看两个因素。第一，这个前景化的表达法是否重要。假如是一个有关作品主旨的表达形式，译者就应该尽可能在汉语中偏离汉语常规，造成语言前景化。但如果是一些不太重要的表达法，则可以归化成地道的汉语表达法，抹掉前景化。第二，还要看汉语的可接受度。假如为保留原作者的语言特点而偏离汉语常规会使译文生硬难懂，汉语读者无法接受，那么就应该考虑迁就汉语，放弃一个不太重要的形式。译者必须承认，没有百分之百的忠实。当忠实原文和译文流畅出现冲突时，译者有必要两害相权，务取其轻。在这个问题上，观点不同，理论不同，对什么是"轻"会有不同的理解。一般来说，假如文本的目的是促成普通的交流，地道的汉语始终是译者要努力追求的最高标准。

3 关于前景化的一些实例

　　虽然说，大多数翻译中的语言前景化或凸显都源于英汉句法的差异，但却绝不仅见于句法层。它可能存在于语言的各个层次。下面列举一些各类不同的语言前景化或凸显的实例，以便说明前景化这一概念在翻译中的应用。

　　在翻译联合国文件时，一些学生没有注意到每段开头的斜体字的重要性。一般每段开头不用斜体，所以斜体就偏离了常规，表示强调。这是作者有目的之安排，所以在译成汉语时也有必要用斜体作相应处理。如果不用斜体，也需要用其他能起到同样效果的手段。

在一本计算机操作手册中有几个语法错误的句子。这些错句显然偏离了源语的常规，但这些错误并不是作者故意造成的，所以在译成汉语时，译者有必要用语法正确的表达法来译。相反，一位小说家在作品中用了几个错误的句子，以表示小说中某个人物未受过教育。这种偏离原文常规造成的前景化是作者有意安排的，所以在译成汉语时就有必要造成同样的前景化，用不符合汉语语法的句子译。

被动句在英汉两种语言中使用的频率不同。在英语中被动句使用的次数要比汉语中多，特别是在科技文章中，常可见到很多被动句。但科技文章中的被动句属于英语语言体系中正常的用法，没有特殊的意义，所以在译成汉语时可以转换成主动句。英语必须有主语，所以当主语不明确时就只能用被动句。但这些都属于语言体系间的差别，没有特殊的意义。因此，翻译时可以将这类被动结构转换成汉语的主动结构。但如果一位小说家在作品中大量使用被动结构，译者就有必要考虑一下，这是否有某种意义，是否有可能用汉语的被动结构译。当然，译者仍然要看这样译是否影响汉语的表达。

从理论上说，句子不长不短才是常规。但短句和长句相比，后者对读者记忆的要求更高。人们一般还是倾向于用较简短的句子，所以短句接近常规。而且一般情况下短句本身也无特殊意义，翻译时不一定要用短句译短句。如果汉语行文要求几个短句合并，也完全可以。但如果原作者大量使用很短的句子，而构成一种写作的风格，如海明威的所谓 telegraphic sentence，那么短句本身就有文体特征（前景化），翻译时就应考虑以短句译短句。

除了句法外，文化色彩浓的用语也常是前景化的原因。译者必须决定一个文化色彩浓的用语，如比喻或成语，是否偏离源语的常规，再决定这个用语放到汉语中是否偏离汉语的常规，造成前景化。一般来讲，普通描述性的用语属于常规，而比喻或成语之类的表达法是文化的添力成分（cultural addition），常常凸显于普通描述性语言。但即使是文化色彩浓的表达法，也有必要区别是作者使然，还是语言文化体系使然。一个作者精心选择的比喻就比较重要，而一个语言体系中传统的成语，价值就没有前者那么大。比如有些比喻说法和成语在某一语言中已存在很长时间，失去了新鲜感和吸引力，成了 cliché。这种带有文化色彩的表达法实际上和普通描述性语言差不多，没有十分明显的前景化特征。

在英汉翻译时，是否要保留原文的比喻、成语等表达法，造成译文偏离常规，要视情况而定。"How to dodge the life's edge in a cut-throat world?" 就使用了比喻用法。作者使用了 life's edge 和 cut-throat 这种表达，使得描述形象生动。译成汉语时如果保留原文相同的形象，则可能略显不自然，cut-throat 这种说法毕竟是英语常用的表达法，是语言体系中固有的，再加上本句选自一篇科普性的文章，语言本身的价值不是翻译的重点，所以最好只译出其中的意思，如"残酷的世界"（merciless），这样可以避免造成语言偏离常规，显得怪异。但是，"Soon we'll be sliding down the razorblade of life." 这句中的隐喻就不同了。文学语言中的这个隐喻可能会有价值，不是花瓶摆设，是作者有意拿来"震撼"读者的，使读者能深切地体会生活的艰难。换句话说，为了让读者从普通平常中惊醒，作者下了"猛药"，誓要把他们震醒。这样一个依靠鲜明意象促成的隐喻不可能解释一下就了事，假如你翻译成"生活十分艰苦"，基本意思当然不错，但是力度就差远了，所以就有必要尽量还原前景化的表达法。

重作者个人写作特征而轻语言体系特征的观念当然会引起一些人的非议。有不少人强调翻译应起到文化介绍的作用，认为将源语体系中的一些特征介绍进来是译者的责任。但若采取在本章中的观点，文化介绍的作用就无法充分发挥了。但文化介绍仍然应主要着眼于文字所承载的内容，而非语言体系本身。在目前这个全球化的时代里，提倡在普通翻译中不强调源语语言体系中的形式特征，似乎更有利于保护汉语。汉语不可能，也不应该不受外界影响，但这种影响应该降到最低程度。

应用语言前景化的概念来说明翻译中的一些问题，主要是为译者提供一个新的观察角度。为了简明起见，本书对前景化概念介绍得不免过于简单，与前景化有关的一些问题实际可能会很复杂，比如上面说的常规（norm）就不是一个容易说清的问题。语言因时而异，几十年前的语言，在今天看来其中不少表达法都可称为偏离常规。但在当时这种表达法并不是几个人的语言特征，而是属于整个语言体系的，具有时代特征，成为当时的常规。翻译时是否要反映这种时代特征，要看具体情况而定。另外，作者写作的个人特征可构成作者的风格，但有些偏离常规的艺术特征并不只属于某一作者。其在翻译中的重要性还要根据具体情况由译者定夺。对前景化这一概念更深入地了解和应用仍有待对这一题目进一步的研究。但可以肯定地说，从语言偏离常规，造成语言前景化这个角度看跨语言、跨文化交流，能使译者眼界大开，看到原来不太看得清楚的地方。从这个角度考虑，译者在选择翻译方法时把握就更大，译文的质量也会有所提高。

第九章
翻译中的西化表达法 ①

1 西化译法概述

人们一般认为，翻译中的西化译法常常使译文晦涩难懂。因此，从事翻译的人把以译入语为依归的归化译法作为自己努力的方向，尽力避免西化译法。这在翻译界是很流行的一种观点。应该说以译入语为依归是翻译的总方向。要达到奈达所说的"功能对等"，在大多数情况下只能向译入语靠拢。发挥汉语优势正是英译汉时的关键。但这并不排除西化译法在英译汉中的地位。现在我们来对西化翻译问题进行较全面的讨论，以便将西化译法摆在适当的位置上。

虽然翻译界对"西化"这个词一直没有严格的界定，但大家指的主要是表达方式。也就是说西化主要体现在表达方面，而与内容无关。在比较两种语言的表达方式时，我们会发现，任何两种语言间都存在表达方式的异与同。两种语言在所有表达方式上全部不同是不可能的。我们所讨论的西化翻译，主要是由两种语言在表达方式上的差异造成的。将"I like the movie."译成"我喜欢那部电影"不会造成西化，因为在这个意义的表达上两种语言没有什么大差异。只有当表达同一概念时，源语（如英语）与译入语（汉语）的表达法有差别，才会出现西化。在这种情况下，一般有两种办法：一种是译者采取译入语的表达方式，避免西化；另外一种就是采取源语的表达方式，导致西化。可见西化是由译文中引进的异质成分造成的。

将西化这样界定后，我们就可以从语言的各个层面上发现各种西化翻译方式。翻译西化可以在语音层上出现，如 laser 译成"镭射"（现已通译成"激光"）；可以在词语层出现，如 bottleneck 译成"瓶颈"（也可译成"障碍"）；可以因短语内词与词之间语义修饰关系不同造成，如 linguistically polite 译成"语言上有礼貌"（说话有礼貌）；也可以由语法结构的不同造成，比如"The decrease in his income changed his life style."译成"他收入的减少改变了他的生活方式。"（汉语表达这个意思一般会用"他收入减少，因此改变了生活方式。"）西化翻译还可以由成语表达法的差异造成，如"All roads lead to Rome." 译成"条条大路通罗马。"（汉语表达体系中原来没有这种说法，一般用"殊途同归"。）西化还可以由话语结构（如套语）

---

① 本章是根据《论西化翻译》一文改写而成。该文发表在《中国翻译》1991 年第 2 期。

的差异造成，这方面的例子很多，如讲演结束后说"谢谢"，晚上睡觉前说"晚安"，这些实际上都是潜移默化的西化。因为在我们汉语的词汇中虽然也有"谢谢"，但使用的分布情况与英语中不完全相同。可见，在语言的各个层次上都有造成西化的因素。

2 从读者可接受性角度看西化译法

如果语言的功能只是日常交流，那么西化翻译法可能很不受欢迎，因为在这个非常实用的交流层次上，那种以异己身份初次出现的西化表达方式很容易妨碍交流，降低它们在语言使用者中间的可接受性。说"他收入的减少改变了他的生活方式"当然不如"他收入减少，因此改变了生活方式"来得流畅，而流畅更有助于交流，更容易被人接受。初次用"瓶颈"也可能不利于交流，用"障碍"等说法更容易被人接受。

说语言是交流的工具当然没错。但语言有时却不仅仅是交流的工具，它还可能是文化的载体，本身也会有意义。正因为语言的形意有时不能分开，所以把翻译当成一个过滤装置，一经翻译只存意义，滤出语言形式（表达手段）的做法往往使我们失去很多有价值的东西。极度的归化译法会抹去许多风格、艺术、文化的特征，从而影响某些译文的真正价值。因此只照顾读者的可读性，从可接受性的角度来看西化翻译法有时会显得片面。有必要增加一些观察的角度，比如我们可以从文本的角度来作一些补充。

3 从文本价值角度看西化译法

文本不同，读者的可接受性也会不同。这里我们可以以文本价值的时间持久程度为标准，把各种不同类别的文本排成一个连续体（continuum），在这个连续体的一端是那些只有一次价值的文本，其价值非常实用且短暂，如日常交流用语、公函文件等。这些文本是为了某一具体的目的而写，达到了这个目的，文本的使命也就完成了。这一类文本都执行一项较为紧迫的任务。在这个连续体的另一端是那些有永久价值的文本。这些文本也许原来是为了某一具体目的而写，但现在已不完全是为那个目的而存在。相反，它们反映了文本所属的文化有长久存在的价值，如某些文学作品。在两端之间存在着多种价值不同的文本。一般来说，原文越靠近短暂价值文本的一端，对西化翻译的可接受性越差。如在一般日常用语中，为了产生好的交流效果，最好是使用译入语系统中最常用的地道的表达方式，达意流畅为首要目的，切忌晦涩难懂；而越靠近永久性价值的文本，翻译时越容易接受西化翻译法，如在有价值的文学作品中，保留一定的西化表达方式，有利于反映原作的本意，介绍外国文化，使中国人能通过语言了解外部世界。这类文本不肩负某一具体而紧迫的交流使命，只是供人欣赏的文学（或文化）作品，读者可在阅读中花些时间品味洋腔异调。上述观点得到了一些人的赞同，但在英汉翻译中是否可行仍有争议。

通过西化翻译引进的表达方式，并非永远以异己身份存在于译入语中。刚开始接受性较差的西化表达方式，随着时间的推移，会逐渐被更多的人接受。但也有不少西化表达法由于与译入语体系的结构不相容，不久就被淘汰。"五四"新文化运动以来，我们通过翻译引进了大量的西化表达方式。其中有些表达法今天已经完全属于我们自己语言的一部分，人们不知道它们曾是一些"异己分子"。我们可以用上面的连续体来说明这个逐渐吸收的过程。那些从连续体的永久价值文本一端引进的西化表达方式，随着其逐渐被接受，会慢慢向连续体的另一端移动。当它们基本成为我们自己语言体系中的成分时，就可能在连续体的另一端出现。此时这类西化表达法就属于我们自己的了，就像我们现在已经不再感到"条条大路通罗马"有多少西化的味道了。这样，我们就描述了一个源语语言体系中的表达方式以个别言语的身份出现在译入语中，又上升到译入语语言体系中的过程。另外要补充的是，目前已不能仅从有永久价值的经典文本中引进西化表达法了，相反，流行时尚话语中涌入汉语的西化表达法似乎更多，特别是网络用语。

当然，无论在这个连续体的哪一端，可接受性始终是一个很关键的标准。但可接受性不是以不可接受为对立面而存在的的。应在可接受和不可接受之间寻找最佳点。过于激进的引进会降低译文的可读性，但缓慢适度的引进可能无伤大雅，何况也无法避免。另外，也不能笼统地提可接受性。从来就没有一种从外来文化中引进的东西会同时被所有的人接受。它总是先被某一人群接受，然后推而广之，如有些表达法会以行话的身份先在商界引进，有些则可作为文体特征流行在知识分子范围内。

至此，我们仍在围绕可读性和文本讨论西化翻译的问题。下面让我们在更广阔的背景下讨论这个问题。

 4 从文化符号角度看西化译法

语言反映文化，因此，有些西化表达方式更能反映源语文化的特征，更能表达原文的真实意义，而归化会抹去这些特征，使译文失去源语文化的特征。我们可以用一个反面的例子来说明这一点。《京华烟云》中有一句"A pretty face has ruined an empire."，张振玉先生译成"多少人间佳丽曾经倾国倾城啊！"这里原文的文化背景正是归化译法的依据。林语堂是在用英文说中国。假如原文是描写西方的文化，这种用传统语言中已有的表达法（"倾国倾城"）就会产生与源语文化背景不同的联想。因此，在后一种情况下不应该排除"美人儿曾使帝国王朝覆没"的译法。另外，有些哲学术语用归化译法无法反映原文特殊的含义。在很多场合下（特别是哲学社会科学方面的文字），表达本身就反映了源语思维模式的特征和特定的文化内涵。归化法虽容易"懂"，却可能丢失不少东西，甚至歪曲原文的意义。这里的得失有时要根据具体情况加以权衡，不能认为归化总比西化好。我常思考 democracy 一词的译法。这个词已经普遍译成"民主"，和 government by the people 这个英文的定义可以说是相符的。但这个词在英文里的意思往往要比上述定义更具体些，也就是说，不只是人民做主，还涉及做主的方式，即 direct democracy 和 representative democracy。而后面这两种方式则是西方所特有的。中国人当然可以说中国也有某种类似的民主方式，但所指的意义和 democracy 一词就有很大差别。反过来看"民主"这两个字，就不能包含 democracy 一词的全部含义。中文里"民"和"主"两个字各有其意思，合起来就是人民当家做主。在一个历史上反复出现陈胜、吴广这类起义的文化里，人们对"当家做主"一词的理解和西方议会式民主的意义就相去甚远。结果，中国人为了区别两种不同的概念，只好不停地在"民主"一词前面加修饰语，如"西方式的民主""有中国特色的民主""资产阶级的民主""社会主义的民主"，试图将中国人喜欢的民主和英文的 democracy 区别开来。这两种不同的概念不应以优劣区别。但平心而论，democracy 一词毕竟是西方先用的，指的就是西方那一套民主制度，我们无法改变它的意义。就像西方人解释中国的"气"时，我们总感到他们不能把握"气"的精髓一样，我们领悟 democracy 一词的意义时，也会较难把握该词的精髓所在。既然东西方在概念上无法求得一致，那么最好的办法就是各说各的。于是，我便想起了"五四"时期那些革命先驱们的译法"德先生"。假如我们一直沿用西化译法，如译成"德蒙可来塞"，而自己仍保留"民主"一词，也许能避免后来不少的混乱。戈尔巴乔夫的几个关键概念在译成英文时就是根据俄语音译的，被译成 perestroika 和 glasnost，而没被译成 restructuring 和 openness。翻译时的一次西化尝试，可以划清一些关键词的概念，免除不必要的混乱。

　　从符号学的角度看，一种语言就是一个符号系统，各种表达方式都是这个系统中的符号。翻译是在两个语言符号系统间进行符号转换。在两个语言系统间有不少概念的表达方式是相同或相似的，如"I like the book."和"我喜欢这本书"。这些相同的表达法不会造成翻译的困难。但还有一些概念表达起来会因语言不同而异。这时，我们有两种办法。一种是舍弃原文的形式，因为原文中的符号只在它自己的系统中才有意义，生硬地搬过来就失去了它在源语系统中的意义。这是归化翻译的基础，这一点用奈达的同构（isomorphs）理论来说明就很清楚。另一种是在照顾到可接受性的前提下把原文的符号照原样搬到译入语中，读者对这个异己符号的理解多少依靠他对源语语言文化系统的了解。这第二种办法是西化翻译的基础。如果我们只从一次性交流的角度看，西化弊大于利。但西化译法有时还是有其存在的价值，它会促使读者去了解源语符号体系，进而促进其对西方文化的了解。

说到对源语语言文化体系的了解，汉语文化圈内也非完全相同。由于不同地区社会开放的先后、程度不同，不同地区的人对于翻译中西化表达方式的态度也不同。处于不同文化交流水平上的人对同一个西化表达法会持不同态度。

 ## 5 从历时文化角度看西化译法

上面我们从共时（synchronical）文化的角度讨论了英译汉中的西化现象。我们还有必要从历时（diachronical）文化的角度来看这个问题。随着国际文化交流的扩大和加深，文化间的差异在缩小。作为文化的一部分，语言也受到同样的影响。可以肯定地说，随着全球化的逐步实现，世界虽然因国界而隔开，但航空、通信的普及和商业、文化交流的频繁开展，已使世界上的差异越来越小。在这种情况下，对于外部世界的熟悉了解就不再是知识阶层的特殊本领，而成为生活中不可缺少的一部分。那时，对西化语言的可接受性将会提高。但有必要强调的是，可接受性的提高不是以忘掉自己的文化为代价，而是以熟悉别人的文化为前提。趋于相同或相似的主要是客观世界的内容，而不同民族的人仍然会用不同的方式表达这个多少相同的世界。在表达层面上，各民族间仍然会存在很大的差异。这个对语言文化历时发展的假设和我们讨论的翻译西化问题有密切关系。

一个西化表达方式从言语上升到语言的轨迹，汉语西化的现状和未来恐怕并不是几个文字工作者可以左右的。与异邦文化接触的大趋势是历史的选择。从共时角度看，某个从翻译中引进的西化表达方式，好像完全是某个个体偶然语言活动的结果。但从历时的角度看，所有从翻译中引进的西化表达方式在译入语中的命运却并非仅是随意选择的结果。这样说并不是认为人的参与就不起作用。翻译工作者实际上一直是造成语言变化的中间媒介。但语言只是文化的一个方面，语言变化的趋势必然会与其他文化领域的变化平衡一致。当文化的整体发生巨大变化时，语言是无法逍遥在外的。

 ## 6 从社会文化运动看西化译法

上面这些是书斋里的学者在经过一番研究后总结出的观点。这些观点都有一定道理，不过它们主要还是规范性的，也就是说，这些观点并不一定总能十分精确地描写语言西化的实际情况。在实际生活中，语言受外界影响而变化的轨迹并不一定照学者们指点的那样发展。人类社会的发展有时可能非常激烈，形成所谓的"运动"。当运动来临时，人们总是会对文化和语言等问题持较偏激的态度。这是因为人们知道语言是有威力的，所以他们会尽量让语言为他们服务，为他们的运动服务。比如，如果一个长期受到外部文化影响的民族深深感到本民族的文化和语言受到外来文化和语言的威胁，这个民族的人们就会自然产生一种保护本土文化和语言的愿望。假如机遇成熟，又有一定政治因素的催化，这种愿望就很可能酿成一场"本土化运动"。在这种运动中，人们对外来的东西总是保持高度的警惕，排斥外来语这种观点就可能成为主流意识。相反，如果一个民族长期奉行锁国政策，人们急需外部世界的新鲜空气，这时如有合适的气候，就可能形成一个风起云涌的大革命。在这样一场革命中的人就会对外来的语言和文化采取拥抱的态度。20 世纪早期发生在中国的"五四运动"就是一个典型的例子。"五四"新文化运动直接使白话文登堂入室，从此古文就只能待在"博物馆"里了。在一场大革命方兴未艾时，人们对语言的态度就可能有些矫枉过正。但"本土化运动"并不是几个人想促成就能促成的，要由社会历史环境来酝酿，常由特殊事件来触发。目前最值得关注的是流行文化对本土语言的冲击。

7 全球化和标准化文本

随着高科技以及国际经济的蓬勃发展，人类历史已进入了全球化的阶段。翻译的内容也相应发生了变化。过去我们谈论翻译多以文学翻译为主，很多翻译的原则和标准都是从文学翻译实践中总结出来的。可是近几十年来，因为金融和商业的蓬勃发展以及科学技术，特别是网络的普及，以科技、商业、法律为主要内容的国际标准化语言已显得格外重要，翻译这类文本已成为当今翻译工作者的主要任务，而这类文本的特点是不同程度的标准化。于是，标准化语言在全球化的社会中一下子身价倍增，使我们不能忽视它对中国语言文化的影响与冲击。因此，我们有必要对标准化文本的一些语言特点进行分析。

标准化的文本主要涉及计算机、金融、商业和科技等领域。之所以要使这类文本的语言文字标准化，是因为在这些领域中操不同语言的人必须要求语言准确无误地表达他们所要表达的，"将软盘插入驱动器""甲方应在收到货款后立即发货""用药剂量每日不应超出 30 克"，这类语言的所指清清楚楚，没有含糊的余地。这就要求语言必须排除模棱两可的可能性。那么什么样的语言符号才能表达这样精确的意思呢？我们可以拿交通灯为例。红色交通灯这个非语言符号所表达的意思我们大概谁都不会解读出歧义来，因为解读错误就会人命关天。从本质上讲，标准化文本中专业词语的语言符号和交通灯这类非语言符号是相似的。这类语言符号与符号的使用者之间有高度的约定性，所以这些符号是任意的、客观的、单义的，排除风格与内涵变化的可能性。相反，非标准化文本中的语言符号就不同，比如有些文学语言的符号与符号使用者之间的约定就很含糊，符号的价值也可随使用者不同而有变化，因此后者有很强的主观性和情感色彩，很不稳定。

正是由于符号约定性强的特点，计算机、金融、商业和医学这类使用标准化词语的文本间就存在很强的互文关系（intertextual connections）。要在余秋雨的散文和梁实秋的散文中找到表达上相同的地方很不容易，因为即便他们都写秋风与落叶，使用的语言符号也会十分不同，那样才能显出各自的特点。文人落笔，千面千腔，色彩纷呈，风格迥异，这恰恰是读者的幸运。但需要标准化的文本却截然不同。你只要看看软件制造商与顾客签的销售协议书就会明白，原来几乎所有的软件协议书都千篇一律，大同小异。商业合同也都有一定的格式，而且表达方法往往也很一致。甚至在医学文章里，很多概念的表达也十分固定。这种一致性的"行话"，使得同一专业领域的不同文本之间存在一种非常紧密的互文联系。这种语言表达法复现率高的特征增加了计算机介入的可能性。所以，人们已经在使用计算机来翻译这类标准化的文本。在实际翻译中，特别是在翻译计算机软件升级版的使用手册时，有时将近80%的文本和早期已有的类似译文完全一样。文本和文本间的这种联系正是计算机的用武之地，译者可因此节省大量的时间。

标准化文本中语言符号的高度约定性正是上述互文联系的基础。所以有人甚至认为有必要扩大这种约定性符号的使用范围，使得科技类文本的大部分，甚至所有语言全都人为地编写成高度约定的、客观的、单义的、没有风格内涵解读余地的、"冷冰冰"的符号，就像街上的交通灯或代数方程式一样，再也找不到言外之意，一切都是一览无余。所以人们提出控制原文写作者的设想，认为只要写原文的人都用事先统一好的符号，照规定的方式写作，那么所有符号就都可以形式化，这样同一语言中两个文本间的互文联系就更加紧密，不同语言间两个文本相互也有很大的相似性。这样一来，语言间的隔阂就会被消除，翻译标准化文本就可以完全或基本由计算机来完成。科学思维丰富的想象力，再加上它勇往直前、锲而不舍的精神，实在令人叹为观止。

其实标准化的语言并不新鲜，翻译标准化文本这项活动在中国也有很长的历史。那么有什么值得大惊小怪的呢？要回答这个问题，我们有必要来看看标准化语言的生存空间。

由于这类文本的内容大都涉及一个专业领域，所以传统上，这类文本的读者以该专业中的专业人员为主。比如医生阅读内科学，经济学家阅读经济报告，计算机工程师阅读有关计算机的技术文献等。普通大众很少会去翻阅这类专业材料。可是全球化改变了这种阅读习惯。一方面，由于信息爆炸，出版物数量陡增；另一方面，由于科技和商业活动空前普及，加之经济条件改善，人们阅读的数量和内容都有了变化。比如，计算机原来是技术人员工作的对象，但目前几乎大部分受教育的人都有计算机，所以阅读有关计算机的材料也成为生活中的一个部分。经济活动本来只是商人的活动，但时下谁都关心股市，甚至开办公司，于是阅读经济和商业一类的读物也是生活中不可缺少的一部分。随着教育水平的不断提高，人们有机会阅读各种各样的通俗出版物，不停地获得原本属于专业领域的知识，结果，本来属于某些专业领域的语言文字渐渐溢出自己生存的空间，而流入普通生活的话语中。由于这类文章大都是国际科技、经济活动的桥梁，而且话语结构的基本模式完全源于英语，所以像汉语这样的语言就难免受到英语的影响，这是全球化过程中不可避免的一个现象。

那么如何可以既让科技和经济活动蓬勃发展，又能尽量减轻因之而来的汉语受英语影响的程度呢？首先，有必要区分标准化和非标准化文本，以便在翻译方法上采取不同的措施。如上所述，标准化语言有溢出本身生存空间的倾向，正因如此，译者就更不应模糊两者之间的差别。翻译事业蓬勃发展，有干不完的工作，当然是好事。但忙乱中不分青红皂白，都采用翻译标准化文本的方法来译，那就不应该了。现在不少的汉语读物，无论是译文还是原著，读起来异常吃力。仔细一看，外文的影子跃然纸上。我们当然不能忽视由原文形式构成的文体风格，也有责任在不违背汉语行文原则的前提下在译文中对这些语言特征有所反映。但英汉语言一个重形合，一个重意合，不少地方不可兼容。所以，如果说在标准化文本翻译时，为了迁就准确性这个至高无上的标准，我们有时不得不保留一些原文的语言特征，在翻译非标准化的文本时，就应该尽量发挥译入语的特点了。在英译汉时，这就意味着要抓住重意合这一点。总之，标准化文本中的语言符号与非标准化文本中的语言符号之间有很重要的差别，因此在具体的翻译方法上必须有所区别。

另外，还要正确锁定标准化的对象。一方面，我们充分认识到标准化文本不同于非标准化文本，翻译中有时会不得不保留一些原文的语言特征；另一方面，我们也应记住，并非所有语言单位都是标准化应该锁定的对象。一般来说，标准化主要锁定的目标应该是专业技术词语，特别是名词。在科技词语的翻译上译者本人的自由几乎没有。到底一个词应译成什么，主要应看已确立的标准译法是什么，译者不能自作聪明，如 encephalomyelitis 只能译成"脑脊髓炎"，而不能译成"脑及脊髓的炎症"，尽管意思一样。Router 有时只能译成"路由器"，其他同义词就不可接受。为了减少混乱，中国对计算机等科技术语不断进行标准化。虽然在一个时期内，自然有人不按标准译法译，但经过一段时期后，标准总是最终被接受。在科技词语一层上做好标准化，是科技翻译的关键。

应该特别注意的是，标准化并非只锁定在单个名词术语上。有时，一些词组，甚至更大的语言单位也有必要进行标准化，如一些短语已经在某一专业领域成为固定的概念，有其特殊意义，就应为标准化的对象，如计算机技术中 seamless integration 这个带有形容词的名词词组。形容词 seamless 在这里实际表示新的硬件、新的程序平稳地与系统的整个工作融合时的理想状态。如果从来没有见到过这个词组的中文译法，译者在译这个形容词时的选择就很多，任何能反映上述意思的词都可以。但这个词组已是计算机技术上常用的一个概念，原文写作者不选择英文中其他的形容词来取代 seamless 这个形容词，译文也就有必要采用一致的说法。目前常用的译法是"无缝集成"。到底 seamless 这个词怎么直译成了能唤起和原文形象一样的"无缝"，我们不得而知。这个译文是否有商榷的余地，也并非不可以讨论。但常用的译法既然是"无缝"，译者就不应别出心裁。下面这个例子也说明同样的道理。外科领域中有个专业词组，叫 minimally invasive surgery。这个词组的字面意思一目了然，而且可找出数个不同的英文同义词取代 minimally invasive 这个词组，因为就字面看，这个词组没有特殊的、无法取代的特征。殊不知，原文的这个词组表达的意思在外科领域已经成为一个固定的概念，这个词组本身就是这个概念的标记；换句话说，三个词已被紧紧地凝固在一起，反复不断地在同类文本中出现。它表示一个特殊的概念，意思是不用传统的切开方法，而采用在皮肤上开一个洞，然后用微型显微镜技术使医生可以看到手术域，进行手术。现在已经有不少医疗机构进行这类手术。所以，译者不能见到这个词组就随便找一个译法，而要看外科界是否已有标准化的定名。很多年前这个说法刚出现时，见到过"小切口"这个译法，但近来这个词组已经统一译成"微创手术"，成了一个不折不扣的需要标准化的词组。

上面举的仅是两个例子，但说明的道理却是普遍的。科技、金融、商业、医学等领域中，常常有大量的词或词组需要译者在翻译时将它们标准化，以便在国际交流中保持信息传递的准确性。但标准化文本中属于语言本身的特征却并不是标准化所要锁定的目标。比如科技英语中被动语态的结构、动词名词化等特征都只属于语言体系，在专业上没有意义，毫无保留的价值。科技文本中的名词化（nominalization）现象就是如此。在一些普通的日常交流中本来可以用一个动词的地方，在科技英语中常常可以用这个动词的名词形式。这样做有其方便之处，比如名词化后，作者就不必考虑词的时态，且语言也比较客观。请看下面一句："Minor abnormalities in the level of the serum sodium respond to greater liberalization of sodium in the diet and the reduction or elimination of diuretics."。本句的三个名词 liberalization、reduction 和 elimination 都有其动词形式，在普通会话交谈中表达同样的意思，人们会常用动词。在翻译时遇到这样名词化的情况，译者有必要根据汉语行文的特点进行调整，也就是说很可能要使用词类转换法，在译文中用动词表达，如上句可译成："血清钠轻度偏低现象可在饮食中增加一些盐，并减少或停用利尿剂而获改善。"应该认识到名词化这个词法特征属于语言手段，并不承载语义信息，它在原文中是构成科技文体的一个手段，在汉语中根本没有必要，甚至有时也不可能保留这种名词化的手段。但目前存在的问题是，不少译者把保留这类结构也和忠于原文扯在一起，所以就常常会看到"利尿剂的减少或停用"这样并不算错，但听起来并非最佳的表达法。换句话说，名词化是属于语言体系范畴的，它不是标准化要锁定的对象。

标准化文本也有一些句法特点，比如为使表述清楚，更具逻辑性，科技文本常强调使用连接成分。这一点和英语重形式的总趋势相一致，而和汉语重意合的特征恰恰相反。我们在讲翻译技巧时说，要使译文流畅，有时常常可以将连接词去掉，因为汉语不一定要用连接成分。但在科技英语的翻译中，为了最大限度地保持信息的准确性，译者有时不得不牺牲中文行文上意合的优势，保留不少连接词。但是，即便是这类文本，译者仍应尽量不放过可以意合的机会，只要不属于专业概念，而属于语言，就有必要尽量中文化。

另外，被动结构也是某些标准化文本（如科技）的特征之一。这一点和英语本身必须有主语的特征有关。英语无法像中文那样不用主语，而仍保留主动结构。除此之外，科技文章中的动词有时并没有一个明确的主动实施者，结果被动语态就被频繁使用。在英汉翻译中是否用被动语态要视情况不同而定，大部分被动句仍应转换成主动结构。

在标准化文本的翻译中，译者在句法结构上不应向原文的"标准"看齐，因为所有上面讲的句法特征都是属于语言体系范畴的，并没有任何值得保留的语义信息，并不是标准化要锁定的目标。可惜，很多原本可以进一步中文化的句子，都在"标准化"的借口下，保留了英语句法的特征，如上面那句就有人将其译成："血清钠水平轻度不正常可能对食物中更多的盐和利尿剂的减少和停用有反应。"当前，这类句法直接从英文引进的句子为数不少。译者大都不愿意再进一步努力，将上面的译法转换成更地道的中文。仅以逻辑分析，这种译法并不算错，因为人类在基本的逻辑思维方面有相通性，但这绝不是一个可以接受的中文句子。这种译法一方面可能是由于译者功力有限，不知道该怎样中文化；另一方面也可能是译者懒惰之故。

简言之，标准化文本的翻译要准确地锁定专业术语或其他表达专业概念的语言单位，不遗余力地做好标准化工作，促进这些专业领域内的国际交流。同时，翻译工作者还有必要译好标准化文本中表达非专业概念的语言单位。认为翻译标准化文本时无法避免"食洋不化"，译文只能晦涩难懂是不正确的。译者仍有一定的自由度。

8 人工智能威胁下的翻译

由于谷歌、百度等科技公司不断推出机器翻译的新软件，机器翻译的质量越来越高，这就自然让人们想到一个可能性：有朝一日机译是否可以取代人译？

如果以现在人工智能的水平看，机器翻译的质量远远不合格。当然，有些文本的翻译，如我们刚刚讨论的标准化文本的翻译，机器还是可以做得相当不错的，特别是文句短小、句式简单、词语无文化内涵的文本，机译成功的概率很高，有些甚至堪称完美。但就算是在这类标准化文本的翻译中，机器目前仍然错误百出，有时甚至令人啼笑皆非。不过我们不应该嘲笑人工智能在翻译上的努力与尝试，机译毕竟已在翻译实践中大大地为人类提高了效率。眼前的不完美并不是最终局面，随着科技的发展，机译的准确率会更高，人工智能的应用范围会更广，一定范围内一定程度的取代是肯定要发生的。

但是目前一些人听风就是雨，好像人工智能会彻底取代人类，翻译活动都将由机器完成，翻译作为一个行业似乎即将风雨飘摇，这就同样令人啼笑皆非了。我们只要看一看目前机译翻译文艺类文本的成绩就知道，人工智能还有很长一段路要走，而且这条路是没有终点的，也就是说，机译永远无法取代人译。

其实这不仅仅是机译取代人译的问题。在人工智能的各个领域，科技决定论者都在兜售取代说。但这其实不是一个技术问题，而是一个哲学问题，因为从根本上说，人是无法取代的。全面的取代就意味着人类没有存在的必要，那离人类消亡又有何异呢？回到翻译上来，我们上面说的机器的成功，只局限在标准化文本，而且也只是一部分，而且还不很令人满意。但是人类语言活动并不仅仅局限在标准化文本内。更多的语言交流都发生在标准语言外，人文的、艺术的、文化的语言交流构成人类语言活动更大的一部分。这些领域的文本大都用词生动活泼，语音跌宕起伏，句式个性鲜明。因为写作者为了一语惊人，千方百计要写得与众不同，他拒绝标准的说法，写的时候自己都不知道下一秒钟会蹦出个什么词来，就像丛林里的猴子，很难约束，很难预测。但恰恰是在这"毫无章法"的文字安排中，一篇篇掷地有声的文章被创造出来了。行文无法预测的特征为标准化带来了无法克服的困难，也是人工智能的"滑铁卢"。

语言的"不规范"是至关重要的，人类十分需要这种语言的"凌乱"，我们甚至可以说，这种凌乱是人类得已存活的一粒"救心丸"。整齐划一的语言，比如奥威尔《一九八四》中假设的"新话"（New-speak），只会使人类失去创造力，失去灵感，而失去了创造力的人类无异于死亡。乔治·斯坦纳下面的这段话恰好揭示了这一道理：

> In every fixed definition, there is obsolescence or failed insight. The teeming plurality of languages enacts the fundamentally creative function of language itself. Ambiguity, polysemy, opaqueness, the violation of grammatical and logical sequences, reciprocal incomprehensions, the capacity to lie—these are not pathologies of language but the roots of its genius. Without them the individual and the species would have withered. (*After Babel*)

所以，立志翻译的广大青年学生，你们的前途光辉灿烂。待到翻译无用的聒噪声消散后，我们将会迎来一个人文翻译的新天地。不妨用一个多少有些西化的句子问一声：你准备好了吗？

第十章
翻译理论及其在翻译课程中的作用

1 什么是翻译理论

我们经常听人说，中国人谈论翻译的那套东西充其量只能算是经验之谈，算不上理论。在这些人眼里，只有西方那套译论才称得上理论，因为中国的译论往往三言两语，有时甚至仅仅两三个字（如"信达雅"），缺乏理论的基本架构。反观西方翻译理论，概念定义清晰，结构框架完整，论说逻辑严谨，铺陈条理有序，有时一个理论竟能写成数百页的巨著。此话不假，可是从事实践的人往往觉得那些严谨的理论并不很实用，且不说翻译主体间性、后殖民翻译理论等玄乎的理论，就是与翻译实践最相关的对等理论，大家应用起来，也觉得不是很得心应手，没有"信达雅"这类概念切实可用。当然，学者肯定能讲出它们之间的不同，可问题是这些西方理论和具体的实践之间总有一段距离，使人感到与翻译实践有一层隔阂。

反过来说，尽管中国译论缺乏理论深度，但是这些译论却是切切实实来源于翻译实践，说它是经验之谈恰恰说明它来源于实践。承认它是理论也好，认为它够不上理论也罢，中国译论大都是切切实实地在谈翻译，而且是从翻译实践的角度漫谈，不是从理论的角度深议。这里"漫谈"更有亲和力，"深议"反而拒人于门外，这是翻译实践的性质决定的。任何一个从事翻译实践的人都知道，译者不会从译论出发思考翻译中的决策，从事翻译的人深深地投入眼前的任务中，几乎无暇顾及具体翻译活动外的理论，一个"信达雅"或"神似"也许能勉强掂量思考一下，但繁复深刻的理论很难进入译者的思绪。在这个问题上，西方翻译理论反而更难被译者拿来用，因为它们太专业化了，而翻译实践活动却在很大程度上更像一门"手艺"，过度的理论思辨往往会扼杀这门艺术，它需要独具"匠心"，很难由复杂的理论来指导。

于是有些人就说，翻译理论并不是用来指导翻译实践的。这话说对了一半。应该承认，西方翻译理论中的有些论述并非始于翻译实践，也无意指导实践。这些理论可以说是志不在此，有更高远的目标，它们甚至宣称，翻译不需要和文本打交道。如文化翻译（cultural translation）就着眼于人类文化的大交流，并不一定要和一句一句的文字有关。这些西方翻译理论对于我们从事具体翻译的译者来说，当然关系就很疏远了。但我们仍然不能说它们和翻译实践毫不相干，因为任何有关跨文化的思考都多少能打开我们的思路，比如所谓的后殖民翻译理论，也可能潜移默化地左右我们的具体翻译决策。只是不来源于翻译实践的理论并不是我们传统意义上说的翻译理论，这些理论的出发点，和"信达雅"之类的中国传统译论已完全不同，一个着眼于文本的转换，一个更关注文本外的大千世界。

但是西方翻译理论并非都是不顾文本的宏论，有些仍然和中国译论的出发点一样，意在引导指教具体的翻译活动。比如最著名的对等理论，就是源于翻译实践，也意在为译者指点迷津。奈达的功能对等理论就是为了纠正当时《圣经》翻译实践中的弊端而提出的。即便是后来旨在批评对等理论的"目的论"（Skopos）也与翻译实践紧密相连。

到底什么是翻译理论？广义地说，我们上面提到的所有关于翻译的议论，不管它与具体翻译有没有直接的关系，都是翻译理论。但是如果一个理论不是从翻译实践的角度提出问题，它对于具体从事翻译的人来说，意义就不大。从理论的高度先提出问题，然后分析论证并非就完全无助于翻译的具体实践，但这些理论能起到的作用就相对有限了。毕竟我们从事的是一字一句、一段一篇的微观翻译活动，不是宏观的理论思考。对于译者来说，我们主要应关注与翻译实践有关的译论，其他的翻译理论就未必需要面面俱到。下面我就来简单地梳理一下中国有关翻译的论述。

2　中国译论概述

在中国，自有翻译以来，人们就没有停止过对翻译的讨论。西汉末，丝绸之路开通，中国与西域各国的交流逐渐频繁，佛教因之引入。汉代佛教之兴起带动了佛经的翻译。但中国佛经翻译的鼎盛时期应为隋唐。在玄奘（602—644）时期，中国佛经翻译事业达到顶峰，对翻译的讨论也更趋完善。"若玄奘者，则意译直译，圆满调和，斯道之极轨也。"玄奘直译意译兼顾，确切地表达了佛经的原意，是中国翻译研究早期的论说。[①]但中国翻译研究更重要的时期是在清末和民国初年。此时西方对中国产生了全方位的影响，各国列强的入侵，资本主义贸易的开展，文化交流的启通，使得大清王朝摇摇欲坠。尽管一些有志之士主张维新变法，试图力挽狂澜，但清朝气数已尽。随之而来的民国也非太平盛世。20世纪早期来自西方的影响主要包含两个方面，一方面是传统的西方资本主义的影响，另一方面是一种西方意识形态的影响，即马克思主义。这是一个动乱的时期。但大量的翻译作品却都是在这一动乱时期问世的。近代中国社会每一次重要的社会变革都和引进西方思想和知识分不开。这其中，翻译

---

① 　见《中国翻译词典》，林煌天主编，湖北教育出版社，第209页。

家为中国的社会变革起到了重要的作用。这个时期最著名的翻译家当然是严复。当时他译的一些社会科学著作启迪了无数的读书人。在文学翻译上林纾则是不可忽视的人物。由于有频繁的翻译活动，所以当时对翻译的讨论也十分普遍。马建忠、严复、梁启超、章士钊、傅斯年、郑振铎等人都对翻译的方法和技巧有过评说。其中最主要的当然是严复在译完《天演论》后写的《译例言》（1896 年）。在这篇仅仅只有一千多字的翻译总结里，严复用"信达雅"三个字概括了翻译活动要达到的标准。"信"在严复看来就是忠于原文；而"达"则主要是文字表达；"雅"是要有文采，文字要雅。虽然人们对"信达雅"这个标准也提出过不少批评，但中国翻译界一直将它奉为"金科玉律"。直到 20 世纪 80 年代，当西方翻译理论如潮水般涌进中国时，"信达雅"才真正受到严峻的挑战。但有些人仍然认为，严复的"信达雅"三个字就能为译者指点迷津，没有必要再去引进新花招。严复的"信达雅"在中国翻译界的地位与影响从中可见一斑。

自严复译《天演论》后，中国社会发生了天翻地覆的变化，翻译活动越加频繁，译作层出不穷。对翻译技巧及方法的讨论也相当激烈。鲁迅、梁实秋、瞿秋白、林语堂、郭沫若等人都积极地参加了有关翻译的讨论。特别是鲁迅，在讨论翻译时相当活跃。他主张"宁信而不顺"，与梁实秋和赵景深等展开了一场论战。鲁迅在《几条"顺"的翻译》一文中对梁实秋和赵景深进行了回击："拼死命攻击'硬译'的名人，已经有了三代：首先是祖师梁实秋教授，其次是徒弟赵景深教授，最近就来了徒孙杨晋豪大学生。但这三代之中，却要算赵教授的主张最为明白而且彻底了，那精义是'与其信而不顺，不如顺而不信'。"① 从这些激烈的交锋中我们可以看出当时翻译界对翻译中的问题已经有了相当深刻的认识。这些争论的焦点就是到底要以源语为基准还是以译入语为基准，也就是翻译领域中永恒的主题。

1949 年后，中国的社会发生了很大变化，但翻译活动没有停止。由于当时政治形势的影响，俄汉之间的翻译成了中国翻译实践中的主要部分。对翻译的研究也没有中断。20 世纪 50 年代，最著名的译论应首推傅雷的"神似"论。傅雷是中国法国文学翻译方面最重要的人物。他在《高老头·重译本序》中提出"以效果而论，翻译应当像临画一样，所求的不在形似而在神似"，认为"理想的译文仿佛是原作者的中文写作"。文字上要求"译文必须为纯粹之中文，无生硬拗口之病"，并期以"行文流畅，用字丰富，色彩变化"。② 显然他的提法和鲁迅的是完全相反的。他非常强调中文的流畅，主张用地道的中文。这一点傅雷身体力行，只要去读一下他的译作就会知道他

---

① 　见《翻译研究论文集（1894—1948）》，外语教学与研究出版社，第 229 页。
② 　见《中国翻译词典》，林煌天主编，湖北教育出版社，第 222 页。

把理论用到自己的翻译实践中了。

20 世纪 60 年代中国翻译理论中较为重要的论说应推钱钟书的"化境"。钱氏本人译作不多，是公认的学贯中西的大学者。他在《林纾的翻译》一文里提出，文学翻译的最高理想可以说是"化"。把作品从一国文字变成另一国文字，既不能因语文习惯的差异而露出生硬牵强的痕迹，又能完全保存原作的风味，那就算是达到了"化境"。① 用钱氏的话说，这叫"脱胎换骨"。钱钟书认为，译本对原作应该忠实得以至于读起来不像译本，因为作品在原文里绝不会读起来像翻译出的东西。"神似"也好，"化境"也好，这些提法似乎都十分注重译入语，要求译者的中文不能生硬牵强。

20 世纪 70 年代正处于"文革"时期，没有新理论出现，但这段时期的翻译活动是不应被忽视的。翻译工作者在 20 世纪 70 年代翻译了大量的外国作品，如不计其数的内部发行书籍，而且译者都是在不署名的情况下翻译的。

20 世纪 80 年代中国的翻译研究复活。中国不仅经济有长足的发展，人文科学也相当活跃，翻译研究方面的成果更是层出不穷。但翻译研究的主调是和当时社会政治文化的主流一致的，也就是大量引进西方的理论和方法。在这段时期，中国译协的刊物《中国翻译》（前身为《翻译通讯》）在促进翻译研究方面立下了汗马功劳。很多翻译理论的扛鼎之作都发表在这个刊物上。很多西方翻译理论家都是由该杂志介绍给中国读者的。一时间，奈达（Nida）、卡特福德（Catford）、纽马克（Newmark）、斯坦纳（Steiner）等西方译界的名人都成为中国学者们常挂在嘴边的名字。20 世纪 80 年代中国翻译界几乎到了言必称奈达的地步。此外，也有不少专著发行，内容也都是介绍西方翻译理论，或套用这些西方理论的研究作品。中国第一次翻译理论讨论会于 1987 年在青岛召开，会上一批青年学者立志要完成中国翻译学（Chinese translatology）这项宏大的工程。虽然这段时期翻译研究的作品数量较多，但大多是些引进或套用西方理论的作品，没有划时代的原创作品。不过研究内容却显得色彩纷呈，出现了一批优秀的翻译研究者，如译坛老将翁显良、许渊冲，翻译理论及教学方面的研究者刘宓庆，在引进奈达方面功不可没的谭载喜，法国文学翻译研究学者许钧，诗歌翻译理论研究学者辜正坤，科技翻译理论研究的先驱方梦之，科幻小说翻译家郭建中，采用新思维研究翻译的范守义等，举不胜举。他们在各自的领域为建造中国翻译研究大厦添砖加瓦。其中值得一提的是刘宓庆。刘氏对翻译的研究一直从 20 世纪 80 年代持续到现在。无论从质还是从量的角度看，刘宓庆都可以说是成果斐然。他那五本译学著作（《文体与翻译》《当代翻译理论》《翻译美学导论》《英汉翻译训练手册》和《翻译与语言哲学》）是中国翻译研究领域的重要作品。

---

① 见《中国翻译词典》，林煌天主编，湖北教育出版社，第 542 页。

　　此外，值得介绍的还有 20 世纪 80 年代中期发表的《翻译标准多元互补论》。该文作者是当时北京大学英语系博士生辜正坤（现为北京大学教授）。辜正坤指出翻译标准难题之所以久攻不克是因为我们思维方法上的单向性或定向性。因而他主张立体思维，引出多个观察点，这样标准就不再只有一个了，从而提出"翻译标准多元化，多元化标准相互补充"这一很有见地的看法。他认为翻译的唯一的绝对标准就是原作本身，但这是一个根本达不到的标准。而翻译的最高标准应是最佳近似度。为了达到这个最佳近似度，译者可能从不同的角度出发，到达目的地。他提出由于翻译的功能多种多样，人类审美趣味也多种多样，加上译者和读者的层次大不相同，所以为了不同的翻译目的，满足不同的审美兴趣和不同读者的需求，一个作品完全可以有多个译本，翻译的方法也完全可能多种多样。辜正坤本人身体力行自己的多元标准理论，用散曲的形式翻译了不少已被多位名家用其他文体翻译过的英诗。公平而论，辜正坤多元互补论中的内容西方翻译理论家们也都有提及，比如目的论的著作中也强调读者不同，翻译目的不同，译文也应不同。但辜正坤的多元互补论将翻译标准这个题目讨论得很彻底，概括得也很全面，不失为 20 世纪 80 年代中国翻译界鹤立鸡群的研究成果。辜正坤这篇长文只是他一系列中西诗歌翻译研究中的一小部分。他在《中西诗鉴赏与翻译》一书中，对文学翻译有系统的总结与概括，独创了他自己的一套诗歌翻译理论体系，是中国翻译研究方面少有的佳作。

　　20 世纪 90 年代至今，中国的翻译活动和理论研究势头有增无减。这段时间内，对于已引进的理论也有所反思，比如 20 世纪 80 年代介绍到中国的翻译理论家奈达就经常成为批评的对象。但是，西方翻译理论的译介仍然是主要的方面。后现代翻译研究、后殖民翻译研究、女性翻译研究及翻译主体性、主体间性等题目的讨论表面上看加深了中国翻译研究的深度和广度，但实际上仍然是在讨论西方翻译理论界提出的议题。对传统译论的研究仍然不是中国译论研究的主流。但换一个角度看，以西方译论为研究对象的学术活动在中国已经是翻译研究的主要部分，不能再将其视为完全西方的理论，因为在研究的过程中学者们已经加入了中国元素。

3　西方翻译理论概述

　　西方翻译理论也有一个发展过程，早期西方的译论若按现在西方翻译理论的标准看，也都是些有关翻译实践的经验之谈。但是随着现代语言学等学科的兴起，翻译研究便慢慢从技艺探讨发展到学术研究，且随着新兴学科的发展，研究的方向也慢慢偏离文本，而开始转向文本之外，甚至翻译实践外的天地。在这个过程中，出现过不少流派，涌现出一些人物。不过，详尽地描述西方翻译理论的庞大体系，介绍流派和代表人物，非本章之目的。为了方便起见，我们这里仅粗略介绍一下对翻译实践影响较大的理论。

首先要提到的就是对等理论。顾名思义，对等主要就是说原文和译文之间有一个对等关系，或者说两个文本之间能画上等号。所以这个理论的前提是，在一种语言中说的话也能在另一种语言中表达出来。但是对等理论并不认为两种语言是一样的，而只是说，两种语言虽可能不同，但是译者能找到价值相等的话来表达原文的意思，即原文的价值可以在译文中实现。对等理论20世纪后半叶在欧洲走红，后来成为西方翻译理论的主干理论，特别是在60年代和70年代。在这个理论中，对等可在不同层次上实现，比如奈达就提到功能的对等和形式的对等。

这个理论的优点是，它讲的就是我们这里关注的翻译实践，没有"好高骛远"，扎扎实实地在讨论文本中的词句篇章，而且它的注意力都集中在两个文本上。这符合我们翻译的实际情况。翻译一篇文章时，译者会不停地在原文和译文间周旋，苦思冥想，试图找到最佳译法。对等理论并不是不考虑文本外因素，如奈达就十分注意文化和读者因素。判断是否对等要看读者，但读者的判断仍然依靠文本，译者决策的基础也是文本，原文是译者依靠的基础，所以说对等理论是以文本为基础的（text-based）翻译理论。

后来，人们发现对等这个概念并不十分靠得住，因为真正的、绝对的对等根本不存在，译文和原文充其量也只能是八九不离十那个程度的对等，不存在绝对的对等。加之，在运用这个理论的过程中也暴露出对等理论的不足之处，所以对这个理论的批评声不断。

另外，著名翻译教育家皮姆提出的自然对等（natural equivalence）和方向对等（directional equivalence）可以说是对等研究方面的进步。[①] 他的理论很大程度上得益于东德学者在1968年提出的对等理论，即所谓的"一对一"（one-to-one）和"一对多"（one-to-several）。一对一的概念是指一个原文只有一个译文，别无选择，如科技语等，这是完全对等；一对多则是指一个原文可有数个译文，如一般翻译实践中我们面对的文本，常有数个选择。除此之外，他还给出另外两种情况，即整体对部分（one-to-part），就是没有完全的对应，但有部分对应；以及一对无（one-to-none），就是译文完全没有对应。对皮姆来说，自然对等在翻译活动之前就存在于语言之间，其特点是在源语和译入语之间可以反复翻译而不会走样，如hard-drive翻译成"硬盘"，无论你译多少次，都不会变化。而一对多的情况则完全不同，它是以不对称为基础的，

---

① 见 *Exploring Translation Theories*，by Anthony Pym，2010，第6—38页。

其特点是单方向。也就是说，你只能从一个方向翻译到另一个方向，却无法返回原点，无法回译（back-translate）。这是因为译者翻译时总是面临数个选择，"一对多"是以选项为基础的（choice-based）。把对等分成自然对等和方向对等，增加了我们观察对等的角度，特别是在目前本地化非常盛行的时代，应该说是一个进步。在翻译实践中，如果我们能将原文分成自然对等和方向对等，也可能有助于我们选择正确的翻译策略。

在创建对等理论的过程中，维纳（Vinay）和达尔贝勒纳（Darbelnet）可以说是早期的先行者，但对等理论最著名的代表人物仍然是《圣经》翻译理论家尤金·奈达。

反观中国翻译理论，我们会发现，"信达雅"中其实也包含了对等的概念，求"信"也就是希望求得译文和原文的对等。仅就概念来说，西方翻译理论中的对等概念并无新意，但它却将一个简单的概念发展成较完整的体系，这是"信达雅"这类译论所没有做到的。

批评对等理论的派别很多，它们从不同角度试图瓦解对等理论，其中目的论算是比较重要的一派。我们知道，在对等理论中，原文一直是译者的基准，我们的译文就是要和这个原文对等起来，译文要做到和原文有一样的价值，译者定要"惟妙惟肖"地仿效原作，原作是"上帝"。目的论则彻底推翻了这个对等理论的基础，目的论认为，我们最关注的不是原文，而是译文的使用者，这样就把译者的"上帝"换成了和原文文本没有任何关系的使用者（译文的用户）。目的论认为，一个行动是由它的目的决定的。人们不会无缘无故地去翻译一篇文章，所以译者要为那个目的服务。皮姆在讲述目的论时以希特勒《我的奋斗》为例，认为原作者（希特勒）的目的和译者的目的不同，比如号召人们拥护支持他的纳粹思想就是原作者的一个目的，译者翻译的目的显然不可能和希特勒的这个目的一致。译者难道真希望完整地再现一个能煽动人民情绪的希特勒，帮助他传播他的纳粹思想？根据目的论，译者不能去求得和原文价值的对等；相反，却应该作出适当的调整，甚至不排除增删改动原文，而非寻求文本的对等。根据同样的原理，广告就可以作重大的改动，比如下面这则服装广告：

It sounds ordinary on paper. A white shirt with a blue check. In fact, if you asked most men if they had a white shirt with a blue check, they'd say yes.

But the shirt illustrated on the opposite page is an adventurous white and blue shirt. Yet it would fit beautifully into your wardrobe. And no one would accuse you of looking less than a gentleman.

Predictably, the different white and blue check shirt has a different name.

Viyella House. It's tailored in crisp cool cotton and perfectly cut out for city life. Remember our name next time you are hunting for a shirt to give you more than just a background for your tie.

这则广告直译宣传效果肯定不好，达不到宣传的目的，所以此时以文本为基础的对等根本不重要，重要的是宣传的目的，为了达到这个目的，增删文本也是可接受的：

> 英国人以其衬衫的风度闻名世界。其知名品牌就是维耶拉衬衫，它以精纺棉布为面料，由英国维耶拉品牌精心裁制，质量上乘，畅销世界。维耶拉特此郑重地承诺：蓝格白底，是白马王子的首选，风度翩翩，惹来窈窕淑女的青睐。穿上维耶拉，男人闯天下。穿上维耶拉，生活真潇洒。[①]

上面这个译文把原文的三段改成了一段，而且译者极尽增删之能事，拿掉了不少内容，添加了很多原文根本没有的意思，如"白马王子"和"窈窕淑女"等，都是原文没有的。但是不可否认，译文的宣传效果增强了，客户满意了。显然这种译法是违背对等原则的。

没有了对等这个"紧箍咒"，根据目的论，同一个原文还可以有不同的译文，因为你无须和那个唯一的原文去对等，而是需要符合译文使用者的要求。于是，同一个同意书就可以翻译成数个译文，因为有数个不同的用户，如下图所示：

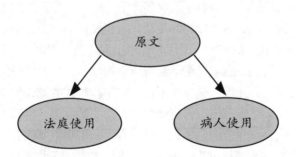

以目的论为基本原则，学者们还提出了一些翻译小策略，如"够好了"理论（good enough theory）。持这类理论的人认为，翻译没有必要去寻求那个根本并不存在的对等，尽可能接近原文就可以了。换句话说，"准"到一定程度就够了，而准确的程度可随翻译功能或目的而异。也就是说，译者在达到某一点时，就可心安理得地说，

---

① 见 *Exploring Translation Theories*，by Anthony Pym，2010，第 52 页。

"够了，我的读者也只需要知道这些"。译者不必非要达到百分之百的准确，而且也根本不可能达到。

目的论的优点显而易见，它为我们解决了不少翻译实践中的难题，比如一个原文有多个译本的问题。其实对等理论并不排除多个译本，但对等理论中的多个译本应仍然看作是一对一，即原文和译文对等，两个不同的译本是以不同的方式与原作对等的，两个译本之间往往更像取代关系。比如说，人们认为一个译本不够好，就试图用一个新译本与旧译本对比较量，两个译本都在追求与原文的对等。而目的论却完全可以让多个译本并存，无意在译本间比较，因为它们服务的对象完全不同。但是，在翻译学习阶段，我们不应该过度夸大目的论的指导作用。翻译实践中，对等理论仍然是译者翻译活动最基本的指导。没有对等的严格训练，译文的基本语义就可能会背离原文，我们不能让这种背离原文的译法以目的论为借口，逃脱翻译教学的视野。

目的论的重要学者包括 Katharina Reiss、Hans Vermeer、Holz-Mänttäri、Hans Hönig 和 Christiane Nord 等。

除了对等理论和目的理论外，西方翻译理论还大有风景，比如描写翻译学派和文化翻译学派等。描写翻译学派（descriptive translation studies）和目的论一样要捣毁对等理论的基础。描写派不喜欢对等理论那样指导性的翻译理论，提出应描写翻译的实际情况，而不是告诉译者好译文应该是什么样子。另外，描写派强调系统（system）和规范（norm）。比如多元系统理论（polysystem）就认为，文化是一个由多个不同系统组成的大系统，这个组成系统可以包括很多子系统，如政治、经济、语言、文学等，而翻译文学应该被看作是属于文学多元系统中的一个独立的系统，是文学的一个重要组成部分。描写派反对指导性的规范，但也试图提出自己的规范概念。在图里（Toury）看来，规范介于抽象的可能性和译者实际之所为之间①，或者说，规范不仅是抽象的可行或不可行，还应辅以翻译实践所得的知识，这两方面结合后所形成的共识就可以被看作是规范。此外，描写派不仅反对下指令式的翻译理论，更反对以原文为重点的理论，认为翻译研究应该强调译入语，而不是源语。描写翻译学派是一个庞大的系统，这里无法全面介绍。但是我们可以看出，该理论不仅有研究的价值，同时也有一定实践的价值。不过对初学翻译的学生来说，未必需要涉及。描写派的主要人物包括 Even-Zohar、G. Toury、A. Lefevere 等。

另外，我们经常听到的"文化翻译"（cultural translation）也是近来西方翻译理论的一个很活跃的部分。应该分清的是，这个"文化翻译"的概念和翻译中要注重文化因素不是一回事。后者是文本处理中一个非常实用的策略，但我们这里说的文化

---

① 见 *Exploring Translation Theories*，by Anthony Pym，2010，第 73 页。

翻译却根本与具体文本无关。文化翻译理论并不盯着某个翻译活动的产物，文化翻译理论中没有原文文本，也没有译文文本。它关注的是跨文化活动的过程；关注的是人，而不是文本。因此，文化翻译是借助翻译来讨论社会文化的理论，和本书中提到的翻译没有直接关系。这个学派的主要领军人物是哈佛大学的印度文化理论家 Homi Bhabha。

还有一些其他的西方翻译理论学派，如一些根据后现代理论建构的翻译理论，由于和翻译实践关系不很直接，这里不加介绍。最后，由于本地化行业的兴起，有关本地化的理论也开始逐渐得到人们的关注，此处不赘述。

4 翻译理论怎样帮助翻译实践

介绍了这么多中西翻译理论，自然会提出一个问题：难道从事翻译实践的人非得学习这些理论吗？答案应该是很明确的：译者并非一定要学习翻译理论。我们有足够的证据支持这个答案，有些公认的优秀翻译家并没有系统地学过翻译理论，特别是西方的翻译理论，但是他们的译著却非常成功，比如傅雷。你可以说，傅雷肯定知道"信达雅"，但他肯定没有学过对等理论和目的论这类译论，因为傅雷译笔飞驰时，这些理论还没有问世。傅雷自己总结了"神似"的理论，但那也基本是源于实践的一点心得体会。其实，老一辈翻译家都没有像我们这样在翻译系学过翻译，不用说翻译理论，连翻译实践也没学过。什么词性转换、正说反译之类的技巧，都是后人总结他们的翻译方法时提炼出来的，他们自己并没有想到这些技巧。对他们来说，这样转换，这样调整是水到渠成的事，不用刻意去学习，翻译时根本也不会想到技巧。他们很多是外文系或其他文科专业毕业的学生，因为爱好或其他原因，开始从事翻译，最后硕果累累。但是这些人都有一个共同的特点，中外两种语言基础扎实，对于语言、文化和跨文化交流的本质有非常深刻的认识，这种认识可以是理论的，也可以是经验的。所有这些经验，如果进行整理，完全可以成为文学或翻译理论，但对于翻译实践者来说，没有系统整理的、分散的、点点滴滴的想法有时却更有益处，因为翻译实践中遇到的问题并不是系统的，而是分散的、点点滴滴的。所以"没有理论的理论"（theorizing without theory）也许是理论切入实践的一个相当不错的角度。另外，还有一点大家都忽略了，老一辈翻译家虽然没有经过翻译理论的熏陶，但他们语言文学造诣都很深，翻译理论说到底在很大程度上其实就是语言文化理论。

难道学习翻译理论就毫无益处吗？当然不是，如果理论学习得法，完全可以使译者如虎添翼。有人说，学了那么多东西，却没用，学它干什么？这种态度并不值得推崇。如果我们能学习一些理论知识，并能正确运用这些知识，理论就完全会成为我们的帮手。比方说，描写学派重目标语的理论是否就会给我们启发，在翻译中影响我们的决策？目的论是否会在我们原本不敢大胆删除时给我们这样做的底气？对等理论是否会帮助我们不过度游离原文，造成错译？理论帮助我们的空间其实是很大的。

但如果理论应用不当，却完全可能适得其反，这也是不争的事实。如果我们自己并不是真正熟悉某个理论，却要在翻译实践中套用上去，这样做结果往往不好。在翻译这出"戏"里，理论不应该总在"前台"晃悠，它应先由译者内化成自己的知识，然后在背景处潜移默化地影响他的决策，而不是硬把某个理论与某个译法配对成双。这就像说笑话一样，硬说出来的笑话很难奏效，"我本无心说笑话，谁知笑话逼人来"。翻译理论之于实践，也应该是自然的应用，而不是硬逼出来的。译者最终的任务是提供一个好的译文，而不是应用一个好的理论。从这个意义上说，傅雷他们这批优秀翻译家的理论基础其实是非常坚实的。

第十一章
尤金·奈达和他的翻译理论

1 奈达翻译理论概述

　　尤金·奈达（Eugene A. Nida）1914 年生于美国的俄克拉荷马州。早年师从当代结构主义语言学大师布龙菲尔德（Leonard Bloomfield）等语言学家。毕业后供职于美国圣经协会，终身从事《圣经》翻译和翻译理论的研究，著作等身，是公认的当代翻译理论的主要奠基人之一。

　　他理论的核心思想是"功能对等"（functional equivalence）。这个名称的前身是"灵活对等"（dynamic equivalence），后来为避免被人误解，改成"功能对等"。简单地讲，功能对等就是要让译文和原文在语言的功能上对等，而不是在语言的形式上对应。要取得功能对等（奈达指的对等是大致的对等），就必须弄清何为功能对等。他把功能分成 9 类。① 译文应在这些功能上与原作对等。那么，怎样才算对等呢？奈达认为回答这个问题不能只局限于文字本身，他把判断对等与否的大权交给了读者的心理反应。也就是说，尽管对等参照的对象是文本，但是决定是否对等的是读者。这就与在奈达之前大多数翻译研究者的观点不同。传统上，人们总是将客观的文本作为判断译文对错优劣的依据。但奈达一下子把大权从文本手中抢过来，交给了读者。这一转手马上创出了一个崭新的局面，为当时几乎陷入绝境的翻译研究者们打开了一扇门。

　　奈达提出的观点当然是和他本人对翻译的研究有关。但奈达并非闭门造车，功能对等自有其源头活水。这活水就是当时语言学领域突飞猛进的发展。结构主义对语言的研究很有其独到之处，但它没有对语言外的因素给予重视。为克服这一缺陷，后来的语言学家渐渐对语言外的因素产生了越来越大的兴趣，心理语言学、社会语言学、语用学、符号学等应运而生。奈达理论中读者心理反应这一基石就得益于上述语言学方面的发展。

　　另外，奈达的理论在操作层面与乔姆斯基（Noam Chomsky）的转换生成语法也

---

① 在 *From One Language to Another* 中，奈达将语言的功能分成 9 类，即表现功能（expressive）、认识功能（cognitive）、人际功能（interpersonal）、信息功能（informative）、祈使功能（imperative）、行为功能（performative）、情感功能（emotive）、审美功能（aesthetic）和自我解释功能（metalingual）。见该书第 25 页。

有关联。乔姆斯基从不涉及语言外因素，但其早期理论中有关语言表层结构和深层结构转换的模式在很大程度上为奈达描写功能对等提供了依据。

　　可以这么说，早期的奈达仍然在很大程度上从语言内创造他功能对等的理论，用了诸如转换生成语法、语义成分分析等具体方法来描写他的理论。出版于 1964 年的 *Toward a Science of Translating*，就主要是在语言学的框架下讨论翻译（也涉及了语言外的因素）。他在该书中将语义细分成语法意义（grammatical meaning）、所指意义（referential meaning）和情感意义（emotive meaning）。该书被认为是翻译研究方面的必读之书。越到后期，奈达就越重视社会文化因素。他在 1996 年出版的 *The Sociolinguistics of Interlingual Communication* 中，对社会文化因素给予了极大的重视。

　　在奈达看来，翻译就是要在接受语中以最自然的方式重现原文中的信息，首先是重现意义，然后是风格。① 最好的翻译读起来应该不像翻译。要让原文和译文对等就必须使译文自然，而要达到这个目标就必须摆脱原文语言结构对译者的束缚。因为大多数情况下，原文的结构和译文的结构是不同的，所以必须有所改变。但奈达是一个严谨的学者，他深知翻译犹如走钢丝，绝不能一边倒。因此他马上又指出，要让《圣经》中的故事听起来像是十年前发生在附近一个小镇中的事是不恰当的，因为《圣经》的历史背景是十分重要的。② 紧接着他又指出，译者不一定非要保留原文中的语法和文体形式，以致译文生硬难懂，翻译应避免翻译腔（translationese）。可见奈达在规避左右两边的风险。奈达的主要贡献在于他大胆地提出了翻译要达到的不是语言的对等，而是语言功能的对等，是读者心理反应的对等。译文在译文读者心中的反应是否和原文在原文读者心中的心理反应相似（并非相等）才是奈达所要关注的。而要考虑读者的心理反应，就不可能只看文字，还要看文字产生的环境，要看读者生存的环境。这样，文化、社会、心理等因素一下子都被包括进来了。

　　在上述理论的指导下，奈达将 "Do not let your left hand know what your right hand is doing." (Matt 6: 3) 改成 "Do it in such a way that even your closest friend will not know about it。③ 他甚至认为 washing the feet of fellow believers 这种说法不够准确，应该改成 showing hospitality to fellow believers，因为 foot washing 这一仪式在近代已经失去其最原始的意思，其基本意思是 show hospitality。④ 如采用功能对等的理论，as white as snow 有时完全可以改成 very white，因为译入语文化中的人

①　见 *The Theory and Practice of Translation*，by Eugene Nida and Charles Taber，1982，第 12 页。
②　见 *The Theory and Practice of Translation*，by Eugene Nida and Charles Taber，1982，第 13 页。
③　见 *The Theory and Practice of Translation*，by Eugene Nida and Charles Taber，1982，第 26 页。
④　见 *Meaning Across Cultures*，by Eugene Nida and William Reyburn，1981，第 69 页。

可能不知道什么是雪。上面几个例子中译文虽然从表面上看都和原文相去甚远，译文读者读译文的心理反应和原文读者读原文的反应却基本相同。

　　奈达这套理论的锋芒直指语言形式。他认为原文句法、语义等结构是译者的大敌。从事英汉翻译的人一定会赞成他的这一说法。大多数从事英译汉的译者都是通过学习语法来认识英文的，所以语法意识非常强，结果在翻译时也会不知不觉地受到英文句法或语义结构的影响，译出的句子也就会很像英文。如何来论证他的功能对等的理论呢？奈达从几个方面描写了功能对等的具体内容。这里将他的理论简单地概括成三个部分：第一，抛弃传统的词性（part of speech）概念；第二，采用核心句（kernel sentence）的概念以及句子转换的概念克服句法对译者的束缚；第三，用同构体的理论（isomorphism）来克服社会文化差异所造成的障碍。现在分述如下。

2　抛弃传统的词性概念

　　传统语法的一个核心部分就是词性。对词法的描写主要依靠词性，如名词、动词、代词、介词、副词、连接词，等等。我们头脑中有一套根深蒂固的规则，如形容词修饰名词、副词修饰动词、连接词连接句子的各个部分等。学外语的人对这类规范性的语言规则如数家珍。当我们带着这套规范性的条条框框踏入翻译领域时，我们的译文就会受到影响。对语法毕恭毕敬的人会将"She danced beautifully."译成"她优美地跳着舞"，因为 beautifully 在语法上是副词，在这里是修饰动词"跳舞"的；"I was reliably informed."这句可能被译成"我被很可靠地告知"，因为 reliably 是副词，在这里修饰过去分词 informed；"His symbolic tale of this dualism."则会较死板地译成"他描写双重人性的象征性的故事"，因为 symbolic 是形容词，修饰后面的名词；"There is certainly some historic possibility."这句原本是说美国前副总统戈尔日后东山再起的可能性，大部分学生都翻译成"确实有一些历史的可能性"，因为 historic 这个形容词是修饰名词 possibility 的；另外，"The actor has a smaller circle of admirers."也会照原文的词性，翻译成"那个演员有一个较小的爱慕者的圈子。"凡此种种，举不胜举。译者是语法老师的乖孩子，从不敢违背语法的清规戒律。但在实际翻译中，译者往往会有很多选择。是按原文语言的语法框架译，还是另辟蹊径，这要根据具体语境而定。有时，遵照原文结构的译文更好，有时违背原文语法结构的灵活译法更好，译者不能紧抱住原文的词性不放。

　　用词性（名词、动词、形容词、副词等）来描述语言只能揭示词与词之间的句法关系。"She danced beautifully."在语义的深层等于"Her dancing was beautiful."，因此只要上下文允许，译成"她的舞姿优美"或"她舞跳得很美"也可以，"她优美地跳着舞"其实是很不优美的译法。在 reliably informed 中的 reliably 也并不一定要照英文的关系与 informed 扯在一起，上面那句译成"我得到的信息很可靠"似乎更好。如将"他描写双重人性的象征性的故事"改成"他用象征手法描写双重人性的故事"，意思会更清楚。而有关戈尔那句，本来说的是过去曾有人东山再起过，所以译成"历史上确有这种可能"或"从历史上看，这种可能确实存在"就更清楚。至于"The actor has a smaller circle of admirers."这句，要是译成"那个演员没有那么叫座"，或者用时下流行的话译成"那个演员粉丝不是很多"，就更像生动活泼的中文。

为了能从翻译上建立起一个科学的模式来完善自己的基本思想，奈达抛弃了已经确立经年的术语，而改用实体（object）、事件（event）、抽象概念（abstract）、关系（relation）[1]。

实体指具体的人和物，如 book、women、ghost 等。事件指行动、过程等发生的事，如 go、love、talk、grow 等。抽象概念指对实体和事件等质量和程度的描写，比如 green、slowly、often 等。关系指用来将实体、事件、抽象概念连接起来的手段，比如 conjunctions、prepositions 等。乍一看，这好像只是换了个名称，内容还是那些。但仔细分析就会发现这 4 个类别要比词性能更清楚地描写词语成分间的各种关系，比如 talk 在传统语法中有两个身份，一个是名词身份，一个是动词身份。但用奈达的划分法分析的话，talk 只是一个事件，所以到底要把 talk 译成名词还是动词并无多大差别，怎样在汉语中显得更自然，就怎样译，不一定要受原文词性的束缚。

这是奈达早期的分法。后来奈达发现词和词的关系十分复杂，所以就采用了新的分法，种类从 4 种增加到了 7 种[2]。他的新分类法如下：

- 实体（entity），如 man、book、table 等；
- 活动（activity），如 walk、think、swim 等；
- 状态（state），如 dead、tired、happy、angry 等；
- 过程（process），如 widen、grow、enlarge 等，与状态或特征的变化有关；
- 特征（characteristic），如 tall、huge、beautiful 等；
- 连接（link），如 when、during、below、if 等，在时空等方面起连接作用；
- 指示（deictic），如 this、there、here 等。

---

[1]　见 *The Theory and Practice of Translation*，by Eugene Nida and Charles Taber，1982，第 37 页。

[2]　见 *The Sociolinguistics of Interlingual Communication*，by Eugene Nida，1996，第 95 页。

虽然种类增加了，但基本模式是一样的。那么，奈达是怎样用这种分类法来描写翻译过程的呢？请看下面的例子。the beauty of her singing 和 her beautiful singing 这两个短语在传统语法的分析中是两个完全不同的结构。第一个短语中的 beauty 是名词，of her singing 是用来限定 beauty 的范围的。第二个短语中的中心词是 singing，这里已经由动词变成具有名词性质的词（或称动名词），beautiful 是形容词，修饰后面的动名词。但用奈达的新模式描写这两个结构不同的短语却会得出相同的结果。在第一个短语中的 beauty（名词）是 abstract（或 characteristic），her 是 object（或 entity），of 是 relation（或 link），singing 是 event（或 activity）。在第二个短语中 her 是 object，beautiful 是 abstract，singing 则是 event。尽管各个词在语法上称法不同，在奈达的模式中它们名称相同，实质一样。因此，这两个不同的短语可以用同一个译法来表达，却丝毫不影响它们的基本语义。

显而易见，这么思考词和词之间的关系可以使译者摆脱语法的束缚。英文中有些结构在翻译时会造成很大麻烦，比如 environmentally damaging waste。传统的语法分析法认为 environmentally 是副词，修饰形容词化的动词 damaging，结果这个短语就可以译成"在环境上有损害的废物"。但用奈达的分析法一看，就会发现这个短语中的 environmentally 是 object，damaging 则是 event，waste 也是 object。三个词之间的修饰关系是 3(waste) does 2(damage) to 1(environment)，那么，这个短语就完全可以译成"损害环境的废物"。这样，我们就为常用的翻译技巧找到了理论依据，如我们常用的词性转换法（conversion）就可以用奈达的分析法加以解释。

3 启用核心句和句型转换的概念

奈达采用新的方法将词重新分类，克服了传统词法对译者的束缚。但这仍然不能完全将译者从原文的牢笼中解脱出来。造成译文生硬难懂的一个更大的敌人是原文的句法。

奈达指出，一个有经验的译者往往不会被错综复杂的句子表层结构遮住视线，他会透过表层结构看到句子的深层意义。他认为译者必须避免从句子的表层结构出发直接生成译入语的表层，而应转弯抹角到达目的地。他把翻译比作涉水过河，如果上游水流湍急，就不能硬闯，而要到下游找一个浅的地方过河，然后再折回上游的目的地。[①]要完成这个过程不仅应改变对词性的传统看法，还要在句法方面有些革新的想法，甚至要对语言外的因素，如对社会文化等因素，有些新颖的观点或突破性的见解。现在，

---

① 见 *Language Structure and Translation*，by Eugene Nida，1975，第 80 页。

我们再来从句法结构方面讨论一下奈达的理论。

可以用什么模式来描写这个躲激流、过浅滩、克服句法障碍的过程呢？奈达引用了早期转换生成语法中表层结构和深层结构的概念。由于乔姆斯基的理论主要是用来机械地描写语法，所以照搬过来用到翻译上会多有不当。乔姆斯基本人再三强调他的理论是非实用性的。所以奈达并没有原封不动地使用转换语法，而是使用其中核心句（kernel sentence）的概念，没有进一步涉及深层结构。[①]

什么是核心句呢？简单地说，核心句就是最简单的句子。下面是一个非常复杂的句子："There is something I must say to my people who stand on the warm threshold which leads into the palace of justice."（Martin Luther King）。这个句子是典型的英文句法结构，中文不会这么写。也就是说，说英语的人和说汉语的人在表达这个概念时所用的语言结构迥然不同，无法取得一致。但是只要将这个复杂的句子简化为数个核心句或近似核心句的句子，那么无论谁都能接受，分歧一下子就消失了：

- There is something.
- I must say something(to my people).
- My people stand(on the warm threshold).
- The threshold is warm.
- The threshold leads(into the palace).
- The palace is of justice.

上面这个复杂的句子一下子就被分解成了 6 个简单的句子。无论你说什么语言，只要你使用这种最简单的句型，说其他语言的人基本上能接受。也就是说，人类在核心句这个层面上相互之间没有太大的交流困难。奈达认为英语中最简单的核心句有 7 种[②]：

- John ran quickly. (subject+predicate+adverbial)
- John hit Bill. (subject+predicate+object)
- John gave Bill a ball. (subject+predicate+object+object)
- John is in the house. (subject+be+subject complement)
- John is sick. (subject+be+attributive)

---

① 见 *Language Structure and Translation*，by Eugene Nida，1975，第 83 页。

② 见 *The Theory and Practice of Translation*，by Eugene Nida and Charles Taber，1982，第 43 页。

- John is a boy. (subject+be+indefinite article+noun)
- John is my father. (subject+be+pronoun+noun)

奈达认为一个有经验的译者在解释原文时常常会在心中将一个复杂的句子分解成多个这样简单的句子。当我们分解到这一步时，我们实际上已经蹚过了"浅滩"。但还没有到达目的地，因为目的地还在上游。译者如果在这一步停下来是不行的。谁会满足于上面那 7 个相互没有关联的简单的句子呢？所以，译者还要重建译入语的表层结构。所谓重建就是要按照译入语的习惯，将数个简单句自然地连接起来，于是一句意义和原文相同的地道的句子在译入语中就诞生了。但是恰恰是在这个重建表层结构的过程中出现了很多问题，结果我们常常会看到一些基本语义没有错，但原文的侧重、风格等潜台词没有反映出来的句子。究其原因，主要是译者仅仅注意了原文的语义，而没有关注原文句子内部或句子间衔接连贯的特征，结果没有全面地反映信息。这也是近年来批评奈达理论的一个方面。

另外还应该指出的是，这个从核心句到表层结构转换的过程在实际翻译中是在人的大脑中完成的，绝不会演绎在纸上。这只是一个翻译的模式，旨在描写翻译时译者克服句法障碍的过程。

4 用同构体概念解释社会文化语言符号

奈达在上述两方面的努力基本上排除了语言本身结构所造成的障碍。但翻译过程中译者遇到的困难不仅来自语言之内，还来自语言之外，即语言所处的大环境——政治、经济、文化等社会大环境都会给译者造成困难。比如说在一些文化中上下点头表示轻蔑，但在另一文化中却用摇头来表达同一个意思。[①] 同一个符号在不同文化中表达不同意思以及不同符号在不同文化中表达相同意思的例子俯拾皆是。"龙"这个字在中文里的联想意义和英文中的就不同。英汉两种语言中看似相同，而实际意义十分不同的例子我们每个人都能举出不少。怎么才能从理论上找到克服这方面困难的依据呢？奈达求助了符号学，特别是同构体（isomorphism）这一概念。

符号学的一个基本概念是任何符号，无论是字、词、成语这类语言符号，还是手势、身体活动等语言外符号，或者社会行为这类符号，都只有在它本身所处的环境（系统）中才有意义。点头这个符号只有在某一个特殊的系统中才表示轻蔑，将其放到另一个系统中意义可能恰恰相反。遇到一位久别的莫逆之交说："你这个混蛋小子跑到

---

① 见 *Customs and Cultures*，by Eugene Nida，1954，第 210 页。

哪儿去了？"这个语言符号只有在特定的环境中才能用。假如你对你的博士生导师这么说，就完全不成体统了。有时符号的基本意义在两个不同的体系中虽然相同，但程度会相差很大。"I love you."这句英文的意思和中文的"我爱你"意思是基本一致的，但它在英文中的分量和在中文里的分量显然很不相同。奈达曾说："人们亲吻越频繁，其分量就越轻。什么东西都用'最'来形容，'最'这个词也就毫无意义了。"① 可以用一个形象的比喻来说明这一点。一个符号就像一条热带鱼，要在一定的环境中才可以存活，将其放到水温、水质等完全不同的水里，鱼就无法存活。在具体描写这个关系时，奈达使用了同构体这个概念。奈达认为符号在源语和译入语之间的关系很像数学的方程式。如果我们认为 2、4、8 三个数字放在一起构成一个系统（系统 A），那么 16、32、64 三个数字放到一起也可构成一个系统（系统 B）。如果要将系统 A 中的 2 拿出来，放到系统 B 中就不能用原来的数字，因为 2 在系统 A 中的实际意义与价值恰恰等于系统 B 中的 16。这是一个很深刻的概念，用来描写翻译十分有效。奈达功能对等的理论在用这个概念解释之后一下子更清楚了。

由于有了同构体这个概念支持，我们终于敢大胆地将 to grow like mushroom 译成"如雨后春笋般地发展起来"，因为 mushroom 在英文中的意义正好等于"春笋"在中文里的意思。应该指出，同构体这一概念不仅可以用来解释文化因素，也可用来解释语言的其他方面。语言中的许多形象、结构，在翻译时如照原来的样子译过来不合适的话，译者就可以考虑改变原文的形象或结构，以取得与原文相同的效果。以这个理论为指导，我们在见到一些死板的直译的句子时就可以问一下译者，难道不改变结构就是忠于原文吗？下面这个例子有力地说明了以同构体概念为依据的功能对等在翻译中是十分有用的。

- For the kingdom of heaven is like unto a man that is an householder, which went out early in the morning to hire labourers into his vineyard. And when he had agreed with the labourers for a penny a day, he sent them into his vineyard. And he went out about the third hours, and saw others...

- For the kingdom of heaven is like a householder who went out early in the morning to hire labourers for his vineyard. After agreeing with the labourers for a denarius a day, he sent them into his vineyard. And going out about the third hour he saw others...

- The kingdom of heaven is like this. There was once a landowner who went out

---

① 见 *The Sociolinguistics of Interlingual Communication*，by Eugene Nida，1996，第 72 页。

early one morning to hire labourers for his vineyard; and after agreeing to pay them <u>the usual day's wage</u> he sent them off to work. Going out three hours later he saw some more men...

(Matthew 20: 1–16)

　　从上面三个《圣经》译本中我们可以看到三个译者对钱的数量的译法各不相同。第一个译本（The Authorized Version, 1661）用了 penny，第二个译本（The Revised Standard Version, 1881 & 1954）用了 denarius，并加注说明一个 denarius 相当于 17 便士。但两个货币单位都只有在某一特定的地点和时间内才有意义，脱离了当时的时空，脱离了特定的语言文化体系，一个 penny 到底价值多少，一个 denarius 是付多了，还是付少了，读者无法得出结论。就算用 17 便士注释，当今的读者也弄不清其价值。因此，第三个译本（New English Bible, 1961）选用了 the usual day's wage，符号被彻底改掉了，但符号的价值却被清楚地揭示了。译文离开了原文的语言，以便最大限度地获得信息的交流。这是一个典型的以读者为中心的例子。[①]

　　这样，奈达就从词性、句法和同构体三个方面描写了功能对等的内容，一座翻译理论的大厦终于在他辛勤的劳动中诞生了。这座大厦自建立以来，虽然也遭到不少非议，但它的基石至今没有动摇。大部分的批评都是善意的，多少起到了帮助奈达完善其理论的作用。也有一些恶意的攻击。下面就让我们对奈达功能对等理论的功过予以评说。

5　学术界和宗教界对奈达理论的批评

　　经过上面的介绍，我们对奈达功能对等的理论已有所了解，一定也意识到这个理论的弱点所在。有人认为他的理论给译者太大的自由度：为了实现原文读者心理反应和译文读者心理反应相似，不惜改动变换原文，结果原文中一些有意义的形式都在追求功能对等的过程中消失了。而且，心理反应也很难测量，不仅不同文化间的人对同一语言表达法会有不同反应，同一语言文化内的人对同一语言符号也会有不同反应。因此有人认为他的方法用于宣传广告类的文本尚可，但不宜作为放之四海而皆准的指导。[②] 为了对奈达理论有一公正的评说，首先有必要看一下对奈达理论的批评究竟来自何方。

---

① 见 *Discourse and the Translator*，by Basil Hatim and Ian Mason，1990，第 17 页。
② 见 *Contemporary Translation Theories*，by Edwin Gentzler，1993，第 60 页。

对奈达的批评主要来自两个方面，第一是学术界，第二是宗教界，而不是来自实际从事翻译实践的译者。

学术界传统上总有一种以文学为重的倾向，对于语言中的形式因素情有独钟。在他们看来，一个形象、一个结构都有十分重要的意义，不能在翻译过程中忽视掉，要尽量在译文中反映出来。其实，奈达对上述观点也是赞同的。他的功能对等理论并没有排除反映语言的形式因素。由于奈达是在建造一座理论的大厦，而且当时他面临的环境是硬译之风颇盛，所以他的重点是摆脱原文对译者的束缚。任何一个从事翻译实践的人都会同意，克服原文对译者的束缚，是译者面临的最大的挑战。不过奈达从来没有说不必考虑文学等文本中有意义的形式因素。此外，保留了原文语言的形式，在译文中所取得的效果就会和原文的效果一样吗？

至于说人对语言的心理反应，应该说大体上还是能取得一致的。每一文化群体中的人对语言产生的心理反应基本上还是相似的。特例当然有，但完全否定这种反应大体是一致的，就等于否定文化的整体性，因为文化恰恰主要是由语言凝聚起来的。如果同一文化中的人对语言的反应完全不同，我们就很难把他们当成是同一文化群体中的人了。

其实，功能对等完全可以用来指导大部分的翻译活动，而注重形式的理论反倒只适用于较小一部分的翻译活动。我们不能忘记一个不可否认的事实：在目前世界上的翻译活动中，大部分的翻译都是非文学类的。这类翻译中原文的形式结构只能改变，否则你的译文别人就看不懂。换句话说，大部分的翻译目的是交流。在这类文本的翻译中，形式往往不是主要的。另外，人们常常忽视一个非常重要的因素：目前世界的文化格局是英语文化占统治地位，其他语言作为译入语的翻译活动之数量和英文作为译入语的翻译活动之数量无法相比。就英语和汉语之间的翻译而言，汉译英只占很少一部分，英译汉则是翻译活动的主体。这种格局可能产生的结果是保持汉语的本土性犹如逆水行舟，成为保护中华文化的第一道防线。有些西方学者从他们的角度出发，认为依从奈达的理论会将强势文化强加给弱势文化，但从英译汉的情况看，保持汉语的本土性非常困难。所以在这种情况下，奈达的理论有利于我们保持汉语的本土性。

纵观奈达的理论，我们确实可以发现奈达"贬低"了文字本身的价值。在奈达看来词只是标记而已。如果标记阻碍了交流，就有必要调整和改变。所以有些学者认为奈达的目的在于传播他本人笃信的宗教信仰。但这种观点是不够公平的。奈达以他的理论为指导，用现代语言翻译《圣经》，目的是让更多的人可以看懂《圣经》。但是，我们翻译一篇经济形势报告或一篇国际政治分析，其目的不也是想让别人了解文中的内容吗？把传播宗教思想和传播其他信息对立起来本身就不恰当。

　　说到传播宗教思想这一点，我们可以看一看宗教界对奈达的批评。我认为让学术界了解一些奈达在宗教界受到的批评甚至攻击是很有必要的。应该指出，奈达在学术界的批评者大都是十分认真的学者，批评的基础基本建立在科学理性上。宗教界也不乏一些光明磊落的批评家，提出了不少有价值的批评。但有些批评几近攻击。比如有人称奈达的灵活对等理论是亵渎神圣。这些人之所以如此反对奈达的功能对等，是因为他们相信文字的神圣性。在他们看来，文字本身都有很重要的意义，神的信息存在于文字之中。因此，他们对奈达的一些说法忍无可忍。奈达说，所有神的交流都主要是象征性的，只有当它转变到人的生活中时，才真正产生效力。只有在这时，神有关生命的话才变成信息接受者的生命。在某种意义上说，文字本身没有意义。智慧如不经行为实践就是空的，也就是说，所有文字在没有和经验联系起来前完全是空的。[①]可以想象，对一个相信《圣经》中每一个字都是真理的人来说，奈达的这番话显然是大逆不道的。因此奈达被扣上了"神学自由主义"的帽子。反对奈达理论的人一般都是宗教上的保守主义者。但奈达也不算是宗教上的自由派。他一直认为神的昭示是永恒的。但他也认为由于时间和空间的变化，体现这种昭示的方式和方法会十分不同。在这种思想的指导下，奈达当然认为语言形式的改变并不会改变《圣经》中的信息。他不无讽刺地说，在很多情况下，那些所谓"深刻的东西"实际上并不深刻，晦涩到令人难懂的地步谈何深刻，这恰恰不是耶稣的教义。[②]换句话说，《圣经》深刻到了令人看不懂的地步，就根本失去了传播福音的作用。奈达的理论是为平民服务的，因此有些高贵者便颇有微词。

　　但是，宗教界反对功能对等的人也提出了些很有益的批评。如有人提出功能对等太自由，到底灵活到什么程度应该有一个界线，于是引出了翻译和阐释学界线的问题（the line between translation and hermeneutics）。虽然奈达和他的批评者在阐释学的定义上曾出现过一些分歧，但他们争论的焦点还是很清楚的。用通俗的话说就是，批评奈达的人认为奈达的理论允许译者加进自己的理解。对此，奈达在一次给我的信中说："我从来不试图在翻译和阐释学之间画出一条明显的界线，因为所有合理的翻译都是以理解原文为基础的。但我确实区分原文接受者是怎么理解原文和今日读者是怎么理解的。"但是奈达在阐释学和《圣经》注释学（exegesis）之间却画了一条界线。他认为他的翻译并没有灵活到《圣经》注释的地步，后者是应该由牧师讲道时来发挥的。奈达的理论是否太灵活这点仍然会争论下去。学术界总有钟摆现象，目前似乎对奈达功能对等的理论批评甚多，但奈达的理论仍然有相当积极的意义。

---

① 见 *Message and Mission*，by Eugene Nida，1990，第 32 页。

② 选自奈达和本书作者的私人书信。

6 对奈达理论的反思

著名翻译教育家皮姆（Anthony Pym）在他的一篇评价奈达的文章中用《圣经·歌林多前书》中 "All things to all people." 这句名言当文章题目（ "All Things to All people: On Nida and Involvement"，可在皮姆的网站上找到）。在文中他列举了三位奈达批评者的观点，并一一加以反驳，认为他们曲解了奈达理论的意思，为奈达灵活对等的理论辩护。可以说这是评论奈达的顶尖作品。皮姆认为，奈达的灵活对等是基于一个较为宏观的目标，是为了将福音传给更多的人，所以他为不同的人设计不同的文本。这种适应不同读者群的做法，势必对原文的语言形式有所修正，文化特征有所调适，但并不改变原文的信息。皮姆认为这种做法其实和目前广为流行的"本地化"（如软件翻译的本地化）所遵循的原则是相同的。

但是从翻译实践的角度看，人们不得不对如何实践奈达的理论作新的思考。近年来我有机会阅读大量国内学生的译文，发现很多译法语义错误不大，但译文总的信息和原文出入不小。所以我认为，若要在教学中应用奈达的理论，必须很谨慎。比如下面这句："The economic problems that afflicted so many developing countries in the wake of the debt crisis of the early 1980s were at the origin of the reform process."。有些学生把它翻译成"80年代早期，债务危机引发了经济问题，进而影响了很多发展中国家，也引发了改革进程。"仅从译文中的每个意群来看，好像全部信息都有了，但是这个译文却和原文有很大出入，原文的核心信息是 the problems were at the origin of the reform process，其他信息是辅助的。译文失去了这个重点，更糟糕的是，三个动作的主语都是"债务危机"，但原文显然不是。此外，"进而……也"这层关系原文中也不存在。译者在重组原文的过程中似乎完全忽视了原文，表面看汉语地道流畅，实际却背离了原文的意思。符合原文的译法应该是"20世纪80年代初期债务危机之后影响众多发展中国家的经济问题是这一改革过程的根源。"类似这种不够准确的译法可以说比比皆是。

公平地说，学生们犯的这些错误，不能都算在奈达的头上，因为很多人根本没有受到过奈达理论的熏陶，有些甚至根本从来没有听说过他的名字。但是翻译时他们居然不约而同地都采用如此灵活的译法，却为我们敲响了警钟，促使我们在传授奈达理论时采用更谨慎的态度。我们不得不承认奈达理论确实有它的弱点。由于它主要是在建构一个较为宏观的框架，所以有些细节就谈得不够。比如 the beauty of her singing 和 her beautiful singing 在奈达的分析中虽然基本语义相同，但也有差异，第一个短语强调的毕竟是 beauty，而第二个短语的核心词则是 singing，在有些情况下这个差别可以忽视，但有些情况下则不可忽视，要看文本语境等复杂的因素才能决定，而奈达在打破词性束缚的过程中，显然没有强调这一方面。此外，不同文本的翻译他也谈得很少，而我们学生所犯的一些错误恰恰与忽视文本类型与翻译目的有关。在一些较为正式的文章里，改变语言形式很可能不恰当，如前面那个关于债务危机的句子出自联合国的一个经济报告，是比较正式的文本，一般不宜过度改变语言结构。翻译这样的文本，奈达的灵活对等理论用起来就需要格外谨慎，但若是一篇随感或杂文，功能对等的译法则比较适用。换句话说，奈达理论会随文本的不同而有不同的适应度。但是正如皮姆所说，批评奈达的灵活对等不仅有点短视，也显得不公平。这个理论对翻译研究和翻译实践的贡献是毋庸置疑的。

　　介绍了学术界和宗教界对奈达的批评后，我们对奈达功能对等的理论就有了更清楚的认识。从这个意义上来说，所有对他的批评都不同程度地修正了我们对奈达理论的理解，是十分有益的。但我们并不应该放弃功能对等的理论，从事翻译实践的人都很清楚我们在翻译实践中面临的最大困难是什么，奈达的理论总的方向仍然是可取的。

第十二章

彼得·纽马克和他的贡献

 1　纽马克翻译理论概述

　　彼得·纽马克是英国翻译家。他在翻译理论方面的贡献当然不能和奈达的贡献相比。纽马克的理论不见得深刻，似乎也缺乏系统性，因此在当代翻译理论的殿堂里，纽马克不如奈达等人重要。但翻译专业的学生几乎都知道纽马克，特别是他那本《翻译教程》（*A Textbook of Translation*），更是人人皆知。公平而论，奈达的理论有不少语言学的内容，因此有些人就不敢或不愿问津，而纽马克的理论则通俗易懂，不需要多少语言学专业知识就可以看懂。翻译是一个注重实践的学科，因此注重实践的理论对译者帮助更大。在这个意义上讲，纽马克也很重要。

　　就翻译思想而论，纽马克在一些方面与奈达针锋相对。他说他略倾向于直译，因为他崇尚真实性和准确性。[①] 奈达认为翻译是一门科学，而纽马克认为它并不是科学。不过纽马克和奈达都认为交流是翻译的首要任务。而且纽马克的理论涉及面十分广，无论是翻译的基本理论，还是翻译的某些具体问题，几乎都有论说，而且讲解通俗易懂。一个从事翻译实践的人，如果不想过多地涉猎理论，而只想充实一下与实践有关的理论知识，那么他可以不读奈达，但却应该读纽马克。在纽马克的理论中最重要的应该是他对语义翻译和交流翻译的区分（semantic translation vs. communicative translation）以及他对文本类别的区分。他在其他方面的论述都可以从这两个题目中衍生出来。

2　语义翻译和交流翻译

　　传统上，对翻译的讨论总是跳不出直译和意译这个二元框架，而且这种思维基本上是以文本为基准，很少将翻译的目的、读者的情况、文本的类别等因素考虑进去。纽马克感到二元模式束缚了译者，所以他创立了一个多元的模式[②]，其中有 8 种供选择的方法：

[①]　见 *A Textbook of Translation*，by Peter Newmark，1988，Preface。

[②]　见 *A Textbook of Translation*，by Peter Newmark，1988，第 45 页。

SL emphasis（强调源语）	TL emphasis（强调译入语）
word-for-word translation	adaptation
literal translation	free translation
faithful translation	idiomatic translation
semantic translation	communicative translation

在这 8 种方法中，最下面的两种，即语义翻译和交流翻译是核心。左边的几种方法都是强调源语的，只是程度不同，逐字翻译（word-for-word）的方法离原文最近，直译法（literal translation）比最上面的一种要自由些，但不如忠实翻译（faithful translation）来得自由，而忠实翻译又没有语义翻译法（semantic translation）自由。但即便是语义翻译法也是强调源语的，是强调源语的最后一道防线，再向前走一步，译者就跨入了强调译入语的范围了。那么这 4 种强调源语的方法的定义是什么呢？

逐字翻译：这种方法将源语放在上面，将译入语放在下面，不仅保留源语的语序，而且也将原文中的词逐一译进译入语，直接写在下面，以便上下对照，根本不考虑上下文等因素。有关文化的词都以直译法搬到译入语中。这种译法的目的并不在于交流，而是用这种方法揭示源语的结构，或对比源语和译入语间的差别，是学术研究的一个工具，没有交流的作用。

直译：这种方法将源语的语法结构转换成译入语中与之最接近的结构，但源语中的词仍然一个一个地译进译入语，不考虑上下文等因素。

忠实翻译：此法在译入语语法结构的限制内精确地重现原文的上下文意义。但文化词照搬到译入语中，并保留原文的语法和词汇的"异常"结构（abnormality），以达到完全忠于原文作者和文本结构的目的。

语义翻译：语义翻译也是以源语为依归，但它不同于忠实翻译之处在于更多地考虑源语的美学因素，而且对一些不太重要的文化词可以用文化上中性的，但功能相似的词来译。在一些不那么重要的地方，译者愿意为读者多考虑一点。

现在再来看一下右边 4 种翻译方法，即改写（adaptation）、自由译法（free translation）、习语翻译法（idiomatic translation）和交流翻译法（communicative translation）。这 4 种译法不同于左边 4 种的地方是译文以译入语为依归，强调的是译入语而不是源语。改写也算是一种翻译，但最自由；自由译法和习语译法则不如改写那么自由；交流译法是 4 种译法中最严谨的一种。下面是这 4 种译法的定义：

改写：改写最自由，常用于戏剧。主题、人物、情节均保留，但源语的文化被移植成译入语的文化，文本则彻底重写。

自由翻译：所谓自由译法就是重现原文的内容，但不重视原文的表达形式。一般来说，这很像释义（paraphrase）。

习语翻译：习语翻译重现原文的信息，但却使用一些原文中并不存在的方言与成语，因此，原文的意思略有些走样。

交流翻译：交流翻译重现原文内容和准确的上下文意义，而且是以读者可以接受、能懂的方式翻译的。

上述 8 种译法的定义主要是根据纽马克在印欧语之间翻译的实践得出的，并不一定适合英汉间的翻译。但这种分类法显然有其优点。首先，译者选择的范围多了。在翻译实践中，译者经常会碰到一些非常规的情况，采取严格意义上的翻译并不恰当。如报社就很少会让译者一句不漏地译出原文。译者除了译笔要灵活外，甚至可能要删去一些内容，并重写原文，这样的编译已经不属于严格的翻译，很接近改写。在当前信息爆炸的社会里，这种编译性质的翻译方法实际上非常实用。尽管改写和编译之类的方法不够严谨，但现实的生活告诉我们，排除这类译法反而会阻碍信息的交流，因为信息量实在太大，严谨的译法跟不上庞大的信息源。很多在二元框架中找不到"安身之地"的译法，都可以在纽马克的这个模式中找到落脚点。

当然，在实际翻译中，译者没有必要这样严格地区别各类译法，更不用死板地把自己的译法与纽马克模式中的译法对号入座。虽然译者没有必要机械地套用这个模式，但这个模式可以帮助译者开阔视野，无论译笔松紧，都能有所依据。

在大多数情况下，严格意义上的翻译应采用这个模式中最下面的两种：语义翻译和交流翻译。纽马克的交流翻译大致相当于奈达的功能对等概念。语义翻译忠于原文的文本，交流翻译则忠于译文的读者。为了交流通畅，译文可以将很多文字以外的因素考虑进去。bissiger hund 或 chien mechant 译成 dog that bites 或 savage dog 是语义翻译，但如译成 beware of the dog 就是交流翻译，因后面这种说法是英语中实际使用的说法。另外，"Frisch Angestrichen!" 译成 "Recently Painted!"是语义翻译，但译成"Wet Paint!"就是交流翻译。可见在交流翻译中，意义不仅仅是在纸上的文字，同时也来自文字所处的大环境。所以，语义翻译较具体、复杂，更能反映出原作者的思维过程，而交流翻译则较流畅、清楚，符合译入语的习惯。应该指出的是，纽马克对语义翻译和交流翻译两种译法都持肯定态度。在纽马克看来，有时要用语义翻译，有时要用交流翻译。因此，将纽马克的这对概念和奈达的功能对等和形式对应(functional equivalence vs. formal correspondence) 相提并论显然不太合适。奈达虽然承认有时形式对应是必要的，但通过他的论述，我们会发现功能对等是奈达推荐的，形式对应却常成为他批评的对象。

另外，纽马克主张有时应该强调原文，采用语义翻译，这点当然没有错。但他的理论大多来自自己的翻译实践（英语和其他欧洲语言之间）。由于英语和德语或法语之间的差异远小于英语和汉语之间的差异，在欧洲语言间翻译时可以采用语义翻译法，在英汉翻译时并不一定可行。也就是说，纽马克的基本模式虽然对英汉翻译有所启发，但在英汉翻译时其实际可行性却会大打折扣。英汉翻译中交流翻译法仍然是最主要的方法。

3 对文本的分类

那么如何运用前面说的那些翻译方法呢？目前我们还是纸上谈兵。到底选用哪种方法更合适，必须要看实际的文本。也就是说，什么样的文章采用什么样的方法。传统上我们一般以题材（subject matter）区别文本，如文学类、科技类等。纽马克感到这种区分对语言本质的揭示不够深刻，因此他另辟蹊径，从新的角度看文本。

纽马克实际并没有创出什么新的模式。但他借用了几个已经存在的模式，略加改造，为他自己所用。他的切入点是语言的功能，采用的模式是 Bühler 的语言功能分类。[①] 经纽马克改造后的模式包括三个语言功能：

A. 表达功能 (expressive function)；
B. 信息功能 (informative function)；
C. 呼唤功能 (vocative function)。

A 类是以作者表达自己为主，比较主观，是以作者为中心的文本，如文学等。B 类是以语言之外的信息为主，是十分客观的，重点是语言所描写的客观内容，如科技报告等。C 类也是以人为中心，但和 A 类不同的是，C 类以读者为中心，旨在影响读者，特别是影响读者的情感和行为，如广告或政治宣传。

然后，纽马克又借用了 Frege 的模式，加以改造。[②] 他用了 XYZ 作为译者在翻译时要不停参照的"系数"。Y 是文本的语言（language of the text），译者显然要从 Y 出发，Y 是翻译最基本的落脚点，没有了 Y，也就无法翻译了。但语言是复杂的，所以纽马克又用了 X 和 Z。X 是指现实世界中的情况，也就是说在还没有形成文字 Y 前的客

---

① 见 *Approaches to Translation*，by Peter Newmark，1982，第 12 页。纽马克在 *A Textbook of Translation* 中又将雅各布森的另外三个功能加了进去，即 the poetic、the phatic、the metalingual functions (p. 42)。

② 见 *Approaches to Translation*，by Peter Newmark，1982，第 13 页。

观现实，包括文字的所指意义（referent）和句子间最简单的逻辑结构（参考奈达的核心句）。最后还有 Z，即文字在人头脑中可能产生的图像，是个十分主观的因素。比如说，the President of the United States 是文字 Y，其所指 X 即为 Bill Clinton 或 the man who presides over the U.S.，而可以在人头脑中产生的图像 Z 即权威。这样，在译者面前就有了两组参照的"系数"：

- A (expressive), B (informative), C (vocative)
- X (referential), Y (textual),　　 Z (subjective)

首先，译者在看原文时要看一下原文是属于 A、B，还是 C。如原文是一首文字形式非常重要的诗歌，则主要着眼点应为 A（expressive）；如果原文是技术报告，则重点应为 B（informative）；如原文是商业广告，则应侧重 C（vocative）。这当然是典型的理想分类。实际情况要复杂得多。有时会是 A 和 B 两类合一，如在一首诗歌中出现的一段描写自然的文字；或 B 和 C 两类合一，如兜售一个科技报告，兜售部分属于 C，报告部分则是 B。有时甚至是 A、B、C 三类并存，因为在一个文本中语言的功能并非泾渭分明的，常混在一块儿。

4 分类方法的几个应用实例

分类之后，译者就要开始翻译了。译者当然一定要从 Y（text）出发，但他必须不停地参照 X 和 Z。如原文为科技类翻译，显然突出的是客观信息，所以要在 X 层上下功夫。这时要尽量减少 Y（语言本身）的影响。但如果原文是一则广告，要突出的是如何影响读者的购买行为。这时要在 Z 层上下功夫，唤起读者头脑中的图像，影响读者的购买决策，为此要尽量减少 Y 层上语言对译者的束缚。如原文是一个以语言取胜的严肃的文学作品，那么语言本身就会显得尤为重要，所以工夫要花在 Y 层上。

下面让我们举例来进一步说明。请看下句："Microwave landing system would allow pilots to make steeper and curved descents, cutting noise and boosting airport capacity."。有人将这句译成："微波着陆系统允许飞行员以较陡的角度，使飞机呈弧形下降，减少噪声并增大机场容量。"这个译法显然可以，这是一个比较照顾 Y 的译法。那么到底 Y 所描述的是怎样的情况呢？也就是说，到底 X 是什么？译者有必要了解在语言形成前发生在机场上的情况。没有 MLS 导航，飞机下降的曲线弧度很小，低空飞行时间长，显然噪声就较大；利用 MLS 导航后，飞机下降的曲线弧度增大，高空飞行时间较长，低空飞行时间短，噪声就小。此外，由于 MLS 导航可以更有效地利用跑道，就可以增加机场起降次数。这种离开 Y（语言），到 X（现实）中去理解原文的方法，能帮助译者更灵活地处理，比如："借助微波着陆系统，飞行员便能以较陡的角度，使飞机呈弧形下降，结果机场附近的噪声减少，机场飞机起降的次数亦因之增加。"原文文字中没有的"借助""结果"在译文中解读出来了，原文文字只说是"机场容量"，译文则想到了 X，并具体解读为"机场飞机起降次数"。

再比如"I was the youngest son, and the youngest child but two."这句翻译成"我是最小的儿子，也是除两个孩子外最小的孩子"，就是紧盯着文字 Y 的译法，但这样的翻译别人看了不知所云。若译成"我是最小的儿子，我下面还有两个妹妹"，则借助了文字外的信息，或者说借助了 X 所提供的信息，避免了紧贴原文译法的弊端。

但是上面这种抛开 Y 求助 X 的方法却不宜经常用来翻译逻辑思维强的正规文本，因为一旦译者离开了文字 Y，其自由解读的成分就增大，不确定性也随之增高，译文的精确度就很难确定。比如上面一句中的"机场飞机起降次数"就可能被质疑，因为 airport capacity 经常指一个机场吞吐乘客的数量，但根据美国联邦航空管理局（FAA）的定义，这个术语也可以指在一小时内一个机场能承受飞机运行的能力，所以离开原文翻译成"起降次数"符合第二个定义，但不符合第一个定义，尽管两个定义是有关联的，因为乘客吞吐量和机场承受飞行次数的能力最终是连在一起的。所以正规的技术性文章最好不要离开原文的文字，就翻译成"机场容量"，这样可以避免一些不必要的潜在错误。相反，在不以逻辑思维见长的非正规文本中，译者离开文字 Y 就相对"安全"些，因为尽管这类文章的准确性也不能忽略，但其可读性要求却比正规文本高，离开文字 Y 总是能为译者提供灵活处理的契机。

此外，如果原文有宣传广告的目的，就属于 C 类。如要为汽车做广告，即使原文是很普通的文字，译文也可以夸张，因为这类翻译目的不在于 Y，甚至 X 的地位都不甚重要，关键是 Z。所以即使是简简单单的"This is the car."或"This is No.1."，都可以用"举世无双""无与伦比"等十分夸张的手法表达。英汉两种语言吸引读者的手段不同。英文中用 the，中文则可以用成语等手段来表达，达到同样的效果。在这类翻译中，在读者心中产生的效果（Z）是最终目的，而语言本身（Y）并不重要。译者有较大的自由度，可以对原文的结构、意象进行调整。

但如果原文属于 A 类，出自权威作家之手，译者就有必要多多照应 Y，因为原文的说法本身已经成为识别原作者的一个线索。比如海明威的短句应译成短句，因为简短已经是海明威的标记。另外，有人将肯尼迪演说中"The torch has been passed to a new generation of Americans." 一句译成"接力棒已经传给了新一代的美国人"。在广告类的文本中，如果将"火炬"译成"接力棒"能更好地发挥广告的作用，更好地调动 Z 层面上的劝说力，就可以换掉这个形象。但这是权威人士的演说，属于 A 类文本，Y 本身也是关注的一个焦点，所以就应该还火炬为火炬。小约翰·肯尼迪英年早逝，美国媒体用了"Carry the Torch"这样的标题，这时也只能将 torch 译成"火炬"，以点出父子传承的关系，如果用了"接力棒"，这层关系就完全体现不出来了。

纽马克根据上面的分析，创造出了一个十分有用的图表，包含了翻译中的诸多因素，很有参考价值[①]：

	A：Expressive	B：Informative	C：Vocative
(1) Typical examples	Literature and authoritative texts	Scientific and technical reports and textbooks	Polemical writing, publicity, notices, laws and regulations, propaganda, popular literature
(2) "Ideal" style	Individual	Neutral, objective	Persuasive or imperative
(3) Text emphasis	Source language (SL)	Target language (TL)	Target language
(4) Focus	Writer (1st person)	Situation (3rd person)	Reader (2nd person)
(5) Method	"Literal" translation	Equivalent-effect translation	Equivalent-effect recreation
(6) Unit of translation Maximum Minimum	Small Collocation Word	Medium Sentence Collocation	Large Text Paragraph
(7) Type of language	Figurative	Factual	Compelling
(8) Loss of meaning	Considerable	Small	Dependent on cultural differences
(9) New words and meanings	Mandatory if in SL text	Not permitted unless reason given	Yes, except in formal texts
(10) Keywords (retain)	Leitmotivs Stylistic markers	Theme words	Token words
(11) Unusual metaphors	Reproduce	Give sense	Recreate
(12) Length in relation to original	Approximately the same	Slightly longer	No norm

根据上述表格，严肃的文学作品以及其他权威性文本属于表达类（expressive），原作者是译者要关注的，翻译的重点放在源语，较适用"直译"，翻译单位较小，以词、词组为单位，要保留原文的比喻用法，因此翻译时原文中的一些信息就会丢失。

---

① 见 *Approaches to Translation*，by Peter Newmark，1982，第 15 页。

上节讲过的 8 种翻译方法中，语义翻译较适合这类文本的翻译。

另外，科技报告、教科书之类属于信息类（informative），客观事实是译者要关注的，翻译时要以译入语为依归，重点放到客观事实上，可用等效翻译法，翻译单位适中，以句子和词组为翻译单位，只求事实的描述，可以舍去比喻，意义丢失较少。交流翻译法是较合适的方法。

最后，旨在煽动大众情绪的政治演说、宣传品、商业广告甚至通俗文学都被纽马克归在呼唤类（vocative）。这时，读者是译者要关心的。翻译时要以译入语为依归，等效翻译法常是可采用的方法，甚至可重新创作，翻译单位较大，大到整个文本，小到以段落为单位。要用能激起人情绪的语言，语义丢失因文化而异。纽马克的 8 种翻译方法中右边 4 种均可采用，有时甚至可以用改写的方法来翻译广告之类的文本。

纽马克的这个模式显然是译者可以使用的一个有效的工具，他简单地把五花八门的文本和各种各样的翻译纳入了一个一目了然的表格中，实用价值很大。但由于英汉翻译和纽马克的实践相差很远，许多具体的指导方法不见得可以搬过来指导英汉翻译。比如说文学类的翻译，在纽马克看来翻译单位应该很小（词和词组），可在英汉翻译中就不见得可行。在进行英德或英法翻译时用较小的翻译单位也许读者尚可接受，而进行英汉翻译时用同样小的翻译单位译出的文章中国读者就可能无法接受。因此，最好是借用纽马克理论的框架，而不一定采纳他的具体建议。

纽马克的译论当然不止上面介绍的几方面，他几乎讨论了与翻译实践有关的所有内容，大到与思维有关的理论，小到标点符号。本章只是提纲挈领地概括纽马克翻译理论的核心思想，如果想对他的译论有更全面的了解，可以阅读他的有关著作。

第十三章
认知隐喻理论和翻译实践 ①

隐喻的翻译在"文化与翻译"一章中就有所叙述，对于翻译中隐喻的处理方法也有些介绍。这里，我们将隐喻翻译这个题目进一步深化，从一个比较新颖的角度来看看，旨在扩大视野，增进对隐喻的认识，最终提高我们的翻译质量。

1 传统隐喻理论和认知隐喻理论的区别

隐喻是个老话题。简单地说，隐喻就是用人们比较熟悉的事物来表达较为抽象的概念。传说有一次学生问亚里士多德 "What is life?"，亚里士多德思索片刻，回答说 "Life is a stage."。life 这个概念是抽象的，不好把握，于是亚里士多德就用一个具体的、可看见的、可触摸的、人们熟悉的舞台来形容它，这种言说的方法就是隐喻。那么传统的隐喻概念和现在我们要讨论的认知隐喻概念有什么区别呢？认知语言学家乔治·雷克夫的区别明白易懂。他认为传统理论中的隐喻是这样的：

Metaphor is for most people a device of poetic imagination and the rhetorical flourish—a matter of extraordinary rather than ordinary language;
Metaphor is typically viewed as characteristic of language alone, a matter of words rather than thought or action. (Lakoff and Johnson, 2003: 3)

可以看出，在这个传统的隐喻理论中，隐喻的两个特征是：第一，隐喻是奇特语言，不是一般语言；第二，隐喻是语言现象，不是思维现象。从这个总结中我们可以看到，传统隐喻理论认为，隐喻不是普通人用的语言，而是文人雅士用的语言。根据上面的观点，你可以到《红楼梦》中去找隐喻，但不用去小学生回答的问题中找隐喻，也不用去农夫的日常交谈中去找隐喻。因此，文学领域外的隐喻一直被忽视。在这个隐喻理论的指导下，我们会认为下面这段中是绝对有隐喻的：

One inconvenience I sometimes experienced in so small a house, the difficulty

---

① 有关认知隐喻理论和翻译实践，请参阅北京大学出版社或台北书林出版社出版的《认知隐喻与翻译实用教程》（叶子南著，2013）。

of getting to a sufficient distance from my guest when we began to utter the big thoughts in big words. You want room for your thoughts *to get into sailing trim and run a course or two before they make their port. The bullet of your thought must have overcome its lateral and ricochet motion and fallen into its last and steady course before it reaches the ear of the hearer, else it may plow out again through the side of his head.* (From *Walden and Other Writings,* by H. D. Thoreau)

这段中有关 sailing 和 bullet 的斜体文字大家都会毫不犹豫地把它们看作是隐喻，但是大部分人都会忽视其中用下划线标出的词组，会认为这些不是隐喻。可是在认知隐喻的观念中，这些也是隐喻，请看雷克夫的定义：

Metaphor is so ordinary that we use it unconsciously and automatically; as a result metaphor does not belong to the category of literature only. In fact, metaphors in literature also rely heavily on everyday ones;
Metaphor is not only a matter of language, but more importantly a matter of thought. (Lakoff and Johnson, 2003: 3)

根据这个理论，隐喻没有什么特别的，我们一开口、一动笔就会引出无数隐喻，你未必需要是作家，文盲照样会用隐喻。这怎么可能呢？我们总会觉得像上面的 sailing 和 bullet 的隐喻并非普通人日常生活中会说的，使用者似乎得有点水平，那毕竟有点特殊，不是普通的语言。所以认知隐喻理论必须包括更多的隐喻，比如说在认知隐喻理论中，像上面那几个由下划线标出的词（big thoughts in big words）就都是隐喻了，大词和大思想必须从隐喻角度解释才能说通，否则根本说不通，词怎么可以说是大的呢？思想连看都看不到，怎么分大小呢？所以在认知隐喻看来，人只要发现抽象的事物不好表达时，就会用比较具体的东西来表达，比如"重要"这个概念不好表达，那么就用"大"这个词来表达，因为大小是直观的，我们谁都有这个概念，我们都知道，生活中大和小相比较，大的重要，小的不那么重要。你说一条大鱼和一条小鱼，哪个更重要？当然大的更重要，因为卖掉大鱼，会给你更多的经济收益，自己食用的话，会给你增加更多的营养。原来，认知隐喻是这样看隐喻的，所以隐喻的范围当然就扩大了，几乎可以说隐喻比比皆是。经济文章中有隐喻，比如 bear market（熊市）、bull market（牛市）、hard currency（硬货币）、hot money（热钱）、face value（面值），还有普通人不熟悉的 floating rate note（浮息票据）、horizontal merger（横向合并）、back-to-back loan（背对背贷款）、balloon option（气球型期权）等，都是隐喻。科技语言中也有隐喻，比如 blocked the tumor cell's invasion and killed the tumor cells 显然是用容易理解的战争用语来描写抽象的癌症治疗。就拿我们最熟悉的计算机用语来说，隐喻也是比比皆是，如 gateway（网关）、router（路由器）、mailbox（邮箱）、recycle bin（回收站）等都是隐喻。

雷克夫的定义中另外一个问题就是隐喻到底是语言现象，还是思维现象。认知隐喻理论和传统观不同，认为隐喻的根源其实是思维，所有语言隐喻都来源于思维。比如下面这段英文：

> People might say that they try to give their children an education so they will *get a good start* in life. If their children act out, they hope that they are just *going through a stage* and that they will *get over it*. Parents hope that their children won't *be burdened with* financial worries or ill health and, if they face such difficulties, that they will be able to *overcome them*. Parents hope that their children will have *a long life span* and that they will *go far in life*. But they also know that their children, as all mortals, will *reach the end of the road*.[①]

这段中斜体的词从认知隐喻的角度看都是隐喻。但这些词仅仅是语言现象，是零散的语言表达法，而这些词的背后有一个统领它们的"总司令"。认知语言学家把这个总司令称为"概念隐喻"（conceptual metaphor），把这些具体的表达法称为"语言隐喻"（linguistic metaphor）。在本段中这个概念隐喻就是 LIFE IS A JOURNEY，而那些斜体的表达法则是语言隐喻。换句话说，所有这些斜体字，无论是 get a good start、going through a stage、be burdened with、a long life span，还是 reach the end of the road 等，都来源于这个概念隐喻，正是思维中先有了这个 LIFE IS A JOURNEY 的概念，才有可能说出这些与 JOURNEY 相关的语言隐喻来。隐喻绝对不仅仅是语言现象，更是思维现象。

在描写概念隐喻时，认知语言学家们用了一些术语，比方说他们把 LIFE IS A JOURNEY 中的 LIFE 称为目标域（target domain），把 JOURNEY 称为源域（source domain），因为我们的目的就是要表达什么是 life，而我们借用的就是原始的概念 journey，目标不好懂，我们借助源域，而将源域投射到目标域上的过程则叫"映射"（mapping）。

---

① 见 *Metaphor: A Practical Introduction*，by Zoltán Kövecses，2002，第 3 页。

这样，我们就把传统隐喻理论和认知隐喻理论区分开来了。

2 概念隐喻的跨文化特征

那些奇特的隐喻有时不太好理解，因为它们依靠的基础并不是我们非常熟悉的，比如我们说"卢沟桥的狮子"，外国人也许不知道其含义，因为他们不知道卢沟桥，就很难了解其全部含义。但是认知隐喻的理论却认为，很多隐喻在跨文化的过程中可能并不那么难理解，因为它们背后的概念隐喻都是基于人的基本感知，比如说上面的 big thoughts in big words 中的 big 就是基于最基本的大小的概念，这个概念我们孩提时就开始慢慢领悟，逐渐就构成了扎根于我们思维中的概念隐喻 IMPORTANT IS BIG，成为我们表达抽象思维时经常援用的隐喻概念。这类隐喻概念的特点是很少受跨文化过程的影响，因为它们本身依赖的基础是最基本的感知（如 big/small、inside/outside 等）或最常见的事物或经历（如 journey 等），而且这些感知或事物或经历没有文化差异。我们可能会对颜色有不同文化的解读，但是大小没有文化上的大差异，对于一个旅程（journey），其起点、过程和终点都没有什么大的文化差异。由这些概念隐喻诱发的语言隐喻，至少英语和汉语间的理解没有大困难。以基本方位、冷热、视觉等概念为基础的语言隐喻，我们可以称它们为"基本隐喻"（primary metaphor），比如下面的句子中就含有这种基本隐喻：

- MORE IS UP (Prices are high.)
- INTIMACY IS CLOSENESS (He is my close friend.)
- KNOWING IS SEEING (I see your point.)
- UNDERSTANDING IS GRASPING (I failed to grasp your point.)
- AFFECTION IS WARMTH (They greeted me warmly.)
- EVENTS ARE MOTIONS (What's going on here?)
- PURPOSES ARE DESTINATIONS (They have reached their goal.)
- DIFFICULTIES ARE IMPEDIMENTS (Let's try to get around this problem.)

有些隐喻复杂些，但也是基于一般人们熟悉的事物，也不构成跨文化的障碍，比如：

- A THEORY IS A BUILDING (That is a foundation for this theory.)
- ANGER IS A HOT FLUID IN A CONTAINER (I could not contain my rage.)

- LOVE IS A JOURNEY (Our love is at a crossroads.)
- ANGER IS FIRE (He is smouldering with fire.)

认知语言学家把那些依靠最基本的概念支撑起来的隐喻称为"图像图式隐喻"（image-schema metaphor），就像内外、上下、体位运动、物理学的力度等都是简单得不能再简单的概念，任何文化中的人都能理解，甚至也能用相同或非常相似的方式表达，很少有跨文化方面的障碍。如：

- I am out of trouble. (based on the IN-OUT schema)
- I am in love. (based on the IN-OUT schema)
- That was a low trick. (based on the UP-DOWN schema)
- He went crazy. (based on the MOTION schema)
- You are driving me crazy. (based on the FORCE schema)

这些隐喻往往构成常规隐喻，是语言中最主要的部分，离开这些隐喻其实我们都无法生存，所以认知语言学家把它们称为 metaphors we live by。下面用 LOVE IS A JOURNEY 这个概念隐喻来进一步说明概念隐喻、语言隐喻和它们在跨文化和翻译中的意义：

LOVE IS A JOURNEY

这是一个复合隐喻，属于类属概念隐喻，目标域概念（love）依靠的源域概念（journey）是一般人都有的经历。虽然 journey 这个概念不像 warmth 那样抽象，有不少具体的内容可参与源域和目标域间的映射，是个图像图式隐喻，但是仍然具有相当高程度的概括性，完全能在汉语中被理解和接受。

隐喻的经验基础：我们都有关于旅程的经历，虽然这个经历不像温暖这样的感受生下来就有，但随着人的成长，旅程的经历是不可避免的，所以说这也是一个相当基本的经历。

跨文化共享隐喻：鉴于目标域概念依靠的是一般人都有的经历，因此说汉语的人和说英语的人的思维中都有这个概念隐喻，即他们共享这一概念隐喻。

英语中的语言隐喻：在这个概念隐喻的诱发下，可以生成一系列语言隐喻，下面这几句中的语言隐喻各不相同，但说话者头脑中都必须先有 LOVE IS A JOURNEY 这个概念隐喻，否则说不出这些隐喻：

- We have to *go our separate ways*.
- It has been *a long, bumpy road*.
- They are *at a crossroads* in their relationship.
- We can't *turn back* now.
- They're in a *dead-end* relationship.
- This relationship has been *spinning its wheels* for years.
- Their marriage has really *gone off the track*.

　　汉语理解隐喻：汉语理解上述语言隐喻没有任何问题，因为人们非常熟悉旅程这个隐喻。这再一次说明共享同一概念隐喻有助于跨文化交流。

　　汉语表达隐喻：在汉语中，人们非常熟悉旅程概念，无理解困难，所以表达时按原隐喻翻译的可能性很大，如第一句汉语可以说"分道扬镳"，其他几句也可以基本按原隐喻的思路翻译，如"在十字路口""回不了头""进入死胡同""原地踏步"。即便是第二句，说爱情关系一路走来"颠颠簸簸"也未尝不可。说婚姻"已经出轨"容易和婚姻中某人出轨（有外遇）混起来，不宜使用。当然，可以直译并不是说应该直译，译者还必须看其他因素。

　　隐喻的跨文化性为翻译提供了一个观察的新视角。下面让我们进一步拉近认知隐喻和翻译实践的关系。

3　认知隐喻和翻译实践的关系

　　认知隐喻的跨文化特征很自然地把我们引到翻译这个题目上来。我们可以通过这个角度来看翻译中的隐喻问题。首先最容易想到的就是翻译中的直译和意译。假如文本中有很多隐喻，而这些隐喻又多是基于图像图式，或者说依靠最基本的人体感知和熟悉的概念，那么直译的可能性就相当大。假如我们翻译的目的仅仅是基本懂得原文的意思，直译在很大程度上可以达到。但是我们常不满足于直译的译文，因为大致的理解不是翻译的全部任务，翻译需要更具有可读性的文字。换句话说，翻译并不是为了求得认知层面的对等，而是要求得语用层面的对等。因此有时见到隐喻仍需要避免原文的隐喻，用目标语言中更适合的表达法。

　　除了上面这种对翻译的宏观指导外，认知隐喻还常常可以对翻译的具体理解和表达有所帮助。比如说理解英文原文有困难时，从认知隐喻的角度出发，就可以"直视"句子中不够清楚的地方，比如下面这句：

Brzezinski...discusses the inevitable contradictions and tensions that enmesh a democratic society that is also a global hegemon.

　　几乎所有的学生都将句子中的 tensions 翻译成"紧张"，因为这个词最常用的意思就是"紧张"。但是"不可避免的矛盾和紧张"到底是什么意思？"紧张"的含义在这里很模糊。如果我们能从认知隐喻的角度恢复该词核心词义所诱发的图像，那么我们对 tensions 一词的理解就能更清晰，翻译时的选项就更多，而不局限于"紧张"二字。本句中的 tensions 可用下面的图像呈现：

　　在上图中，中间椭圆形的圈就是那个 society（此处指美国），而这个社会一方面是民主体制（democratic），另一方面又是全球霸权（global hegemon）。作为一个民主社会，美国的行事准则应该是民主的，但作为全球霸权，美国的准则却正好相反。换句话说，这两个身份是相反的，若民主社会拉着美国向左走，那么霸权身份就拉着美国向右走（见上图）。结果一个人站在中间，一边被向左牵拉，一边被向右牵拉，他所感到的是 tensions。于是我们就会发现，这个词和前面的 contradictions 实际意思同样，只不过 contradictions 在我们头脑中形成的图像刚好相反（opposition between two conflicting forces or ideas），此时两个不同的力量不是向相反方向走，而是对立状态。这样分析以后，我们对原词词义的理解就更深化了，结果表达时把握就更大，能根据头脑中的图像（意象）想到较多的译法，然后再根据文本的特征和翻译目的选择一个合适的译法，如可以考虑"自相矛盾和左右为难的困境"，甚至不排除把两个综合成一个，简单地翻译成"困境"，因为"自相矛盾和左右为难"是细节不同的同义词，基本意思就是困境。再比如：

- They have sunk deep into corruption, as in the days of Gibeah. (NIV)
- They have deeply corrupted themselves, as in the days of Gibeah. (KJV)
- They have sinned deeply, as in the days of Gabaa. (Douay-Rheims Bible)
- People have deeply corrupted themselves as they once did at Gibeah. (GOD'S WORD, Hosea 何西阿书 09)

上面是从《圣经》中选来的句子，我们可以看到，几个不同的版本中 deep 的词性不同，如第一句中是形容词，第二、第三、第四句中是副词，而且与之搭配的有 sunk，有 corrupted，有 sinned。但四句都用了 deep。第一句是用 sunk 和 deep 搭配，这两个词都是隐喻，诱发动词 sunk 的概念隐喻是 LOW IS BAD，而后面又接了一个由介词体现的容器隐喻（into corruption），deep 在这句中所表示的是在三维空间这个容器下沉的深度。尽管第二、第三、第四句译文中没有容器隐喻思维，但是 deep 一词的使用迫使我们启用隐喻思维，仍然会形成 sunk 的图像，因为我们很难把罪恶、腐败概念与方位向上或横向的隐喻思维相联结。所以可以说，向下沉沦是四个不同译文的主要隐喻思维。这些细节在一般日常生活，如新闻报道等文本中，不必花费精力去分辨。但《圣经》的情况不同，这本书是权威，且常被认为有极大的文学价值，这句的翻译就有必要仔细推敲。我们来看下面几个中文的译文：

[和合本]以法莲深深的败坏，如在基比亚的日子一样。
[吕振中]以法莲深深败坏、像在基比亚的日子一样。
[思高本]他们穷凶已到了极点，就如在基贝亚的时日一样。
[现代本]这些人罪恶滔天，就像他们从前在基比亚时一样。

我们看到，第一个和第二个译文使用了"深深"，但是与"败坏"并非很好的搭配。译者是因为有了 deep 这个词，才用了"深深"，其实也就是"非常败坏"的意思。第三句和第四句则连"深深"也没有了，译者使用了强调程度的"到了极点""滔天"。四个译文都没有下沉或低下这个与所言内容（罪恶或腐败）在认知层面上相一致的概念。所以在这样一个非常重要的文本中，注意这个认知的细节应该是有必要的，如译成"腐败沉沦到了极点""深深地陷入腐败之中"等都要比上面的译文好些。再比如：

With how little wisdom the world is governed!

这句话有些学生一看就抓住了大意，所以灵活地翻译成"治理这个世界的人是多么愚蠢啊！"本句中译者从反面着笔处理 little wisdom，反智慧为愚蠢，确实很灵活。但如果用认知隐喻的角度看这句，也就是用"心"看 little 这个词的核心词义，就会发现这个 little 一般是用来形容物质的，如 little water，所以本句中的 little 就只能从引申的意义上解释；换句话说，这个形容词在本语境中是隐喻，本句背后的概念隐喻应是 WISDOM IS SUBSTANCE，而 how little 就是说 wisdom 这个"物质"很少。所以，更接近原文的译法应该是"缺少智慧"，而不是"多么愚蠢"。再如：

A poem compresses much in a small space and adds music, thus heightening its meaning.

　　学生将这句翻译成"一首诗意义深远，恰在于言简意赅、抑扬顿挫"。初一看，这个译文很流畅，译文在结构上脱离了原文的束缚。但是，这个译文却不是很理想，一个是意思不够准确，更主要的是译文没有抓住作者行文的一个特点，正是这个特点才使句子具有文学性（原文选自一篇散文）。如果译者从认知隐喻的角度看这个句子，让 compresses 这个词在头脑中形成图像，就会发现这个词的核心词义是基于容器的，就像我们在行李箱中放入很多东西，装得满满的。用在这里就是把抽象的东西当成物质。也就是说，动词 compresses 的概念隐喻是 A POEM IS A CONTAINER。如果译者能沿着原文作者的这个隐喻思路下笔，译文就可能完全不同，如可以翻译成"一首诗集丰富内容于方寸，再配上韵律，便意蕴丰赡。"

　　上面仅是蜻蜓点水似的给出了几个例子，但认知隐喻和翻译的关系却是相当丰富的，比如认知隐喻、文本类别和翻译目的间的互动关系，认知隐喻、前景化和翻译的关系，认知隐喻和文学翻译的关系，认知隐喻和一词多义现象，图像图示隐喻和图像隐喻的区别，隐喻的常规性和隐喻的概括性等，都和翻译实践有密切的关系。但是这个体系太庞大，这里不能详述。总之，认知隐喻为我们提供了新的观察点，我们可以进一步探索，把认知隐喻理论和翻译实践的距离拉得更近。下面我们再提供几个具体的例子。

4 从认知隐喻角度看翻译的几个实例

The crowd sang "Flower of Scotland" *deep into the final quarter of the match.*

　　这句中 deep 背后的概念隐喻是 AN ACTIVITY IS A JOURNEY。斜线部分基本可以用 towards the end of the match 来解释。这个隐喻不是写作者的创意，而是基于意象图示隐喻的语言表达法，并没有什么意义，翻译的时候完全不必特殊"照顾"。我们前面确实也说过，即便是这类无意义的隐喻，如果能顺便译出来，我们并不反对将隐喻还原成隐喻，至少也可以是一个选择。换句话说，这种情况下，隐喻到底要不要还原成隐喻，可由译者见机行事。但是，如果保留隐喻会造成中文行文的不便，使译文生硬，那么译者就可以毫不犹豫地放弃隐喻思路，如"人群高唱着《苏格兰之花》，深入比赛的最后一场"就会感到有些怪异。此时完全可以译成"人们在比赛快进入最后一场时唱起了《苏格兰之花》"，deep 一词的意思可以糅合在整句中。这种情况下，即便和原文有些细微的差别，也仍然在可接受的范围内。很多有 deep into 的句子，不管前面是系动词还是实意动词，其思维概念的基础都是 JOURNEY METAPHOR，比如"Egypt's angry soccer fans are deep into politics." 中的概念隐喻是 POLITICS IS A JOURNEY，而"The book delves deep into complex man's life."背后的概念隐喻是 LIFE IS A JOURNEY。再看下面的例子。

> With clouds all around him, Yitzhak Shamir plucked the thread of a silver lining out of the morning headlines.

本句选自《纽约时报》，也是非文学语境。句中的主要隐喻不是由意象图式唤起的，而是基于一个常见的成语"Every cloud has a silver lining."，前半句有 clouds，后半句有 silver lining。一般 cloud 有负面的意思，它背后的概念隐喻 PESSIMISM IS CLOUD 在中文里也能唤起相近的感受，无文化差异。此处的 cloud 也暗示困境。当时这位以色列总理正处于内外交困的境地，国际上以色列和美国的关系出现问题，国内自己的外长威胁辞职，所以这里 cloud 的概念隐喻也是 PESSIMISM IS CLOUD，或者更具体地说是 BAD SITUATION IS CLOUD。但后半句比较复杂，它既有与前半句遥相呼应的 silver lining（希望），也有一个以意象图式为基础的"容器"隐喻（out of），还有一个将希望当成 thread 的隐喻（HOPE IS FIBER）。那么面对这样复杂的隐喻，译者怎么翻译呢？一切都应该从分析着手，而分析仍然是看隐喻的价值。我们先从大语境看，这是从《纽约时报》选来的，内容涉及国际政治，因此可以说作者即便是刻意使用隐喻，这类文本中的隐喻也主要是起辅助作用，目的是提高读者的注意力，而不是在文字本身。加之，句中隐喻的原材料也是来自早被语言体系接纳的成语，所有这些都提示译者不必被隐喻牵着走。翻译的基本原则是先理解原文的意思，然后用自己的话把理解的意思说出来，比如翻译成"尽管困境重重，沙米尔还是从晨间的头条新闻中找到了一则令人鼓舞的消息"，当然也可以说"找到了一线希望"。句子前半部分的 cloud 翻译出来可能会使中文读起来不顺，如"尽管乌云围绕着他"这样强烈的意象就不适合这里的语境。不过，假如是文学作品，读者对强烈意象就不会太排斥，这种情况下也许可以考虑保留 cloud 这一意象。再看下面的例子。

Has she had her share of human tribulations and trials enough that now they would entitle her to long overdue dignified liberty?

本句中的隐喻思维很丰富，比如 has had 这个动词就说明后面的 tribulations and trials 是像物质一般可以被拥有的，就像说"我有两斤葡萄"一样，我们可以说"我有艰辛和磨难"，其背后的概念隐喻是 HARDSHIP IS SUBSTANCE；另外，与之相连的 enough 也是由同一个隐喻思维支撑（正如 enough water 一样，也可以说 enough tribulations and trials）。上面说的隐喻不太引人注意，因为 HARDSHIP IS SUBSTANCE 在英语中已经完全融入语言体系，根本没有特殊意义；甚至在汉语中也不是很难理解，如我们说"我有艰辛和磨难"就不见得不可以理解，只是非常见说法而已。不过本句中 share 这个词的隐喻基础却要比 HARDSHIP IS SUBSTANCE 更有意义。这个词除了把 tribulations and trials 当成物质外，还引进了义务（或权利）与份额的思维概念，就像一个蛋糕应分成几份与别人分享（权利）一样，这里的 tribulations and trials 也应与人分享或分担（义务），其背后的概念隐喻是 HARDSHIP IS A SHARED RESPONSIBILITY，而 shared 这个词又是基于"整体-部分"（PART-WHOLE）这个隐喻图式。翻译时若忽视了这个概念，译文就会和原文有些出入，比如翻译成"她是否已经承受了足够的艰辛和磨难，而应该获得早该给她的自由与尊严"，虽然基本表达了原文的意思，在某些场合下完全可以接受，但是它毕竟和原文的句子有细微的差别，更接近原文的译文应该是"人类的艰辛与磨难，她该承受的那份是否已经足够，是否应该还她早该给她的自由与尊严？"到底是不是要将这个 SHARED RESPONSIBILITY 的隐喻概念翻译出来，就需要看文本外的因素决定。但作为第一步，一个合格的译者至少应该注意到这个概念隐喻，而用具体的、"可视的"蛋糕概念来理解抽象的责任或义务概念，往往能使译者更清晰地看准原文，使译文更精准。再来看一个例子。

I would rather be a bright leaf on the stream of a dying civilization than a fertile seed dropped in the soil of a new era.

短短一句话中，隐喻已是目不暇接。首先 bright leaf 这个隐喻是把人比作树叶，诱发它的概念隐喻是 HUMAN IS PLANT。紧接其后的 civilization 带有双重比喻，当它被 dying 修饰时，背后的概念隐喻是 SOCIETY IS PERSON，但当该词和 stream 连用时，诱发它的概念隐喻就是 SOCIETY IS RIVER。在后半句中 fertile seed 这个隐喻也是把人比作了植物（HUMAN IS PLANT），但是诱发 soil of a new era 的概念隐喻却是 SOCIETY IS SOIL。无论这是文学文本还是非文学文本，这样一连串夺目的隐喻不可能不引起译者的注意。假如仅想说出本句的大意，也许可以通过释义的办法，如："我情愿生活在一个衰败的文明中，也不愿意成长在一个崭新的世纪里。"但是这个译文看似概括了大意，却遗漏颇多，如 bright 难道就不承载意思吗？这个形容词有色彩丰富的含义，而当这片树叶漂流在溪水上，它会前行流动，也许没有目标，但不固定在一处，有自由的含义。这个 fertile seed 是一个常用的组合，可用在植物学上，表示能繁育的种子，但可惜这种子被任意散播在土壤里（dropped），给人一种身不由己的感觉，因种子入了土就再也不能动了，这样马上和前面的树叶形成对照，前者色彩丰富、活泼自由，后者却相反。原来作者对于崭新时代的态度与众不同。我们一般认为，新的时代有令人刺激、奋发向前的含义，但这里作者似乎认为新时代里人虽能够"繁育"（fertile），但却不欢快活跃。根据这样的分析，我们似乎可以将上面的译文改为："我情愿自由欢快地生活在衰败的文明中，也不愿生长在一个能让你有所收获但却少有个人意志的新时代。"这样翻译马上会招来指责，认为这是添油加醋，译者介入过多。但我们阅读原文时真能避免介入解读吗？雷克夫说过，语言的性质决定了我们不能避免解读，这样说来，所有的阅读都是介入解读："All reading is reading in."。仅从理解原文出发，上面不厌其烦的解释性译法当然也无可指责，但问题是，这样解读后的译文也未必全面正确地反映出原文的意思，而且还剥夺了读者想象的空间，所以假如保留隐喻并不影响中文的可读性，那么直译仍然是上策，文学语境就更是如此了："我情愿做漂浮在衰老文明溪流上的一片光鲜的叶子，也不愿是掉落在新时代土壤里的一粒能繁育的种子。"下面这个译文也尽量保留了隐喻："我宁愿做一片光鲜的树叶，漂在垂死文明的溪流中，而不愿做一粒待发的种子，待在新纪元的沃土里。"

　　认知隐喻理论提供给我们的是一个看翻译的角度，它只能在我们原有知识的基础上起到补充的作用，无法取代原有的知识，其局限性当然存在。但只要我们进一步探索，就能让认知隐喻的知识为翻译实践服务。

　　有关认知隐喻和翻译的更为详尽的知识，请参考叶子南的《认知隐喻与翻译实用教程》（北京大学出版社版和台北书林出版社版）。

第十四章
文学翻译简述

 1 文学语言并非仅限于文学作品

　　讲文学翻译就需要先弄清楚文学语言和非文学语言的差别，然后才能讨论翻译。一般人们认为文学语言很特别，普通人写不出来，在文学作品中才有文学语言，非文学作品中见不到文学语言。这其实不正确。尽管有些语言学家（如俄国形式主义学派）认为由特殊语言体现的文学性主要存在于文学作品中，是区别文学和非文学作品的关键，但很多文学理论家都不认同这个观点，后者认为语言的文学性确实集中地体现在文学作品中，但有时也散见于非文学文本里，比如广告就常用文学语言。请看下面这段文字：

> 　　The middle coast of Maine is a place of beauty. Rocky coasts and watery vistas are dotted with quaint fishing villages and green landscapes. Whether drenched with sunlight or shrouded in thick fog, these romantic, raw shores are a sight to behold. This collection of photographs artfully captures the views. Here are the harbors and lighthouses, the small towns and hidden coves. We are given a glimpse of the people's lives, the toil of the fishing industry and the joy of a Fourth of July jubilee or a farmer's market.

　　本段中要是没有"This collection of photographs artfully captures the views."这句，我们很难断定这是广告还是文学作品。除广告外，其他文本中也同样会有文学语言，比如《第三帝国兴亡史》这部历史巨作中的不少描写无异于文学描写，所以我们有时会说回忆录是一种特殊的文学文本，比如：

> 　　Set along the blue Danube beneath the wooded hills of the Wienerwald, which were studded with yellow-green vineyards, it was a place of natural beauty that captivated the visitor and made the Viennese believe that Providence had been especially kind to them. Music filled the air, the towering music of gifted native

sons, the greatest Europe had known, Haydn, Mozart, Beethoven and Schubert, and, in the last Indian-summer years, the gay, haunting waltzes of Vienna's own beloved Johann Strauss. (*The Rise and Fall of the Third Reich: A History of Nazi Germany*)

这段文字完全可以出现在纯文学作品中，董乐山的译文也充满文学情调：

维也纳位于维纳瓦尔德树木葱郁的山脚下，蓝色的多瑙河畔，山坡上到处点缀着黄绿色的葡萄园，这是一个富有天然美景的地方，外来的游客固然为之心迷神醉，维也纳本地人也自以为得天独厚。空气中充满了音乐，那是当地的天才子弟、欧洲最伟大的音乐家海顿、莫扎特、贝多芬、舒伯特的高尚优美的音乐，而且在最后那几年回光返照的升平岁月里，还有维也纳自己钟爱的约翰·施特劳斯的欢乐、迷人的华尔兹圆舞曲。（《第三帝国兴亡史》）

抛开不同学派对于文学性的争论，我们基本可以说，文学语言在选词造句方面和一般语言不同，文学写作者不仅想通过故事情节、历史背景等来引起读者的注意，他还想通过自己的语言吸引读者的注意。所以不管大家对文学性有何不同看法，文学语言与众不同这点大家都能有共识。比方说"我一声不响地就走了，来的时候也没吱声"这句话，谁都没有觉得有什么特殊的，日常生活用语而已，但是若将文字略加安排，就可以成为千古流传的句子"轻轻地我走了，正如我轻轻地来。"就语义来说，"轻轻地我走了"换成"我轻轻地走了"意思完全一样，但你能用后者取代前者吗？这里，语义不是关键，关键的是语言本身。文学翻译不宜随便用大意相似的语言取代原文也是同样的道理。

于是一个关键的问题就摆在了我们译者面前，翻译文学语言难道就必须模仿原文的文字吗？之所以提出这个问题是因为我们有一个习惯，在非文学翻译时，甚至在学习外语时，我们用惯了"释义"（paraphrase）这一方法，就是说，外语不好理解时，就解释一下以便理解，翻译直接处理不便时，就用解释大意的方法翻译出来，反正原文就是那个意思。应该肯定的是，"释义"是翻译必用的手段，不管是文学翻译或非文学翻译，完全不用解释法实际是不可能的。但由于文学作品语言的独特性，文学翻译时就不应该以释义为翻译的主要手段，说得严重一些，释义是文学翻译的"大敌"。比如"There seems but little soil in his heart for the support of the kindly virtues."这句，如果解释一下的话基本意思就是"他似乎不具备促成仁慈美德产生的基础"，但是读者会感到淡而无味。假如你告诉读者原文的细节，读者也许会说，你的译文大致意思差不多，但味道差远了。本可以直接翻译成"在他的心中似乎没有培育出仁慈美德的土壤"，而释义法却将文学语言一扫而光（隐喻关键词 soil 没有了）。

那么我们对于非文学作品中的文学语言该如何看待呢？这要区分写作者使用文学语言的目的。文学作品中的文学语言是作品的生命线，没有了文学语言，文学作品何在？把一篇散文中的文学表达法一概扫除后，作品的文学性也就没有了。但是非文学作品中的文学语言一般并不承载那么繁重的任务，常是一些辅助的手段，比如广告中的文学语言毕竟不是作者目的之所在。广告的目的是要卖东西，不是要显示语言的特色，只要能把产品卖出去，人们并不在乎广告译文语言是否忠实于原文，所以非文学作品中文学语言的分量就较轻，翻译时需要保留它的压力就不大，甚至有时完全可以抛弃。释义，甚至更背离原文语言的改写都可以作为翻译的手段。只是应该注意的是，初学翻译的人无论是文学还是非文学作品，"释义"法似乎用得都过于频繁，在很多不用释义完全可以翻译的地方，他们仍然采取这种解释的方法，结果理解一有偏差或分寸没有把握好，译文反而歪曲了原文的意思。这是学生学习翻译时一个很大的问题。

 ## 2 文学作品也不尽相同

上面我们区分了文学和非文学语境中的文学语言，但是难道文学作品都可以千篇一律地处理吗？前面为方便起见，我们使用了文学和非文学这个分法，但这其实是很不准确的分法，且不说文学和非文学这条线是否能划分清楚，就是文学文本内种类也不同。首先，在文学语言的使用上，诗歌和散文就不同，散文和小说也不同；小说有不同的小说，诗歌也不能一视同仁。另外，作家的风格也各不相同。总而言之，译者仍然需要根据具体作品来确定每一个作品中文学语言的分量轻重，再决定如何处理作品中的文学用语。不能看到文学作品就认为其中的语言"字字千金"，有些作品以语言取胜，有些作品的亮点也许在其他方面。比如下面这首莎士比亚的十四行诗（Sonnet 66）：

Tired with all these, for restful death I cry,

As, to behold desert a beggar born,

And needy nothing trimm'd in jollity,

And purest faith unhappily forsworn,

And guilded honour shamefully misplaced,

And maiden virtue rudely strumpeted,

And right perfection wrongfully disgraced,

And strength by limping sway disabled,

And art made tongue-tied by authority,

And folly doctor-like controlling skill,

And simple truth miscall'd simplicity,

And captive good attending captain ill:

Tired with all these, from these would I be gone,

Save that, to die, I leave my love alone.

显然其文学语言的分量就比较重，特别是特殊的押韵方式往往会被认为是莎士比亚十四行诗的特征。但是同样是文学作品，下面这段文字相对来说就算不上是以语言音韵取胜的作品了：

Mr. Jones, of the Manor Farm, had locked the hen-houses for the night, but was too drunk to remember to shut the pop-holes. With the ring of light from his lantern dancing from side to side, he lurched across the yard, kicked off his boots at the back door, drew himself a last glass of beer from the barrel in the scullery, and made his way up to bed, where Mrs. Jones was already snoring. (*Animal Farm*)

显然这段就和上面的诗歌不一样，没有那么多音韵方面的特征，但这样的作品却可能在其他方面显出其特色，比如奥维尔的《动物庄园》就是用寓言在讽刺，这个特征渗透在作品的各个方面。所以说，文学作品不能一视同仁，诗歌和小说不同，甚至小说和小说也不一样，无怪乎有人提出可把小说分为 Class 1 和 Class 2 两类。第一类小说的语言没有特殊的语言表达法，第二类小说则有特殊的语言结构。

总的来说，诗比小说更依靠音韵等语言技巧，但也不是所有的诗都这样；小说一般情节特别重要，但也不是说可以忽视重要的语言形式特征。译者须关注的是对文本的分析，以便确定所译作品中到底有多少有意义的文学语言，再看看这些文学语言是否可以移植到译入语中。并不是所有文学语言都能成功地移植到译入语的。

3 不同的文学翻译观

　　取得了文本分析的一致意见后，我们难道就可以全都按照一个思路去翻译作品吗？在非文学翻译中，我们一般希望求同存异，要求大家统一到一点上来，也就是说，不同的人翻译同一个原文，我们仅仅会使用一个译文，没有足够的理由保留多个译本。比方说，没有人会要两个合同译本。如果有两个文本，仍然需要这两个文本相互取长补短，最后形成一个合同译文。这是大多数非文学文本的特点，这些非文学文本中即便有些文学语言，一般仍然没有理由保留两个译文。一个非文学文本若有多个译本共存，说明这个作品就接近文学作品了，比如回忆录、游记等。

　　但文学作品可以有不同的译本，因为不同的译者理解、表达原文的角度和深度可能不同，不同的译本正好为读者提供对作品不同的理解侧面。比方说，下面这首选自《鲁拜集》的短诗就可以有不同的演绎方法：

Oh threats of Hell and Hopes of Paradise!   碧落黄泉皆妄语，

One thing at least is certain—This Life flies;   三生因果近荒唐。

One thing is certain and the rest is lies;   浊醪以外无真理，

The Flower that once has blown for ever dies.   一谢花魂再不香。

（黄克孙译）

　　可以看出这个译法并没有在语言的细节处追求契合，译者虽然也用了四行，但韵律和原文完全不同，因为黄译完全采用了汉语绝句的格律，而且做到了不出律、不出韵。钱钟书非常欣赏黄克孙翻译的《鲁拜集》[①]。钱先生宏观把握，觉得不需要在细节处对号入座，这种营造整体效果的译法反而更能体现"化境"，更何况英诗原诗已经离波斯原文相去甚远了。当然这是一家之说，也许有人会觉得在细节处做得更贴近原文一些也未必就不能反映诗的神韵，比如译成：

地狱的威胁，天堂的希望！

至少一件事确定，此生去也匆忙；

一件事确定，其余的都是撒谎；

那盛开的繁花，会永远萎谢凋亡。

（叶子南译）

---

① "黄先生的译诗雅贴比美 Fitzgerald 原译。Fitzgerald 书札中论译事屡云'宁为活麻雀，不做死鹰'（Better a live sparrow than a dead eagle.），况活鹰乎？"（选自台北书林出版社出版的《鲁拜集》）

这个译文和英文原诗一样四行均押韵，且除了 This Life flies 这句略有解释之嫌外，其他都在文字细节上和原诗对应，连"一件事确定"都和原文一样重复了一次。这不是持宏观译论者心目中的译文，因为译者在细节处雕琢了译文。有人说，这是现代汉语的诗，而黄译是绝句。其实这和译诗采取的形式并不大相干，主要是文学翻译的观念差异，比如同是这首诗，若由持微观译论的人翻译，仍然会尽量在微观处与原文接近：

> 地狱阴森盼天堂，
> 浮生瞬息定匆忙。
> 巧言乱坠皆诳语，
> 谁见花开百日香？
>
> 　　　　（叶子南译）

这首七绝和原诗押韵不同（一二四押韵）。译者虽也设法跳脱原文的束缚，但细节上原诗的影子仍比黄译明显。即便是明显语言取胜，甚至音律取胜的作品，仍然可以有不同的解读和阐释，比如前面那首莎士比亚的十四行诗，仍然可以让严格押原韵和完全忽略原韵的译法并存：

> 厌倦了这一切，我求安息的死：　　　难耐不平事，何如悄然去泉台：
> 例如，看见有德的生来做乞丐，　　　休说是天才，偏生作乞丐，
> 又缺德的丝毫不愁锦衣玉食，　　　　人道是草包，偏把金银戴，
> 又赤诚的心惨遭背信戕害，　　　　　说什么信与义，眼见无人睬，
> 又荣誉被无耻地私相授受，　　　　　道什么荣与辱，全是瞎安排，
> 又处子的贞操被横加污辱，　　　　　少女童贞可怜遭横暴，
> 又真正的完美却含冤蒙垢，　　　　　堂堂正义无端受掩埋，
> 又力量被蹇滞的势力废除，　　　　　跛腿权势反弄残了擂台汉，
> 又艺术结舌于当局的淫威，　　　　　墨客骚人官府门前口难开，
> 又愚昧，冒充渊博，驾驭天聪，　　　蠢驴们偏挂着指谜释惑教授招牌，
> 又简明的真理误称为童骏，　　　　　多少真话错唤作愚鲁痴呆，
> 又被俘虏的至善侍候元凶。　　　　　善恶易位，小人反受大人拜。
> 厌倦了这一切，我愿舍此长辞，　　　不平，难耐，索不如一死化纤埃，
> 只是我一死，我爱人形单影只。　　　待去也，又怎好让爱人独守空阶？

（陈次云译）　　　　　　　　　　　（辜正坤译）

上面两个译文都是很好的译文，陈译严格按照十四行诗的韵律翻译，但辜译却完全一韵到底。违背原诗的押韵方式也许能找到充分的理由，因为中文读者最习惯的确实是一韵到底的方式，而不是英诗的押韵方式。前者较多着眼于细节处，更忠于作者，后者则更强调宏观效果，更照顾了读者。两个译文都有存在的必要。除掉诗外，小说之类的作品也会出现不尽相同的译法，有些更多文字外的发挥，但有的则比较严守文字的本意，尽量少作发挥，比如：

The face of the heath by its mere complexion added half an hour to evening; it could in like manner retard the dawn, sadden noon, anticipate the frowning of storms scarcely generated, and intensify the opacity of a moonless midnight to a cause of shaking and dread. (From *The Return of the Native*)

荒原的表面，仅仅由于颜色这一端，就给幕夜增加了半点钟。它能在同样的情形下，使曙色来得迟缓，使正午变得凄冷；狂风暴雨几乎还没踪影，它就预先显出风暴的阴沉面目；三更半夜，没有月光，他更加深那种咫尺难辨的昏暗，以致使人害怕发抖。（张谷若译）

荒原的地面仅仅凭其昏暗的颜色，就可以给夜晚增添半个小时，也可以推迟黎明的到来，可以使中午显得悲凉，可以预示尚在酝酿的风暴，而在没有月光的深夜，则可以强化伸手不见五指的状况，引发不寒而栗的感觉。（王之光译）

细读两个译文，就能看出，张译发挥想象、脱离原文文字的程度比王译要高些，而王译则尽量不作太多言外的引申。但两个译文都比较忠实于原文，没有太离谱的释义。文学翻译有不同的流派，但却不应过度脱离原文，释义的程度过大，很多文学语言就会被漏掉。译者仅在很少数情况下可以高度忽略细节，去追求整体的效应，如菲茨杰拉德的英译 "The Rubáiyát" 和黄克孙的汉译《鲁拜集》，大部分情况下译者仍然需要比较认真地关注细节。翻译是一项关注细节的工作，文学翻译也不例外，有时更甚。当然，关注到什么程度往往会因人而异，学术训练比较扎实的译者眼光可能更敏锐些，艺术熏陶多些的人也许会尽量避免因细节而影响译笔的流畅，比如：

Pulling out all the annuals which nature has allowed to erupt in overpowering purple, orange and pink, a final cry of joy. That would almost be murder, and so I'll wait until the first night frost anaesthetizes all the flowers with a cold, creaky crust that causes them to wither, a very gentle death. Now I wander through my garden indecisively, trying to hold on to the last days of late summer.

［译文一］　这些一年开一次花的植物是大自然的恩赐，紫色、橘红、粉色抢眼夺目，给夏日带来最后的喜悦，把它们全部除去无异于谋杀。于是我将等待，一直等到夜里第一次霜降使所有花朵失去知觉，等到寒冷、沉重的冰霜盖住花朵，让它们凋谢而缓慢地死去。此刻，我正迟疑不决地在花园里徜徉，希冀挽留住夏天最后的时光。

［译文二］　把一年生植物强行拔起，掐死造化恩赐的紫绛、橘黄和浅红这一片烂漫，阻断自然界的最后欢声，简直无异于谋杀。所以我要等待第一个霜降之夜，等待花瓣全部沾上一层冷冽的霜晶，蒙无知觉中自行凋谢，和婉地寿终正寝。我在园中徜徉，拿不定主意，只求留住残夏的最后几天。

粗略对照两个译文，我们发现基本意思差不多，没有相抵触的地方。但若仔细对照，就会发现译文一总在设法发挥汉语的优势，释义的成分多；译文二则非常注意原文的细节，释义的成分少。比如 the annuals 译文一用了"一年开一次花的植物"，基本是释义，译文二用了"一年生植物"，解释的程度较低，更像一个固定的表达法。再比如译文一用了"寒冷、沉重的冰霜盖住花朵"来翻译 a cold, creaky crust，可是译文二却是"花瓣全部沾上一层冷冽的霜晶"。原文的形象在译文一中已经消失，因为可数名词（a crust）被译者转换成了动词"（冰霜）盖住"，但是译文二则完全按照原文可数名词的用法翻译成"（沾上）一层冷冽的霜晶"，保留了文字的形象。另外，最后一句中的 the last days of late summer 这个短语在译文一里是"夏天最后的时光"，在译文二里则是"残夏的最后几天"。可以看出前者是以原文中没有的"夏季"为单位，后者则保留了原文中"残夏"这个单位；前者是原文没有的"时光"，后者是未经解读和原文一样的"几天"。有人当然会问，这种差别在艺术上有意义吗？这样按原文语言翻译有何必要？毕竟两个译文基本语义是一样的。对于译文二保留的三个语言形式，当然大家会有不同看法，有些人会认为这个形式没有太大意义，有些则认为有保留的必要。我们这里提请大家注意的是一种倾向，即对细节的关注。译文二的译者是一位学术界的前辈，译文一的译者是学者兼作家，两个人在处理上的不同似乎也反映出两人学术背景的差异。

前面所有对文学翻译细节的强调（即所谓"The devil is in the detail."）都是对"灵活变通"这一翻译总原则的补充。但这只是补充，不是颠倒，更不是说"灵活变通"这一总原则不适用于文学翻译。即便是翻译那些以语言取胜的文学作品，译者仍然需要非常灵活，有时仍然不得不放弃一些有意义的"语言点"。灵活与变通仍然是文学翻译的座右铭。

 文学翻译在非文学翻译课程中的作用

在一般英文系的翻译专业和目前非常热门的口笔译专业中，文学翻译还有它存在的价值吗？回答是非常肯定的。可惜目前非文学专业的人一般都比较轻视文学翻译的价值，认为它可有可无。有些人还能举出看似很有说服力的证据，说明文学翻译并不重要。比如有些从事计算机本地化的人就非常看不起文学翻译。他们说有人文学翻译说得头头是道，但是翻译起本地化的东西来，一窍不通，想以此来说明文学等基础训练没有很大意义，只需要面向市场的专门训练就够了。这显然是一种错误的看法。

本地化翻译在很大程度上依靠了计算机等技术，因此译者需要做的选择并没有其他翻译多，决策也没有翻译其他文本时复杂。特别是与文学翻译相比，本地化在专有词语这个层次上基本是被动接受，不用自己作决定，因为别人已经为你作了决定，自己擅自作决定反而是禁忌。当然，这不是说本地化翻译容易，如果不懂本地化翻译，一个语言学博士完全可能被翻译公司"炒鱿鱼"，而一个大学没有毕业的人在训练一下后就完全可以做得非常出色。但是，这类翻译稍加训练就能上手，可是文学翻译却不可能一下子就见成效。

文学翻译有必要存在，因为即便是在非文学作品中，文学语言也会出现。加之，文学翻译和非文学翻译之间并没有一个明确的界限，所以任何文学翻译训练也都是一般的语言文化训练，都会提高我们对语言文化的敏感度，而这种敏感是任何翻译都需要的。今天虽然你在本地化翻译中如鱼得水，但只要换一个领域，你马上就会发现自己什么都不懂，而受过全面良好训练（包括文学翻译训练）的人更容易做到触类旁通，学习起来速度就会更快。

当然，非文学专业的文学翻译训练并不是想将学生训练成文学翻译家，而仅仅是想通过文学翻译提高一般语言文化和跨文化交流的水准。学一点文学翻译也许日后能翻译一些文学作品，但真正的文学翻译家很少诞生在翻译专业的课堂上。即便是经过文学系的专业文学翻译训练，也很难培养出大批翻译家，偶尔也许会出几个凤毛麟角的人物，但是他们往往本来就天资聪颖。

第十五章

翻译前的文本分析

在讲解技巧时，为了能简单扼要地说明问题，我们使用的都是单个的句子，也就是说，这些句子没有上下文。可是句子只有在上下文中才有意义，因为一个句子到底该怎么翻译，必须在语境中权衡，在篇章里掂量。所以我们在翻译任何一篇文章时，都必须先弄清楚，这是一篇什么样的文章？这篇文章有什么特点？这篇文章是谁写的？又是写给谁读的？是在什么场合下写的？只有搞清楚了这些问题，我们才能回答翻译决策中的具体问题，比方说到底应该直译还是意译？到底应该更灵活些还是较死板些？到底应该保留原文的形象还是舍弃原文的形象？到底应该用原文的隐喻还是索性丢掉隐喻？所有这一切具体的翻译问题，都可能和文本有关。同一个表达法在不同的文本里可能会有不同译法，这种现象十分常见。比如电影《卧虎藏龙》翻译成 *Crouching Tiger, Hidden Dragon* 很恰当，但同一个"卧虎藏龙"在下面的句子里就不能这么翻译："我后来才发现，新闻系卧虎藏龙"，应该完全舍弃隐喻："Later on, I discovered that the journalism department was full of highly talented people."。在介绍纽马克那一章中，我们讲到过文本分析，特别提到了他的三类文本，即表现类、信息类和呼唤类。这可以作为翻译前文本分析的最主要工具，这个体系基本可以给所译文本大致定性（详见第十二章）。但文本分析还可以从其他角度进行。从更多的角度分析文本可以帮助译者更准确地把握文本，进而采用更符合语境的翻译策略。现在让我们从几个新的角度来分析文本。

1 逻辑驱动还是情感驱动

写作过程中作者的基本思路特征往往与译者翻译时的决策有关。有时作者的思路由逻辑牵动，这时作者其实很不轻松，因为严格的逻辑思维并不属于日常生活的范畴。生活中的谈情说爱、闲话家常、传递信息不需要绷紧神经，随心所欲地表达就行。所以作者动用逻辑思维时，所涉话题往往会较严肃，不宜轻松对待，而且讲的常是客观事物，而非主观感受，如表述经济、政治、法律等议题时就多依靠逻辑驱动（logic-driven）的思维，文路走得一环接一环，概念也能滴水不漏，比如：

决定血红蛋白、红细胞压积和红细胞计数正常范围的因素包括年龄、性别和居住环境的海拔。新生儿数值很高，但很快会随着婴幼儿的快速生长而下降。青春期前，男女的数值接近。青春期时，雄性激素会促进红细胞生成，结果成年男性就比成年女性的血红蛋白浓度高。健康的老年人通常不会有血红蛋白浓度或红细胞压积值下降的情况，但由于慢性疾病多发，老年人群的这两项指标略有降低。

这样的行文可能多受逻辑思维驱动。对译者来说，这样的文本处理起来需要采用和原作者类似的思维方式。比如翻译一篇哲学著作，或是一本法律教材，或是经济合同，或是国际形势分析，或是科技教程，译者此时就不宜思路过度活跃，不宜违背原文的逻辑思路另辟蹊径。相反，译者需要基本按着原文的逻辑思路下笔行文，灵活的地方不是没有，无关紧要的文字不见得不能梳理一下，甚至变换亦可，但重要的文句，那些稍一变换思路就会歪曲原意的地方，译者可能不得不缩手缩脚。换句话说，在尽可能行文灵活的过程中，要时刻不忘原文的逻辑特征，比如：

> Broadly speaking, the market access commitments China has made will bring China at or above existing WTO standards on issues and sectors of major concern to the U.S.
>
> 概括地讲，中国已经作出的市场准入方面的承诺会使中国在美国关注的一些议题和领域上达到或超过目前世贸组织的标准。

这类主要靠逻辑思维生成的文本，翻译时一般不会去寻求不同的译法，因为无此必要，而且一般也很难找到不同的译法。虽然我们说，每个译者翻译经济合同的方法可能不同，但很少有机会能为这类文本提供两个非常不同的好译本。比如上面那句有关世贸的句子就很难再给出一个非常不同但又能让人接受的译文。这类原本和译文之间的关系虽然不是绝对的一对一，但译者选择的余地不大。

但是我们生活中不会总用这类正经的语言，有时我们不希望由逻辑和理性主宰我们，而希望情感和想象进入我们的生活。所以写作时主要由情感驱动（emotion-driven）的文本就不如靠逻辑驱动的文本那么正规，文路随心情走，而心情并不是那么好规范的，心情不见得总能按常理出牌，概念也不见得能非常严密：

> 闽北的初春，在明媚三阳和潇潇春雨的抚摩与畅淋中，万物渐渐苏醒，崭露出蓬勃生机的气韵。清丽秀美的武夷山麓春色苍郁葱茏满目，呢喃和声弥漫盈耳，空气滋润饱满心田。要说这丰润健朗的时节，能够足量地增添生命的辉耀，更多

的却是触发出向上人生的心境。

文中的不少词概念模糊，在跨文化交流的过程中很难把握，"潇潇"这个词怎么定夺？"气韵"怎么处理？日常的对话、文学的或非文学的抒情、对世事的感叹等，写作者往往不会去援用严密的逻辑，而会诉诸情感和想象。但情感和想象是不宜纳入条理的，所以这类文本中词的概念不容易规范，翻译这类文字时当然就可能有多个译本，因为原文的很多句子都可能因解读者不同而异。这类文本的译文和原文的关系往往是一对多的，即一个原文可以有几个不同的译文。译者此时选择的余地比较宽广，比如：

To those of us who cannot be there, I offer my consolations. Do not despair. At least we don't need to sweat in the gym to lose those undesirably gained pounds or to dye our hair to gain back those irretrievably lost years in order to look better in front of our classmates of yesteryear, especially those on whom we had a secret crush.

［**译文一**］　不能参加聚会的同学，请接受我的安慰。但也犯不上难过，至少我们不用在健身房挥汗如雨，减掉几斤赘肉，不用忙着染发，找回青春的影子，好在老同学面前，尤其在暗恋过的对象面前，光鲜照人地亮相。

［**译文二**］　不能赴会的同学，我送上安慰，大家无须失望。我们至少不用为甩掉几磅赘肉去健身房流淋漓大汗，不用去理发店染黑灰发求流年倒转，仿佛瘦了身染了发，在当年的同桌前你便英俊，在暗恋的女友旁你便潇洒。

［**译文三**］　未赴盛会莫遗憾，反倒好处连连。君不见，健身房内甩赘肉，为的是当年同桌刮目一看；君不见，美容店中染白发，盼的是暗恋女友回眸顾盼。

假如这类文本又是非正规的文字，那么译者在准确性上也许可以稍有放松，以求行文的流畅，比如译文二和译文三若用严密的逻辑去衡量，可能会有些小出入，但是在这类非正规文本中也许不见得那么重要，因为基本大意和原文并无出入。当然，这种对准确性要求的放松和对原文的理解错误是完全不同的，后者没有原谅的余地。

逻辑与情感在这里被人为地分开了，但是我们谁都知道，除了极少数完全以逻辑取胜的文本可以排除情感的参与，大部分文本中多少会有些情感和想象的参与，一个感叹词就是情感，零情感的机会有，但很少。同理，在文本中完全排除逻辑就更难了。除非写作者是精神不正常的人，否则任何文本的行文都不可能完全排除逻辑的牵引。

但是总体来说，用逻辑和情感的概念区分一下，以便为译者提供一个方便拿捏的框架，还是有益的。

逻辑与情感的角度和纽马克的文本分类法是互补的关系，是从不同的角度看同一个问题，可以相互借鉴。

 文本评价性的强弱

文本的分析可以有不同的角度，比方说，我们还可从文本中作者对所论事件或人物判断评价的强弱来分析文本（more or less evaluative）。有的学者认为，如果文本的作者对文中的事物没有强烈的价值判断，那么在翻译过程中译者就不必过多地调整结构。相反，如果文本具有较强的价值判断，那么在翻译时译者介入，对句子结构进行调整的必要性就高一些[①]。比方说，一篇科技报道，一篇新药介绍，一篇联合国经济趋势分析，都是没有强烈的评价或少有评价的文本，也就是说，在这些文本中，作者基本不对文章的内容作出评论。科技报道主要在信息，即便是一个新产品的报道，站在科学的立场上，优劣褒贬都不宜显露出来。根据前面的翻译建议，翻译这样的文本，译者不能过多地介入，不应该太灵活，因为这类文本准确性的要求很高，甚至可以说，在有些情况下（如一些法律合同），翻译这类文本准确性要比流畅性更重要。比如：

Important: iPod will stop charging if the computer, or portable computer, is connected to enter standby, hibernation, or sleep mode. To charge your iPod, connect it directly to a computer's USB port and make sure standby, hibernation, or sleep mode is turned off.

重点：如果所连的计算机或便携式计算机进入待机、休眠或睡眠模式，那么 iPod 将会停止充电。要为您的 iPod 充电，请将它直接连接到计算机的 USB 端口，并确保关闭待机、休眠或睡眠模式。

这个有关电子设备充电的说明就是没有评价和判断的，它的目的不是想告诉你产品好不好，而是想告诉你如何充电。所以翻译时不宜过多干预，很多词语都有规定的译法，译者不能自作主张，比如 standby、hibernation、sleep mode、port 等词都有固定译法。

---

① 见 *Discourse and the Translator*，by Basil Hatim and Ian Mason，1990，第 187 页。

相反，一篇反对政府某项政策的社论，一本旅游宣传手册，一个产品广告，都是有较强评价特征的文本，也就是说，在这些文本中，作者对文中的内容明显有评论，不是站在中立的立场，作者批评政府的政策，宣传风景点，促销产品，对文中内容的褒贬明显地暴露出来。根据前面的建议，翻译这类文本时，译者能对语言的结构作较大的调整，可以比较灵活地处理，因为这类文本的流畅性非常重要。比如：

Grand Voyages, GRAND in every sense

Epic adventure in South America, Africa and beyond

Visit places that stir the imagination: Casablanca, Cario, the Amazon. See the world's southernmost continent and view tuxedoed penguins and stunning glaciers. Or the surreal beauty of Africa, where hippo, giraffe, and zebra roam the plain. Admire the celebrated wonders of Rome and Venice. Eat dolmades in a Greek cantina. Your grand adventure awaits.

壮丽之旅：无与伦比的感官飨宴！

想造访卡萨布兰卡、开罗、亚马孙，让想象力无限延伸吗？想探索世界最南端，见识皇帝企鹅及惊人冰河吗？想欣赏非洲如梦似幻的美景，观看河马、长颈鹿和斑马在平原上悠闲漫步吗？想饱览罗马和威尼斯令人叹为观止的奇景吗？想置身希腊小馆，细细品尝当地的美食吗？一场盛大的探险正等您加入。

这是一则广告，明显是在做宣传，有很强的评判特征。译者在翻译时没有拘泥于原文的文字，很多细节处都和原文不同，有的句子甚至没有翻译。但是广告翻译并不一定要紧贴原文，达到效果即可。

我们可以灵活地运用这个评价性强弱的模式，在翻译一个文本前，从文本评价性的角度来分析文本的特征，从而为自己制定翻译的策略。

3 文本文化含"金"量高低

分析文本还可以从文化的角度着手，也就是说，看一个文本和文化的关系紧密与否。比如说，我们在国际交流的场合，各国为了达成一个协议，都对自己坚持的立场作一些妥协，然后形成一个各方都可以接受的合同或声明。在这种情况下，有关各方都不会将自己的文化特征硬放到文本中去，因为那可能遭到别人的反对，因此我们所看到的文本没有一个特别偏重某个文化的特征，比如我们经常看到的联合国文件、各经济组织之间签署的文件、各个科技组织之间有关标准化的文件等，都属于这类与某一具体文化关系不密切的文本。这种文本的特点是尽量不要让某个文化凸显出来，因为文化是造成分歧的根源。

相反，有些文本与某一文化关系密切，比如说，杭州旅游景点的介绍，老北京风土人情的介绍等，这些文本总是掺有大量的文化特征。那么文本与文化的紧密程度对翻译有什么意义呢？我们不妨借助一些学者的建议来帮助我们制定翻译策略。Basil Hatim 和 Ian Mason 就提出了一个可以参考的模式。他们说，一个文本与某一特定文化关系越不紧密，翻译中就越不必调整其语言结构；相反，一个文本与特定文化的关系越紧密，翻译中结构调整的空间就越大。[①] 根据这个建议，我们可以说在翻译联合国声明、国际经济合同等文本时，就不应该过多地调整原文语言的结构。实际上也确实是这样，语言结构的调整在这种文本里有可能造成意思的偏差，而这种文本意思的准确性是第一位的，语言的流畅性是第二位的，语言的雅致与优美根本不是作者的意图。当然，在翻译这样的文本时，语言也应该通顺，甚至流畅，但绝不应该为通顺而牺牲意思的准确性。因此，翻译这样的文章，过度的归化（domestication）并不可取，某种程度的异化（foreignization）是可以原谅的，底线是行文得基本通顺。比如：

The Council was not able to complete its work on the elaboration of regulations for prospecting and exploration for cobalt-rich ferromanganese crusts in the Area and it was agreed to take this matter up at the eighteenth session. This matter is discussed in section XVII of the present report.

理事会未能完成《"区域"内富钴铁锰结壳探矿和勘探规章》拟订工作，商定在第十八届会议上继续处理这一事项。本报告第十七节讨论了这一事项。

相反，在翻译杭州旅游手册时，尽管对一些有特色的景点名称有时也需要保留原文的特色，采取一定程度的异化译法，但总体来说，还是应该采用比较灵活的策略，也就是说，调整汉语的语言结构，以适应英文的读者。一本旅游手册如果都是一些让人看不懂或很别扭的文字，还怎么能吸引别人前来旅游呢？这里准确性应该有新的诠释，很多对景点的描写、对景物的形容都没有必要采取死板的对应，而应该灵活对等。翻译这类与文化紧密相关的文章时，准确性主要体现在不歪曲事实上，而不是体现在对细节的吻合上，没有必要斤斤计较原文的语言形式，而应该尽量拓展结构调整的空间。这一点未必仅适用于广告，翻译其他文化含量高的文本也同样可遵循这个建议，

---

① 见 *Discourse and the Translator*，by Basil Hatim and Ian Mason，1990，第 188 页。

比如林语堂用英文写的 *The Gay Genius* 中的这几句:

A vivid personality is always an enigma. There had to be one Su Tungpo, but there could not be two. Definitions of a personality generally satisfy only those who make them. It would be easy to pick out from the life and character of a man with such a versatile talent and colourful life a conglomerate of the qualities that have endeared him to his readers.

元气淋漓富有生机的人总是不容易理解的。像苏东坡这样的人物，是人间不可无一难能有二的。对这种人的人品个性做解释，一般而论，总是徒劳无功的。在一个多才多艺，生活上多彩多姿的人身上，挑选出他若干使人敬爱的特点，倒是轻而易举。（张振玉译）

显然，原文属于文化含量较高的文本，根据这里的建议，译者似乎可以灵活一些处理，而张振玉的译文也确实采取了灵活的策略。

和前面的几个分析角度相比较，文化分析也是用一个新角度看同一个问题。文化含量低的文本通常是逻辑驱动的文本，也是评价性较弱的文本；相反，文化含量高的文本则常为情感驱动，是评价性较强的文本。

从文本与文化的紧密程度（more or less culture-bound）来制定翻译的策略，是一个较新颖的角度。但这个假设毕竟不是根据英汉两个语言之间的特征而提出的。所以，将它应用在英汉翻译上，就不能过于教条。翻译的实践需要我们根据具体的情况作出灵活的决定。

4　正规与非正规等语域因素

分析文本还应该注意文本是否正式，即注意文本的语域（register）。一个政治家冠冕堂皇的发言，一个学者缜密严谨的论述，一个姑娘谈情说爱的情书，一个市井小民低级粗俗的谩骂，从语域上看是不可相提并论的。纽马克将这种语域的差异分成下面几个类型:

［Officialese］The consumption of any nutriments whatsoever is categorically prohibited in this establishment.

［Official］The consumption of nutriments is prohibited.

［Formal］You are requested not to consume food in this establishment.

［Neutral］Eating is not allowed here.

［Informal］Please don't eat here.

［Colloquial］You can't feed your face here.

［Slang］Lay off the nosh.

［Taboo］Lay off the fucking nosh.

(From A Textbook of Translation, p. 14)

所以翻译时如何在传达语义的"显台词"之外，同时也传达出语域的"潜台词"，就尤为重要。翻译不仅仅是寻求意思相同，还应该谋求语域相似，原文正式的语气在译文中也应该是正式的，原文是非正式的在译文中也应该是非正式的；原文用的是土话，译文中也应该是相近的土话；原文用的是骂人的话，译文中也应该是骂人的话。对于文本是否正规，译者必须十分敏感，这样才能不仅传达原文的语义，也能传达原文的语气。

5 文本质地的"软硬"

所有上述的文本分类法都免不了有学术的痕迹，真正从事翻译实践的人未必会从这些角度去看文本。为了更靠近实践更接地气，这里提出另一个看文本的角度：软文本和硬文本。其实在社科人文领域用隐喻特征很强的"软""硬"两个概念来区别事物或现象并不罕见。最著名的就是哈佛大学政治学家约瑟夫·奈提出的"软实力"和"硬实力"，前者用价值观、文化、政策等手段吸引说服你，后者用军事或经济手段压服你。再如美国国内政治中的"软钱"和"硬钱"，前者指不受法规控制的捐款，后者指受法规严格规定的政治捐款。在文本分析中，用"软"和"硬"这种文本"质地"的差异来区分有一个很大的优点，"硬""软"这两个字的隐喻特征很直观，容易和实际的文本联系起来，而且很简单，只有两个选项。"硬"和"软"文本的特征如下：

"硬"文本	"软"文本
1. 词义边缘清晰	1. 词义边缘模糊
2. 词的解释余地小	2. 词的解释余地大
3. 文本个体特征弱	3. 文本个体特征强
4. 译者介入不宜	4. 译者常可介入
5. 句法逻辑严密	5. 逻辑严密非其特征
6. 标准常态语法为主	6. 会有非标准常态语法
7. 本土文化含量低	7. 本土文化含量可能高
8. 功能多为实用，常有功利目的	8. 功能多样，常无直接功利目的
9. 代表文本：政治、法律、经贸、科技等正规文本	9. 代表文本：某些诗歌、散文、杂文、评论、讲演、宣传品、广告等。

　　显然，"硬"文本翻译时要非常注意原文逻辑思路的展开，不宜随便打破原文逻辑，选词要精准，译文不要突显个人风格，跳脱原文的机会相对少些，灵活度相对较小。而"软"文本翻译时不宜完全被原文逻辑牵着走，选词可有自己的特征，一些译文有个人风格，跳脱原文的机会较多，灵活度相对较大。当然，这是这两类文本的核心特征，而且这些特征也并不是相互排斥的，如"硬"文本特别注重逻辑的严密，但这并不是说"软"文本就没有逻辑可言。毕竟任何一个人在写作时都需要靠逻辑思维引导，否则那个人就一定是思维混乱的"疯子"。但是我们毕竟不会在谈情说爱这类"软"文本中把逻辑思维发挥到极致，因为情书要打动女友，光靠滴水不漏的逻辑是不够的。另外，译者的介入也是不可避免的。翻译科技类的"硬"文本不应该像翻译散文那样不停地介入，但也不可能完全接受原文的思路和写法，译者不同程度地介入仍然是翻译过程中经常有的。概括地说，硬文本的翻译不宜过多受语境左右，因人而异的余地不大；软文本的译作则常会因人而异，成为特定时空的产物。从译者自由度的角度看，假如译者被锁在一间十平方米的"牢房"中，硬文本译者也许有一平方米的自由空间，软文本的译者就会有三平方米的自由空间，而一个好的译者会尽可能利用这个空间。硬文本的译者允许活动的空间虽小，但是也不应该浪费了那一平方米的自由天地。

　　有人会说，实际情况不可能仅仅是两类，灵活处理的程度毕竟会各不相同。我建议以这两个为基本选项，再创造出一个多元的格局，可有不同程度的"偏软""偏硬"等选项，活动余地可在一平方米到三平方米之间不等。总之，一个学翻译的人，在翻译之前能通过一个基本的框架对所译文本有一个认识，找出文本的特征和与之对应的翻译策略，这是有益无害的。

分析文本当然还可能有其他的角度和方法，但这里提出的几个角度应该是相当有效的，不妨在动笔之前借助这些工具，从文本功能、文化含量、文本评价性、语域等角度进行分析，进而制定翻译的具体策略。在翻译一篇文章前，不妨参照下面的表格，先回答一下这些问题，再动手翻译，这样具体决策时准确性就会高些。文本分析是一个非正式的过程，译者未必一定要用这个表格，更不必每项都涉及，简单地说，就是翻译前先想一想原文的方方面面。下表最后一项是有关自由度的。我们可以把自由度放到一个连续体的架构中来看，比如没有自由度为 0，最大自由度为 10。我们可以先让学生以 5 为中心，大致评估一下要翻译的文本的自由度是在 5 以上，还是 5 以下。比如一份商业合同，学生们马上就会说，是 5 以下，然后再让他们进一步逼近最佳点，比如对照一篇从经济学教科书中选择的文本，显然商业合同的自由度更小，而经济学教科书的自由度要略大些，所以也许他们会认为合同的自由度在 2 或 3 之间，而教科书文本的自由度则在 4 至 6 之间。一篇游记的自由度显然要大于 5，也许在 7 或 8 左右。总之，这是一个比较有效的办法，但使用时不可死板教条，数字仅仅是为了说明问题，本身没有特殊意义。

1. Logic-driven or emotion-driven
2. Expressive, informative, vocative
3. Formal or informal
4. Evaluative or non-evaluative
5. More or less culture-bound
6. Focus on writer, situation or reader
7. Soft text or hard text
More freedom or less freedom (1–10)

最后，文本分析仅提供文本特征，并不提供文本外的信息，而实际翻译却必须考虑文本外因素，特别是翻译目的。文本分析的结果仍需要由翻译目的来补充校正，这样才能制定出一个较为正确的翻译策略。

第十六章

提高翻译的准确性

通过分析完全错误的句子来学习翻译，其实收获并不大，因为严格地说，学生学到的主要是英文的理解，而不是翻译。帮助学生纠正这种理解错误的句子当然是翻译课的任务，但注意力全放到纠正错误上的话，翻译课就成英文课了。所以，我们需要分析讨论那些基本意思无大错，但细节上不够准确的句子，正是在翻译这类句子中，译者的翻译原则、标准、技巧经受了检验，纠正这些句子就能校正学生的翻译原则和标准，进而提高翻译的准确性。

1　提高翻译准确性的实例

下面我们来讨论一些细节欠准确的实例。这些句子，有的有错误，但不少都谈不上是错误，或者说有错但不严重，指出来是为了提高译文的准确性。

> What educated Americans do know is that the dominant view of America in the universities is decidedly negative.
> 在受过良好教育的美国人眼中，在大学里对美国的主要看法毫无疑问是负面的。

原文的主语是What educated Americans do know，但是译文完全改变了这个结构，换成了"在受过良好教育的美国人眼中"，显然译者背离了原文的逻辑思路，释义的程度明显加大。就基本语义来说，译文初一看和原文也无大差异，但细一想，"在眼中"和"知道"毕竟仍然有差别。关键的问题是，译者并没有被逼到硬要偏离原文的地步，直接按照原来的结构完全可以翻译，如"受过教育的美国人确实知道的是"并非不行，根本没有必要"舍近求远"。另外，译文中还有些细节需要注意，如原文并没有"良好"，原文中由 do 表达的口气也没有了。考虑到文本和目的因素，有时确实可以删除这些细节，但在严肃的文本中，这些细节仍然不能忽视。

> The center of this mental activity was Athens.
> 雅典成为这一精神活动的中心。

本句的译文和原文顺序颠倒了，译者也许认为 A is B 就等于 B is A。但是句子的基本内容不变并不表明句子传达的信息完全一样，将雅典作为译文的主语后，句子的侧重有些转移。但是译者显然并没有被逼到非要这样翻译的地步。我们不排除在有些情况下这样调换是可取的，比如与前后句衔接有此必要的话，调换一下也未尝不可。但是多数情况下，仍然建议按照原文的句法翻译。另外，译文使用了"成为"，但原文仅仅是 was，这是个细微的差异，但两个词毕竟很不一样，严格意义上说，不应该忽视这个差别。

The next four years, between 1909 and 1913, turned out to be a time of utter misery and destitution for the conquering young man from Linz.

1909 年到 1913 年的四年间，这个从林茨来的野心勃勃的年轻人境遇惨淡，一贫如洗。

这句比较复杂。原文的主语是 The next four years，但在译文中这一部分成了时间状语，主语是"野心勃勃的年轻人"。这类句型的转变本来是翻译课上老师常介绍的技巧，我们也不应该完全排除这种可能性，没有办法时换一个句型也许就能为译者解围。但是我们仍然需要看到这种转换可能造成的意思偏差。原文是在说"下面的四年"，而译文则在强调"年轻人"，句子的重心显然转换了。没错，意思基本一样，但侧重变了，一个重点在说时间，另一个主要在说人。这些细节的变换有时无伤大雅，我们当然也可以接受这种译法，但是这不应该成为译者的首选。毕竟译者完全按照原文的思路翻译，即以"接下来的四年"为主语，并不是办不到的，而且转换的过程中难免遗漏一些内容，比如译文就没有 turned out 的意思。下面的译文就是按照原文的思路翻译的："此后四年（从 1909 年到 1913 年）对这个林嗣来的闯世界的青年来说，是一段极其悲惨和贫困的时期。"（《第三帝国兴亡史》）若要将 turned out 翻译进去，则可以在句子前面加上"后来证明"。若嫌这样添加有些画蛇添足，则可以用"原来竟是（一段极其悲惨……）"这类文字表达，因为这个词组常表示结果意外。当然，这个漏译分量比较轻，用"够好了理论"解释，则可以忽略。

Su Tungpo, therefore, ranks as a major poet and prose writer of China.

苏东坡是中国诗歌及散文界的巨擘。

这里的问题当然是细枝末节，应该说，在很多情况下大家都会忽略，而且有时也可以忽略。但是在翻译的基本训练中，我们仍然应该提出来。译文完全忽视了 ranks 这个词。按原文翻译应该是"因此，苏东坡名在大诗人和大散文家之列。"我们确实承认，这种差别无关大意，在很多情况下忽略了不应该大惊小怪。但是在严肃的文本中，特别是重要文件里，仍然应该按照原文翻译出来，毕竟两句话还是有差别的。

To a people so blessed and so imprinted with the baroque style of living, life itself was something of a dream.

巴洛克式的生活方式已扎根于这些幸福的人们身上，生活对他们来说就是梦一场。

译文前半句是说巴洛克式的生活方式，后半部分是在说生活，两个半句之间虽没有连接词，但给人的感觉是因果关系。显然英文原文不是这样的，英文的基本框架是"To a people, life is a dream."。我们当然不是说非要按照原文的结构来翻译，但是为什么不按照原文呢？原文的结构至少在目前的现代汉语里，应该是完全可以被接受的（对那些人，生活是梦）。也许译者认为，这样翻译的话，汉语中"人们"的修饰语会很长，但是并没有长到不可接受的地步，而且，上面的译文前半部分也很长，转换句型后译文的两个部分关系并不明确。请看下面的译文："对于这样幸运和过惯了巴洛克生活的人们来说，生活就像是一场美梦。"（《第三帝国兴亡史》）这个译文就完全是按照英文的逻辑思路来的，可读性也并不比上面的译文差。这些正规文本中的句子大都是根据逻辑思维组织起来的，要做到改变句型但仍然和原文信息相同，做起来相当不容易。经常是稍一改动，意思就有些偏差，有时这种偏差是在允许范围内的，那么就不去管它，但有时却不能不管。另外，译文中用"就是梦一场"不够准确，因为原文是 something of a dream，所以"就像是一场美梦"才准确。另外，"这些幸福的人们"和原文用不定冠词的 a people 不同，但此差异似可忽视。最后，译文中的"扎根于……身上"搭配上似也有些问题。

Quick to comprehend Buddhist philosophy, he constantly associated with monks, and was the first poet to inject Buddhist philosophy into Confucianist poetry.

能很快理解佛教哲学的他常与僧人做伴，并且他是第一位把佛教哲学融入儒家诗教的诗人。

这句原文的 Quick to comprehend Buddhist philosophy 应该是状语，表达因果关

系，但是译文则完全变成了定语修饰语。我们大家也许都记得翻译技巧中专门讲述过状语从句和定语从句之间的转换，定语和状语间的转换是经常出现的。我们不是想指出上述译文有何不可，只是想提出，不转换仍然应该是首选的译法，因为那样更能体现原文的意思，比如："天生聪慧，对佛理一触即通，因此，他常与僧人往还，也是第一个将佛理入诗的。"（张振玉译）Quick to comprehend Buddhist philosophy 作为定语修饰主语"他"不仅听起来没有张译顺耳，细究意思的话，恐怕也不及张译那么精准。张译最后不用"诗人"应无伤大雅。

> Vienna had a gaiety and charm that were unique among the capitals of the world.
> 维也纳这个欢乐之城以它的独特魅力在世界所有首都中独树一帜。

在这个译文中，译者将 gaiety 和 charm 分开了，前者被放在了维也纳前面，作为定语修饰维也纳（欢乐之城），后者仍然在后面（以它的独特魅力）。这样处理后，就使前面的 gaiety 与后面的 unique among the capitals of the world 脱钩了，但原文是 gaiety and charm 都与 unique 有关联。译者显然跳脱了原文的思路，换句话说，原文的逻辑走向和译文显然完全不同。我们如何看待这种转移呢？在翻译实践中，有时译者确实会将某个词从一个地方拿开，放到另外一个地方，基本意思不变，就像这句一样，基本意思应该相差不大。这时，我们的决策应该参考文本外的因素，比如文本是否正式，读者是希望了解大意还是会关注细节等都可能帮助我们决定是否接受上面的译文。不过作为基本训练，上述译文毕竟偏离了原文的意思，原文的基本结构是 "Vienna had something."，而译文的基本结构是 "Vienna is unique among the capitals."，这样对照后，我们很容易看清楚原文和译文在重心上的差异，原文 unique 的是 gaiety 和 charm，但是译文则强调了维也纳独树一帜。我们不完全排除这种译法，但更准确的译法应该是："维也纳有着一种世界各国首都所没有的独特的快活气氛和迷人魅力。"（《第三帝国兴亡史》）

> There was a ferment in the life of the city, now grown to a population of two million.
> 而今这座城市的人口已达到两百万，社会经历着重大变革。

这个译文将后面的人口增长放到前面，这无可厚非。但是在处理前面这部分时，译者显然是试图通过解释的办法，把 a ferment in the life of the city 解释为"社会经历着重大变革"。那时的维也纳是不是经历了重大变化？根据上下文，译文解释得并没有错。但是译者其实仍然没有被逼到不得不添加"社会""经历"等词的地步。这个译文解释的力度比较大，而本来译者未必需要走得这么远。我们需要根据一些文本外的因素决定到底是不是可以接受这样的译文。非正式的文本中也许可以，但是一般情况下，译者最好回归到更为精准的译法上来，关键是要在译文中保留 ferment 这个词，而且不要添加"社会"这样的词，比如："全市人口这时已增加到两百万，生活之中有着一种沸腾的景象。"（《第三帝国兴亡史》）

Music filled the air, the towering music of gifted native sons, the greatest Europe had known, Haydn, Mozart, Beethoven and Schubert, and, in the last Indian-summer years, the gay, haunting waltzes of Vienna's own beloved Johann Strauss. 空气中漫布着音乐的气息，欧洲最负盛名的音乐才子海顿、莫扎特、贝多芬、舒伯特，都在此诞生，创作出华美篇章，还有那些最后的狂欢年代里令维也纳人难以忘怀的约翰·施特劳斯的欢快圆舞曲。

这句英文的主干就是"Music filled the air."，后面的都是在说到底有哪些音乐。译文基本意思符合原句的本意，只是在细节处有出入。比方说，充满空气的有一连串伟大音乐家的乐曲，但是译者在这个意思的表述中偏偏又凸显了"在此诞生"这个信息，这在原文是隐藏在 native sons 之中的，根本没有必要凸显出来，因为一凸显出来，就阻断了主要意思的连贯表达。在这里主要信息是这些音乐家的音乐，他们在哪里出生不是关键，需要用原来的 son 表达出来，但却不宜引申出"诞生"。另外，原文 in the last Indian-summer years 在译文中成了修饰圆舞曲的一部分，就是说，在最后的狂欢年代里令维也纳人难以忘怀的舞曲，但原文这部分却是修饰 filled 的。这是一个细微的差别，也许是无关痛痒的细节，但它毕竟不是原句的意思，下面的译文就准确多了："空气中充满了音乐，那是当地的天才子弟、欧洲最伟大的音乐家海顿、莫扎特、贝多芬、舒伯特的高尚优美的音乐，而且在最后那几年回光返照的升平岁月里，还有维也纳自己钟爱的约翰·施特劳斯的欢乐、迷人的华尔兹圆舞曲。"（《第三帝国兴亡史》）这个例子告诉我们，原文的语法结构可以突破，但是前提是意思不被歪曲。另外，上面译文中的"漫布"显然不恰当，改为"充满"好多了。

It's hard for a New Yorker to see how many memorials of the Civil War fill and shape this city—to really take in the many things we pass by every day that were made to the memory of bloody battles that began down south, exactly a hundred and fifty years ago. Hard because they mostly slide right by our notice into the amnesia bin of a busy city long since occupied by immigrants and the children of immigrants, most of them indifferent to that war's ghosts and glories.

纽约人经常会忘记遍布整个城市的南北战争纪念碑，虽然每天经过却忽略了这些为纪念 150 年前从南方开始的血战而筑的建筑。之所以会忘记，是因为我们的视线被转移了，我们的记忆迷失在忙碌的城市中，而这城市也早已被外来移民与其后代所占据，他们对这战争所遗留下的幽灵与荣誉毫无兴趣。

假如不看原文，仅读译文，我们会感到译文非常流畅，而且句子间的承接也非常合理，没有什么可以指责的。但是一看原文，就会发现很多问题。首先，译者基本是通过释义法来翻译的，也许译者消化了原文，翻译时并非完全脱离原文，但思路是自己的。这样就和原文的意思有不少偏差。比如，到底是什么被忘记了？译文说"忘记遍布整个城市的南北战争纪念碑"，但看遍原文也没有看到 forget 这个词，也许译者是在说 mostly slide right by our notice into the amnesia bin，但是前面这句 hard for a New Yorker to see how many memorials of the Civil War fill and shape this city 到哪里去了？我们根本看不到 see how many 这个意思。看来译者并不是一句一句翻译的，但这种高度综合的译法绝对不是翻译的常态。尽管不少理论都说翻译单位未必需要是句子，也可以是段落，但是我们认为，句子仍然是翻译最常用的单位。换句话说，大部分情况下翻译时应该一句一句地翻，不是一段一段地翻译。所以，to see how many memorials of the Civil War fill and shape this city 无法回避，应该先翻译，然后再看后面的内容。有的学生翻译成"在纽约生活的人很难注意到这座城里遍布的纪念碑"，但是原文并没有说很难注意到纪念碑。有的学生翻译成"纽约人很难注意到这城里有多少遍布的纪念碑"，原文也没有这个意思，原文的 how many 是和后面的动词 fill and shape 连起来的，fill the city 是存在或遍布于这个城市，shape the city 则是磨塑或型塑这个城市，shape 的信息在译文中没有了。所以说，这个开头的句子没有翻译好，后面的就很难准确了。下面的译文就比较准确："纽约人很难意识到，有多少南北战争的纪念碑矗立在城中，磨塑了这座城市——我们每日经过的建筑，有许多是为了纪念那些一百五十年前由南方开始的血腥战斗而建的，而到底有多少牵动着我们的心，我们很难知道。难是因为，这些建筑通常从我们的视线中一晃而过，沦落至繁忙都市中被人遗忘的角落，加之纽约长久以来以移民和移民子女为主，其中多数人对战争的牺牲和荣耀并不关心。"看了这个译文就会发现，译者基本没作过大的调整，是老老实实一句一句翻译下去的。我们初学翻译的人应该时刻记住，大部分情况下我们应该一句一句地翻译，解释当然有时难免，但那往往是翻译不出来时的权宜之计，比如这段中的 really take in 就很难按照字面意思翻译，在正确理解的前提下，发挥一下就成了没有办法的办法。译文的准确是译者要时刻牢记的。当然，前面那个译文也并非完全不可取，但是释义的成分过大，以至于准确性不足。

2　追求准确的几个方面

上面的例子可以说大部分都不是很严重的错误，我们指出来是为了让译文更准确。但是这样做也许会扼杀学生的灵活性和创造性，译者也许不敢发挥了。这是另外一个极端。我们必须有灵活的思维，才能处理翻译实践中非常复杂的问题。关于准确，至少有几方面我们需要注意。

首先，有时求准确应尽量贴近原文。比方说，逻辑驱动的、正规的官方文件，特别是政治、经济、法律等文本，翻译起来需要特别注意细节，译者的思路往往应和原作者契合或者相差不远，因为原作总是承载一些比较具体的任务，这些任务往往是实用的，比如一个经济合同事关几百万美元的生意，一个联合公报表达了两国微妙的关系，一篇药物使用说明载有如何使用的信息，所有这些翻译活动都可能有非常直接的后果，可能造成经济损失、政治纠纷，甚至人命关天。所以在这类翻译中，谨小慎微、关注细节的译法当然是首先应该推荐的。此时准确性占上风，目的语的流畅虽然不能不顾，但有时难免有所牺牲。比如下面这段联合国的文件就属于这一类的翻译：

As the world charts a more sustainable future, the crucial interplay among water, food and energy is one of the most formidable challenges we face. Without water there is no dignity and no escape from poverty. Yet the Millennium Development Goal target for water and sanitation is among those on which many countries lag the most.

在全世界策划一个更可持续的前景之际，水、粮食与能源的相互作用是我们面临的最巨大挑战之一。没有水，就没有尊严，也无法摆脱贫穷。然而，《千年发展目标》里水和环境卫生的指标却属于许多国家最落后的指标。

但是我们毕竟不是每时每刻都处理这类让人神经紧绷的文本，有时我们会翻译一些情感驱动的，记述生活中较为活泼时刻的非正式文本。此时，我们似乎就可以略有松动。遣词造句中就可以不那么受原文牵制，甚至还可以"出神入化"一下。有时翻译后自己都拍案叫绝，这在翻译前一类文本时是没有的。此时，我们需要多发挥译者的能动性。比如：

> To my classmates who are at the reunion, I extend to you my best wishes and hope that the event is a success. What is better than being back in time and reliving the four years of youth that you thought you had forever lost but magically regained? What is better than May in Hangzhou, shaking hands with old friends who are suddenly twice as old, getting lost on a campus that was once so familiar, searching in the most remote corner of one's memory for an anecdote that seems somehow funnier than it was in actuality, and the sweet, sweet feeling of revenge upon seeing or hearing of a few A-students who are lower on the social or economic totem pole than you are?

> 各位参加聚会的同学，我向大家送上衷心的祝福，也祝聚会圆满成功。四年的青春岁月原以为一去不返，谁料大家又神奇地重返当年，有什么会比这更令人心欢？五月的杭城，老朋友握手重逢，却顿觉对方已入中年；再看这熟悉的校园，当年的学子今日竟迷失其间；或去寻找记忆中最遥远的角落，想起一则轶事，当初它谈不上可笑，今日却引得大家笑声不断；对了，还有那当年的优等生，无论是社会地位还是经济状况，今天竟都在你之下，听到这些你难免心中蜜甜，得意非凡。有什么会比这些更令人心欢？

这个译文的文字就活泼多了。尽管译者仍然是一句一句地翻译，但为了照应汉语的流畅，译者完全摆脱了英文的束缚，译文读起来并没有感到像在读翻译，完全像在读用汉语创作的文字，可见翻译需要看翻译的文本是什么，翻译的目的是什么。这个看错了，翻译就会出问题，比方说，前面那个联合国的文件若用这里的翻译手法处理，就可能出现不准确的地方；反过来，用翻译联合国文件的方法来翻译这篇散文，就会感到译文味同嚼蜡。不过，不管是什么类型文本的翻译，原文毕竟是一个对照的标准，不顾原文的翻译是要不得的。比如：

> It's not the turkey alone we're grateful for. Not the cranberry sauce or the stuffing or even the pumpkin pie. Some of the people seated at the table are strangers—friends of friends, cousins of in-laws—and some are almost desperately

familiar, faces we live and work with every day.

不单单是因为有火鸡我们才感恩，也不是因为有红莓果酱、火鸡馅料，甚至不是因为有南瓜派。餐桌上就座的人有些是陌生人，是朋友的朋友，亲戚的亲戚，有些则是熟得不能再熟的人，一起生活的家人，一块工作的同事。

这个原文就不是非常正规的文本，文字也比较活泼。译文确实也很灵活，不少地方细看都能看出汉语行文的用心。但是若将这个译文和原文对照一下，我们还是会发现译文和原文相当一致，是一句一句翻译的，没有毫无根据的增加和删减。翻译毕竟是翻译，不是创作。特殊情况（如广告等）当然有，但那种抛开原文的译法不是翻译的常态，而是特例。

下面让我们在书的下一部分来看看更多翻译的实例。

第二部分

翻译实践篇

翻译练习一

What Does "Aging Gracefully" Mean?

When people talk about getting older[1], it's not uncommon for them to use the term "aging gracefully[2]". Often, celebrities like Helen Mirren or Diane Lane are described this way[3], because they are beautiful older women who don't seem to be going out of their way[4] to hold on to their youth. But, celebrities aside, how does the common woman grapple with the concept of aging gracefully when we get so many mixed messages about what it means to grow older?

"Aging gracefully" is often used as a euphemism. People may use the phrase to mean, "Looking old, but embracing it" or "Showing signs of aging, but still powering forward with life". In this way, the term feels almost negative or backhanded[5]—it's the phrase we use to describe someone who isn't looking as good as they once did[6].

But is that the only interpretation we can affix to this term? Perhaps aging gracefully doesn't necessarily have to refer to age or appearance, but rather the attitude people have as they go through the various stages of life.

"Aging gracefully" has also been a word used to describe women who choose to grow older without undergoing any aesthetic procedures to help them maintain their looks. This perspective, however, feels a bit outdated. There was a time when plastic surgery was a taboo subject, but today, it's gained wide acceptance, because people have realized that there truly are benefits to cosmetic procedures. They can help you not only look younger, but also feel more confident.

Aging gracefully doesn't mean you have to wear your wrinkles with pride—instead, you need to do whatever is necessary to stride into your older years[7] with confidence. For some people, this may mean simply embracing the natural signs of aging without visiting a board-certified plastic surgeon along the way.[8] For others, it means taking steps to make your outside appearance match the way you feel on the inside. If you feel energetic and youthful internally, then there's no shame in getting a facelift, tummy tuck or breast lift to keep your body at the same level.[9]

Ultimately, it comes down to personal needs and desires. If you are confident about getting plastic surgery, then electing to go under the knife is the most graceful choice you can make.[10]

(From *The American Society for Aesthetic Plastic Surgery*)

注释

1. 这个 older 在本文中多次出现，学生需要注意两个问题。一个是要注意到这个词并不是 old，而是 older，此外指的不是垂垂老矣这个年龄段，所以用暮年之类的词，不仅修辞不合适，意思也不对。有不少学生都用"变老"这个词，但"变"字在这里最好避免使用。要知道 aging gracefully 所指的年龄段很宽泛，年近50 的人就可能有这个词组所指的那种压力。严格地说，男女都面临这方面的压力，但是大多数情况下还是指女性。有人选择用"老去"，也是一个可以考虑的词，但"衰老"却不太合适，因为"衰"字有体弱的含义，这里这层含义不强烈。参考译文二用"渐入老境"，表达渐渐进入，还不到老境的阶段。另外一个要注意的问题是，这个词反复出现，译者未必需要用同样的汉语词汇来翻译它（详见下面的注释）。

2. 这个 aging gracefully 指的是年龄渐渐接近老年过程中人们的一种心态，即接受老这一事实的心态，老得有风度，用正能量面对老年即将来临这个现实。其实这个原本未必算是专业词，可以自由选择译法，但是鉴于目前"优雅地老去"使用很广，所指的也是同一概念，加之这个词组指女性时更多，特别是在本文中基本在对潜在的女性客户喊话，所以选用大家都在使用的"优雅地老去"是可以的。优雅这个词用在男性身上还有待商榷。

3. 这里的 are described this way 是指这两个人就被看作是在优雅地老去。翻译的时候当然可以按照原文文字直接翻译，如"被这样地描述"，但是"被"字容易带出贬义来，虽然没有错，但最好避免，比如参考译文二就翻译成"是优雅老去的典范"。"典范"二字加上去不仅没有添加原文没有的意思，反而添加了附着在原文内的潜在含义。作者写这篇文章时，Helen Mirren 68 岁，Diane Lane 48 岁，但作者在文中举例时未必就一定是指他们在写文章时的实际年龄，一般情况下，接近 50 岁的人都可以说面临优雅老去的压力。

4. 这句中的 going out of their way 当然可以翻译成"作出额外努力"，但是在这个文本中更为灵活的、依靠语境的译法似乎完全可以接受。根据这句的上下文，我们已经很清楚地知道，所谓 going out of their way 的内容就是去做些额外的努力，比如做整容手术等。仅仅在脸上涂抹些化妆品还算不上 going out of their way。所以参考译文二翻译成"却未刻意修容改貌"。这种离开原文文字，到语境中去寻求具体意思的方法在这类文本的翻译中可以偶尔使用。若在实用文本中，则应该更保守些。

5. backhanded 这个词的意思就是你一听这话是美言，但仔细一琢磨，意思似乎恰恰相反（Macmillan: said in a way that seems to express admiration but really expresses the opposite）。

6. 这句话（describe someone who isn't looking as good as they once did）可以翻译成"用来描写一个看上去不如过去那么好的人"。但是这样紧贴原文的翻译有不少弱点，比如这个"不如过去那么好"就很模糊，可以暗指身体有病，结果看上去气色不好，显然本文中没有这层意思。和前面的注释 4 一样，译者可以抛开文字，到语境中去寻找这个 not look as good 的具体所指，也就是指 50 来岁的人没有当年的外在美了，所以参考译文二翻译成"失去了当年的风采"。这类抛开文字到语境中找依据的翻译方法会有一定的风险，在较严肃的文本中使用时要更谨慎些。

7. 这是 older 在文中的第四次出现，前几次分别译成"渐入老境"（getting older），"风韵犹存"(beautiful older women，beautiful = 风韵，older= 犹存) 和"渐渐老去"（to grow older）。我们一般认为，在正式文本中，一个词或词组若有专业化倾向，往往需要在一篇文章里保持一致，也就是用同一个译法，因为专业词的身份一般是不变的，是约定俗成的。但是非专业词，特别是在非专业文本中，大部分情况下虽然仍会用同一个译法，但是不用同一种译法的机会很多，译者常常需要根据语境作出不同的选择。本文的 older 就是一个例子。在这句（to stride into your older years）的翻译中，参考译文二又一次用了和前面不同的翻译方法（大步踏入不再年轻的岁月）。

8. 这个句子中有两个问题可以讨论。首先，embracing the natural signs of aging 可以按原文文字直接翻译成"拥抱衰老的自然痕迹"，但是这个译法完全照搬了原文词与词之间的修饰关系，语言西化的痕迹很重，而且意思也不太清楚。

跳出原文后的参考译文二不去计较 signs 这个词，结果就灵活多了（坦然接受自然老去的容貌）。另外，原文的 board-certified 是美国医生审批制度中的一种方法，大致相当于获得执照，但在这里用不用意义不大，基本意思就是去找整形外科医生。当然翻译成"持有专业证书的"也可以。

9. 这个 to keep your body at the same level 当然可以翻译成"让他与身体保持在同一水平上"。若翻译一个实用文本，又是在可读性要求不高的情况下，如此直译也不是不可以，我们也经常遇到这种情况。但在这样一篇具有广告色彩的文本中，可读性的要求比较高。加上这类文本在很多情况下常常有语言夸张的倾向，所以译者有足够的理由将这句翻译得灵活些，甚至略有夸张，比如参考译文二（让身体与心态比翼飞翔）。至于这句中的 a facelift, tummy tuck or breast lift，翻译时也是有选择的，比如 facelift 其实翻译成"拉皮"更准确，整容所指的范围比拉皮更广。但是"拉皮"听起来没有"整容"舒服。其实我们这里并不是在为三个技术操作寻找对应的技术词，因为原作者其实是在举三个例子，译者也应把这三个当作例子来翻译，所以译者选择的余地就较大。同理，tummy tuck 直译过来是腹壁整形术，抽脂也是 tummy tuck 的一种。但这里如果前后都是两个字（整容、隆胸），中间插进五个字（腹壁整形术）就不协调了。

10. 这句中 to go under the knife 有些人翻译成"刀下求美"，表面上看是个不错的译法，实际上却大有商榷的余地，因为在一般人的思想中，"刀"这个词会潜意识地唤起恐惧。有人会说，原文就有 knife，译文怎么就不可以有"刀"。暂且不管原文读者对这个词的心理反应如何，仅就汉语来说，替换掉仍然是上策，更何况可替换的选项不少，比如参考译文二就巧妙地避开了这把刀（让医生为你增添风采）。另外，graceful choice 中的这个 graceful 是作者玩弄的一个语言"把戏"。一般情况下，在这类文本中，译者不必在意语言中的把戏，因为翻译的目的不是显示文字如何如何，而是宣传产品或服务。但在这里通篇都是 gracefully，所以这里的 graceful 就有必要和前面的 gracefully 保持一致，如参考译文二（就是"最优雅"的选择）。另外，这句中的 confident about getting plastic surgery，理解成对手术结果的信心，似乎不够准确。理解成对手术愿望的信心更合理（having confidence about wanting to have plastic surgery）。也就是说，你确信想给鼻子换一个形状（if you are really sure you want a different shape to your nose），那就去做手术。

参考译文一

优雅老去

谈到年岁渐老，人们常说"优雅地老去"。获此称誉者往往是海伦·米伦或是戴安·琳恩这样的时尚名媛：她们年岁渐增而韵味不减，却又不似为了留住青春而刻意矫饰。围绕"老去"一词，人们已有诸多争论，那么，名流淑女姑且不谈，对于普通女性而言，"优雅地老去"又当如何解读？

"优雅地老去"往往是一种委婉的表达，实际可能是说"外貌显老，但坦然接受"，也可能是说"岁月留痕，而生活热情不减"。总之，我们以此形容某人的容貌不如从前。这时，"优雅地老去"几乎是一种转弯抹角的挖苦。

然而，解读是否仅此一种？又何妨说，"优雅地老去"未必关乎年龄或外表，而在于面对人生不同阶段时的心态？

一些上了年纪的女性不愿通过美容手段维持容貌，而选择顺其自然。对此，人们亦称之为"优雅地老去"。不过，这种观念多少有些过时了。尽管整形一度是个令人避讳的话题，但时至今日，人们已逐渐了解到它的好处，也对它予以更多认同。事实上，整形不止让人显得年轻，还能令人自信倍增。

"优雅地老去"并不意味着笑对皱纹、任其滋长。相反，你应该全力争取，以自信之姿从容迈向更为成熟的年华。对一部分人来说，他们要做的只是坦然接受岁月留下的痕迹，至于专业整形则并无必要。但对另一部分人而言，这是一个主动探求、让外在容貌与内在体验逐步契合的过程。如果你的内心仍洋溢着青春与活力，不必犹豫，让身体也年轻起来吧！从面部紧致、腹部塑形到胸部提升，整形手术能将你的身心状态调整到同一水平。

归根结底，整形与否仍取决于个人需求与愿望。如果你愿意接受整形手术，那它无疑是你最为优雅的睿智之选。

（施天懿译）

参考译文二

优雅老去

一谈到渐入老境，人们常会用"优雅老去"这个词。像海伦·米伦或戴安·莲恩这样的名人就常看作是优雅老去的典范，她们风韵犹存，却未刻意修容改貌，硬要抓住青春的尾巴。面对渐渐老去这个议题，忠告建议铺天盖地、莫衷一是，名人且不论，普通女性该如何把握优雅老去这个概念呢？

优雅老去常是一种委婉的说法。有时它指"容颜已老，但坦然接受"，或"老态初显，但斗志不减"。此时，这个词听起来几乎是贬义，或有点明褒实贬。女人若失去了当年的风采，我们就用这个词来形容。

但难道只有这么一个解释？也许优雅老去未必非指年龄或外表，也可以是一种态度，是走过人生不同阶段时所持的心态。

一直以来，"优雅老去"这个词还指女人年龄渐增，却不求助医术保持容貌依旧、青春不老。但这个观点有些过时。整形术虽曾是免谈的话题，但今天已广为接受，因为人们意识到整形术真的好处不少。做过这类手术的人看上去更年轻，也更自信。

优雅老去并不是说你要以满脸皱纹为荣。相反，该做的你都得做，然后满怀信心大步踏入不再年轻的岁月。对有些人来说，这意味着坦然接受自然老去的容貌，不去求助整形外科医生。而对另一些人来说，这个词就意味着要有所作为，让外貌和心态不再"貌合神离"。如果你精力充沛、青春焕发，那么就去整容，就去收腹，就去隆胸，让身体与心态比翼飞翔。

说到底，要看女人自己需要什么，渴望什么。如果你确信想做整形手术，那么让医生为你增添风采就是"最优雅"的选择。

（叶子南译）

有宣传目的文本的翻译

文本类别不少，各类有各类存在的目的。比如我们这篇，初一看，是在说年龄老起来，心态要摆正，不要因为添了几根白发就心中焦虑，多了几条皱纹就寝食难安。但细一读，就不难发现，那些并非本文作者的目的。真正的目的是劝你使用他们的医疗服务。本文最早载于美国一个整形外科学会的网站，旨在普及整形外科，换句话说，就是鼓励人去做整形外科的劝说类文本，可以归入广告一类。

纽马克在谈到文本分类时说，有宣传广告目的的文本应该有较大的灵活性，要把翻译的目的放到调动读者兴趣上，使他们爱上文本宣传的产品。也正因如此，这类文本并不过度强调文字层面的准确，因为文字对等往往达不到宣传的目的。所以我们常常看到有的广告翻译和原文相去甚远，甚至完全背叛原文，但却忠实于原文的目的，起到了调动读者兴趣的作用，比如下面这段文字：

> The shirt illustrated on the opposite page is an adventurous white and blue shirt. Yet it would fit beautifully into your wardrobe. And no one would accuse you of looking less than a gentleman. Predictably, the different white and blue check shirt has a different name. Viyella House. It's tailored in crisp cool cotton and perfectly cut out for city life. Remember our name next time you are hunting for a shirt to give you more than just a background for your tie.

这段文字若采取一般翻译信息类文本的原则，把文字对应放到首位，即便采取较大的翻译单位，效果仍然不好：

> 下页展示的衬衫是色调大胆的蓝格白衬衫。它会为你的衣柜横添风采，穿上它没有人会责怪你缺少绅士派头。可以预想，这种不同的蓝格白衬衫会有一个不同凡响的名字：维耶拉。它为都市生活选用凉爽的棉布精裁细制。下一次你寻购衬衫时请记住我们的名字，它给你的不仅是作为领带的背景。

从文字层面上来说，这个译文是忠于原文的，但如果这段文字的目的是要推销这款衬衫，效果显然很差。下面的文字就不同了：

> 英国人以其衬衫的风度闻名世界。其知名品牌就是维耶拉衬衫，它以精纺棉布为面料，由英国维耶拉品牌精心裁制，质量上乘，畅销世界。维耶拉特此郑重地承诺：蓝格白底，是白马王子的首选，风度翩翩，惹来窈窕淑女的青睐。穿上维耶拉，男人闯天下。穿上维耶拉，生活真潇洒。

这段文字和原文是对不上的，文字的写作者不能称为典型的译者，在很大程度上写作者以原文提供的信息为基础，牢记文本的目的，即要把衬衫卖出去，采取了创作加翻译的方法。在实际工作中，所谓的 transcreation 一直是被广泛使用的翻译方法。

但并不是所有带有宣传目的的文本都应该采用这类翻译加创作的方法。宣传的产品往往也是考虑的一个因素，比如翻译这款衬衫，用这样夸大的文字很合适，但是我们这个整形手术的文本，就未必可以用这种夸大的手法，过于夸大其词的语言容易给人一种江湖郎中的印象。所以我们这篇的处理仍然采用了典型的翻译手法，每句都有翻译，经得起对照，灵活与变通主要体现在具体词句的处理上，而不是像上面那则衬衫广告那样增删改变，灵活无度。比如 "If you feel energetic and youthful internally, then there's no shame in getting a facelift, tummy tuck or breast lift to keep your body at the same level." 这句，参考译文二就翻译得很自由（如果你精力充沛、青春焕发，那么就去整容，就去收腹，就去隆胸，让身体与心态比翼飞翔）。但是这种自由是在遵守对等原则的前提下取得的，这一句和原文那句是对应的。换句话说，对等原则仍然体现在句子层面，因为对等不上升到语篇层次也能达到宣传的效果。

　　从理论上说，奈达的对等理论或纽马克的交流理论也强调目的或功能，但是他们的对等是在语言内"运作"的，从不超出语言本身，而以目的论为基础的功能理论则完全冲破了语言的藩篱，直接强调了语言的使用者。也许可以这么说，那则衬衫广告是完全冲破了语言的藩篱，启动了目的论，强调了整个文本的功能，而我们翻译这个整形手术的文本时却仍然在奈达对等理论的"藩篱"内运作，因为译者判断这样做足以达到预期的目的。假如译者在这个译文中增加原文没有的文字，删除一些内容，甚至作出更大的改变，那么目的论是他这么做的理论依据。但对于一个有经验的译者来说，所有这些与广告相关的翻译策略，都是非常自然的选择，完全不懂对等理论、全然不晓目的论的人，也会作出同样的选择。

翻译练习二

Leipzig

At first sight, Leipzig is a mysterious and romantic place. Art Nouveau buildings, swathes of parkland, crumbling façades and graffiti combine in a city that reveals itself slowly.[①] Famous for a friendly openness to outsiders, Leipzig has a history of trade and a tradition of freethinking that dates back[②] to the time of the Holy Roman Empire. Since the German reunification, the city has grown into a place for[③] artists, designers and intellectuals, all of whom profit from its openness and an abundance of room in which to experiment. As abandoned mills and apartments blocks are transformed into surprisingly affordable[④] living and working spaces, this old city blooms. While Berlin grows into being the capital city of Europe's largest economy,[⑤] Leipzig, a town of half a million people an hour's drive south, has managed to maintain its bohemian edge[⑥]—at least for now.

Leipzig has benefited from low-key revitalization allowing for flexibility, making it an open ground for experimentation. For locals, there is always something new, from music—a tradition that includes Bach and extends to visits from übercool acts like Nicolas Jaar and Wolf+Lamb—to craftsmanship and experimental design.[⑦] As a center for creative output, Leipzig is supported by[⑧] institutions like the Academy of Visual Arts and the Museum for Contemporary Art, as well as more informal places like the Spinnerei complex—an immense former cotton mill—or the Kaufhaus Held, a department store taken over by artists and designers. The Leipzig Book Fair, second in size only to its equivalent in Frankfurt, upholds Leipzig's long history of trading the printed word, and DOK Leipzig, a documentary film festival, is internationally important. Leipzig is a Messestadt[⑨]—a trade-fair town—and events like the Designers' Open, a citywide German design festival, are gaining importance in the European creative scene. Many businesses in Leipzig seem to be the pragmatic creation of artists or designers seeking cross-financing for other projects.[⑩] This has unusual results, and a pace that encourages lingering and exploring.[⑪] The lines between art, design and business are not always clear in Leipzig, a refreshing change from both cynical cosmopolitanism and naive idealism[12].

In the old city center, pedestrian zones brimming with tables and chairs generate a central German/Mediterranean buzz in summer and induce a Christmas market coziness in winter. Leipzig's independent spirit is evident throughout the city. Numerous banners hang from buildings, expressing all manner of individual views that include everything from interest in reinvigorating the city's history, to resistance to gentrification, to opinions on global events. Blockish East German-built Plattenbauten—prefabricated concrete buildings—have been taken over and transformed into shops, galleries and art and design studios. Further out, ex-industrial areas like Plagwitz and Lindenau are reborn as centers for creativity and cultural expression, renewing abandoned and derelict spaces. While the city has no grand waterway, it is surrounded by green space with small canals and rivers. People gather at Sachsenbrücke[13] or in one of the semi-informal bars that spring up around the city, free to take the time to enjoy life as they want. Visitors can join in. As a local gallerist quips: "On the first day, you're welcome. On the second, you're a Leipziger." [14]

(From Lexus promotional materials, by Jessica Bridger)

注释

1. 这句理解并不困难，但表达起来却很难把握。不妨看看一个学生的译文："新艺术派建筑、大片的绿地、破败的外墙和街头涂鸦在此共存，这座城市正不慌不忙地讲着自己的故事。""破败的外墙"的译法不能算错，但是仍有改进余地。crumbling 的意思比较具体，Collins 词典中的一个定义就是 "If an old building or piece of land is crumbling, parts of it keep breaking off."，正好和我们这个语境相符。"破败"却是一个比较含混的词，可以激发出各种不同的联想，虽然用在这里没有错，但仍然可以进一步微调，比如用"斑剥"似乎更接近原文。有人用"斑驳"，可是这个词更强调色彩杂乱。把 façades 翻译成"外墙"或"墙壁"当然也没有错，但 façades 和 face 同源，应该是指朝街的那面墙，翻译成"建筑门面"更合适。其实这句的主要问题是 combine in a city that

reveals itself slowly，上面的译文翻译成"……在此共存，这座城市正不慌不忙地讲着自己的故事"。"共存"或者"结合在一起"都不能完全否定，原文确实有一个实意词 combine，表达出来也无可厚非。但是此时译者应该完全站在汉语的角度来看这个词，换句话说，假如你自己写这个句子，你会怎么写？于是你会发现，"共存""结合"这类词用在这里未必自然，参考译文二用了最简单的"都有"，求其自然，放弃了与原词字面的对应。当然这里最需要讨论的是"不慌不忙地讲着自己的故事"这部分。译者用"讲着自己的故事"来翻译 reveals itself slowly，解释的成分大了些，用"讲故事"这个拟人手法总觉得过于强烈了点，但似仍可接受。其实翻译这几个词时，很多学生演绎颇多，比如还有一个学生翻译成"花上一点时间，你才能体会到这座城市的韵味"，完全把原文以城市为主体的叙述角度改成了以人为叙述角度。这类角度的转换在翻译活动中未必都要否定，有时甚至应该给予肯定，但是严谨的翻译至少应该提出这个问题，特别是在不偏离原文完全可以做到时，最好不这样转换角度。其实上面这个学生在整篇的翻译中非常灵活，多有变通，是个很有潜力的译者。参考译文二开始译成"莱比锡将自己慢慢展现"，紧扣原文，但后来改成"莱比锡在游人面前将自己缓缓展现"，因为这样更连贯，而且整个文本诉说的对象就是潜在的游客。当然，在正规实用文本的翻译中，还是以不添加为首选。

2. 这里的问题是有时译者粗心，把 that dates back 的主语看成是前面两个短语（a history of trade and a tradition of freethinking），但动词 dates back 是第三人称单数，它的主语应该仅是后面那个 a tradition of freethinking。

3. 这个 a place for 译者选词的空间很大，比如学生选择了下面的不同译法：天堂、趋之若鹜的城市、首选的城市、宜居城市。似乎都有些小问题，比如"天堂"要比原文有更多感情色彩；"首选的城市"引进了原文没有的先后次序；"宜居城市"似乎已经有固定的意思（宜居城市是指对城市适宜居住程度的综合评价，特征是环境优美、社会安全、文明进步、生活舒适、经济和谐、美誉度高），显然不是本文所指的；而"趋之若鹜的城市"则一般有贬义，但目前似乎这点已经淡化。参考译文二尽量不去"拔高"原文，不用"天堂"之类明显有褒义的词，而把 for 解释成"适合居住"，其实就词义来说，"宜居"和"适合居住"相同，所以在"宜居城市"中间加上一个"的"字就可以避开"宜居城市"这个有专门意思的词组。

4. 这里的 affordable 有不少学生翻译成"可负担的"，就词义来说，和原文是一致的。

但是在西方有些国家（如美国），"可负担房屋"这个词往往是指由政府补贴、专门提供给低收入者使用的房屋。由于这个词前面有一个副词 surprisingly，所以可以排除是指这类房屋。为了避免误解，最好还是避开这个词，比如可以翻译成"价格低廉的"或"价格可承受的"。

5. 这句有一个学生翻译成"当柏林发展为欧洲最大经济体的首都的时候，莱比锡，这座人口五十万，仅往南一小时车程的小城，却保持了波西米亚式的特色——至少目前如此"。这里有几个问题需要讨论。首先，while 是否应该翻译成"当……的时候"？我们知道这个词确实有表达时间的意思，但它还有一个表示"虽然"的意思。在这里第一个要搞清楚的是，while 到底是表示时间，还是表示让步？其实你只要看一下句子的动词（grows into），就能找到答案。动词表达的并不是一个正在进行的具体动作，而是一般现在时态。所以它并不表示时间，而应该表示让步，是"虽然"的意思。因此确切地说，这个城市已经发展成了欧洲最大经济体的首都这个说法和原文还是有些出入的。grows into 指 to grow or develop so as to fit into or be suited to，强调的是 fit into。若你再看下面的词，就发现原文并不是 grows into the capital city，而是 grows into being the capital city，这里 being 表示 becoming complete 或 maturing into completeness，也就是说，柏林正在慢慢地胜任欧洲最大经济体的这个角色，强调的是是否称职，而不是强调是否为最大经济体。这就像北京是中国的首都，这个事实早就成立了，但是我们仍然可以说 Beijing grows into being the capital city of the world's second largest economy，因为北京还在发展以适应世界第二大经济体的角色。但在翻译时，译者仍然面临选择。如果翻译成"诚然，柏林正在承担起欧洲最大经济体首都的角色"，大意是对的。但是如果不添加"承担角色"这个原文没有的词也能表达意思，那么最好不添加，比如参考译文二翻译成"诚然，柏林正成功地转变成欧洲最大经济体的首都"。当然这样处理会有不同意见，如有人会觉得不应该添加"成功地"，但 grow into 这个词组一般总是提示动作完成了，而就实际情况来说，柏林也确实成功地"华丽转身"了。

6. 这里的 bohemian 表示一种与传统相违背的艺术或生活方式，特点是不受规则约束。但是这个词在一般读这类文章的人眼里，应该不用解释就能懂，所以翻译成"波西米亚的"应该不会有理解上的障碍。至于 edge 一词的翻译，学生有些争论，有的说这个词表示"优势"的意思（advantage that makes someone or something more successful than other people or things），但有些学生认为，这个词表示"特征"的意思（strange quality that something such as a piece of music or a book has that makes it interesting or exciting）。其实，在这个语境中这两种解释都可以，或者说有些歧义。但是翻译时解读成"特征""特点""风格"似乎更合适（参考译文二处理为"波西米亚的风格"）。

7. 这句中的 übercool 表示"超酷"的意思，但是根据下面的例子，再加上和上面的经典音乐的对照，说成新潮音乐也可以，反正是和传统音乐相异的音乐。Nicolas Jaar 是以纽约为基地的音乐人，Wolf+Lamb 也是新潮音乐的代表。但这个句子不少学生翻译成"对于当地人来说，从音乐艺术——既有巴赫等人缔造的音乐传统也有尼古拉斯·贾尔、狼与羊队的炫酷新曲——到工匠精神和实验设计，这里总有新鲜事物可瞧"。这个插入完全按照原文的位置放不是上策。英语读下来这个插入问题不大，因为视觉上一下子就能分辨出其插入的身份，但在汉语中，这样的插入就很不合适。如果是非常严谨的政治法律类文本，保留这个插入的内容倒勉强可以，但像这样带有宣传色彩的文本，就应该尽量避免插入，比如可以将插入部分和音乐分开，然后再用举例的方式提到插入的内容（参考译文二处理为"对当地人来说，新事物层出不穷，音乐、工艺、创新设计都让你耳目一新。比如音乐方面，不仅有巴赫那样的传统音乐，还有远道来访的新潮音乐，如尼古拉斯·贾亚尔的音乐和狼与羊的二重唱"）。译者甚至还可以调换语序，把音乐放到最后，与插入的内容放在一起，因为在这里语序并没有多大意义。

8. 这句不少学生都将 supported 翻译成"支持"（作为创意之都，莱比锡受到视觉艺术学院和大都会博物馆等机构和一些非正式场所的支持）。但是一般来说，被支持者是客体，如"我们得到了隔壁班同学的支持"，但这里这些支持的机构就是莱比锡自己的机构，所以选词不合适。其实，这大概还是对句子的理解不够到位。在这里，这种支撑或支持有撑起局面的意思，正是因为有了这些机构，莱比锡才称得上是创意产出的中心，所以这个 supported 最好虚化处理，仅仅翻译成"有"就能表达句子的意思（参考译文二处理为"那里体现创意的机构比比皆是，有……，还有……"），用了"支持"反而觉得很别扭。

9. Messestadt 这个德语词在这里未必要翻译出来，因为它指的就是后面的展览中心，也就是 trade-fair town。

10. 这句中的 businesses 表达的是实体，就是公司，译成"许多商业"是不通的。这里的 cross-financing 并不表示跨国的融资筹款，而是指跨领域、跨行业的筹款，即在两个不相干的领域之间的融资，比如商界出资支持艺术项目等。本句就是说目前在莱比锡的很多商店或公司，其实就是这样跨域融资的结果，这是一种创造（creation），而且是实用的创造（pragmatic），翻译时可以灵活处理，只要句子中的意思都包含进去就行（参考译文二处理为"莱比锡的很多公司似乎反映了务实与创意，是艺术家和设计师为了新项目跨域筹款的产物"）。

11. 这是紧接着上面那句的，所以这个 this 指的就是前面的跨域融资筹款及其结果，即促成了很多非传统（unusual）公司的出现，而且也创造了一种节奏（this has a pace）。这是一种促使人 lingering and exploring 的节奏。根据上下文，应该可以判断作者这里说的是物理空间走来走去的 pace，不是一种急促的节奏，不是纽约街头路人行色匆匆的节奏，在莱比锡你可以这里看看那里看看（lingering），停下来仔细琢磨一下这个新的创意产品（exploring）。之所以会停下来，是因为看到的东西是不寻常的（unusual），并不是那种传统的、经常见到的东西。经常见到的东西人们是不会停下脚步去 exploring 的，人们会急匆匆地走过，这样一来就不是莱比锡的节奏了。作者是在为莱比锡说好话，在告诉读者，莱比锡多从容多悠闲，纽约人那么快步急行多没劲。参考译文二译成这样："而务实与创意带来与众不同的结果，进而也带来让人流连探索的悠闲节奏。"这里没有把 this 翻译成"这"，而是根据语境翻译成"务实与创意"，也就是前面那句话的主要内容，这样似乎更顺畅。英语的代词有时未必总要翻译成代词。

12. 这句中的 cynical cosmopolitanism and naive idealism 意思很模糊，在这里到底指什么，如何翻译在很大程度上依靠语境。具体见后面的札记。

13. 这是莱比锡市内一座很受欢迎的桥，很多人在那里骑车、散步。

14. 这句直接翻译成"第一天你会受到欢迎，第二天你就是莱比锡人了"当然也可以。但是在这里，受到欢迎的说法显然有些别扭。句子的意思就是第一天你是作为客人受到当地人的欢迎的，但是第二天你已经和当地人混得很熟，就像自己是莱比锡人一样了。所以参考译文二没有用"欢迎"这样的词，而是翻译成"第一天你是客人，第二天你就是莱比锡人了"。

参考译文一

莱 比 锡

一眼看去，莱比锡是个神秘而浪漫的地方。在这里，你能见到新艺术运动风格的建筑，片片公园绿地，颓败的大楼外墙还有各种涂鸦；花上一点时间，城市便会慢慢展现其独特面貌。人们都说莱比锡对外来者友好而开放。莱比锡拥有悠久的贸易历史，神圣罗马帝国时期开始便奠定了自由思考的传统。两德统一之后，莱比锡不断发展，吸引了许多艺术家、设计师与知识分子。他们从这座城市的开放包容和广阔的实验空间里吸取养分。随着人去楼空的作坊和住宅小区变成可负担的居住及工作场所，这座古老的城市焕发了新的生机。柏林越来越有欧洲最大经济体首都的样子，而位于柏林往南一小时车程、人口五十万的莱比锡，目前仍保留自由豪放的特性，至少现在光彩依旧。

莱比锡在低调中振兴，兼容并蓄，人们得以在此进行各式新尝试。对当地居民来说，莱比锡总能变出新的花样——音乐、工艺与实验性设计的创新比比皆是。作为音乐之都，莱比锡是巴哈谱曲之城，也是尼可拉斯·贾尔、狼与羊等新潮音乐家巡回演出之地。作为创意输出中心，莱比锡拥有视觉艺术学院与当代艺术博物馆，还有许多非正式的艺术场所，如由大型纺织厂改造而成的斯宾尼瑞综合馆，以及艺术家与设计师入驻的百货公司卡夫霍斯赫德。莱比锡书展是德国第二大书展，仅次于法兰克福书展，延续了莱比锡在出版业贸易方面的悠久历史。莱比锡的 DOK 国际纪录片电影节，在全世界也举足轻重。这里还是一座展会城，举办的活动在欧洲创意界的地位日益显著，其中就包括了德国市级的设计师公开节。在莱比锡，艺术家和设计师切合实际，很多公司行号的建立，似乎是为了寻求跨界融资，支持他们的创意事业。这造就了不寻常的结果，也定下了一种耐人寻味的步调，叫人流连于此，不断探索。在这里，艺术、设计和商业之间现已没有了清晰的界限，莱比锡既无大都市的冷漠功利，也无烂漫空虚的理想主义，让人耳目一新。

旧城中心步行区摆满了桌椅，夏季时热闹滚滚，别具德国式地中海风情，冬季时则如圣诞市场般，散发着浓浓暖意。莱比锡的独立精神在城市各个角落里体现得淋漓尽致。人们在大楼旁挂上一个又一个的布条抒发己见，有人想弘扬城市历史，有人反对中产阶级化，有人对国际议题表达立场。一栋栋东德时期建造的组合屋被改造成了店铺、艺廊与艺术工作室。城市外围的普拉维兹与林德瑙也从破旧废弃的前工业区摇身一变，以文化创意重镇之姿重展活力。没有大江大河流经的莱比锡，却有溪流河水、小型运河穿梭其中，萋萋绿地遍布各地。人们聚集在萨深布鲁克或城里纷纷涌现的休闲酒吧里，随心所欲享受生活，游客也不难融入其中。当地艺廊主杰德哈里布克开玩笑说："头一天，你会受到热烈欢迎。第二天，你就是莱比锡人了。"

（学生课堂作业）

参考译文二

莱 比 锡

乍一看，莱比锡是一个神秘浪漫的地方。新艺术风格的建筑、成片的绿地、斑剥的建筑门面和墙上的涂鸦在这座城市都有，莱比锡在游人面前将自己缓缓展现。这个开放的城市素以对外来者友善著称，有着悠久的贸易历史，而其自由思想的传统可追溯到神圣罗马帝国时代。自德国统一以来，莱比锡已蜕变成为适合艺术家、设计师和知识分子居住的城市，他们因城市的开放受益，在广阔的空间试验创新。废弃的厂房和居住区改造成价格低廉的生活空间、工作场地，莱比锡也在转变中繁荣蓬勃。诚然，柏林正成功地转变成欧洲最大经济体的首都，但莱比锡这个在柏林以南一小时车程、人口只有五十万的城市，却依然保留着波西米亚的风格，至少现在风采依旧。

莱比锡在低调中振兴，它给灵活一席之地，为试验提供广阔空间，城市也因之受益。对当地人来说，新事物层出不穷，音乐、工艺、创新设计都让你耳目一新。比如音乐方面，不仅有巴赫那样的传统音乐，还有远道来访的新潮音乐，如尼古拉斯·贾亚尔的音乐和狼与羊的二重唱。莱比锡是创意产出的中心，那里体现创意的机构比比皆是，有视觉艺术学院、当代艺术博物馆，还有不那么正式的机构，如斯宾纳瑞综合馆（大纺织厂的旧址）、考福豪斯·海尔德创意园区（由艺术家和设计师接管的百货公司）。莱比锡书展仅次于法兰克福书展，传承着莱比锡这座城市悠久的书刊贸易史。而莱比锡纪录片电影节也享誉世界。很多展览交易会都在莱比锡举办，像是设计公开赛这种全市规模的德国设计师竞赛就是欧洲创意领域越来越令人瞩目的活动。莱比锡的很多公司似乎反映了务实与创意，是艺术家和设计师为了新项目跨域筹款的产物。而务实与创意带来与众不同的结果，进而也带来让人流连探索的悠闲节奏。在莱比锡，艺术、设计和商业之间的界限并不总是分明的，这是一个清新的变化，显示出莱比锡对艺术和商业的态度，既不像大都会那么冷漠功利，也不那么幼稚和脱离现实。

在旧城中心，夏日里，桌椅沿街摆设的步行街区呈现出一派德国中部的气氛，也散发出地中海文化的情调，而在冬日，带给人的则是圣诞市场的温馨。全城洋溢着莱比锡的独立精神。数不尽的横幅悬挂在建筑物上，表达各种不同的观点，有的意在重振城市的历史，有的反对将穷城区中产阶级化，有的对全球事件直抒己见。原先东德建的呆板的预制板大建筑已经易主，改造成了商店、画廊、艺术设计工作室。再向外延伸，像帕拉格维特茨和林德瑙这样的前工业区已获新生，成了创意和文化的中心，昔日荒废遗弃的地方有了新生命。这座城市虽没有大河奔流，但却不乏小河潺潺，绿茵满地。人们在萨克森州桥或遍布全市的算不上正规的酒吧欢聚，尽情享受生活。游人也可参与其间。一位画廊店主风趣地说："第一天你是客人，第二天你就是莱比锡人了。"

（叶子南译）

基本功还是灵活与变通

这篇文章选自一个面向雷克萨斯轿车用户的宣传材料。那是一本印刷得非常精美的杂志，里面当然有不少介绍雷克萨斯车的各种图文，但也夹杂不少和车无关的信息，比如各地的美食，四处的风俗，再比如像本篇这样的城市介绍。由于文本具有宣传介绍的功能，所以对可读性的要求就很高，而要做到文章可读，译者就要在翻译中灵活变通。

说起翻译中的灵活与变通，大家也许会说，就算是其他文本，比如科技、法律方面的文本，翻译起来照样需要灵活与变通。没错，只要翻译，就不可能亦步亦趋，紧跟原文。译者总得摆脱原文的束缚，根据译入语的习惯，写出译文读者读起来感觉通顺的文字。在这个过程中，好的译者会展现高超的变通技巧，灵活地处理原文。但是在法律、科技等领域，灵活变通的程度和文学、艺术等领域还是不能比的。似乎有这么一种倾向，译文的读者群体越大，译者需要灵活变通的压力就越大，比如汽车修理手册类的东西，其读者很有限，但是长白山景区介绍文本的读者群就可能很大。因此，科技手册对灵活变通的要求就不如景区介绍对灵活变通的要求高。我有时开玩笑地和学生说，有些文本是没有读者的，比如你买的软件里常有一个 end-user agreement，没有人去读那篇东西。有时译文仅有几个读者，比如两个公司商业合作的协议，也就那么几个律师和双方的相关人员会去读一读协议文本。这种文本需不需要灵活变通？当然也需要，而且翻译的难度也很大，但是与文学、艺术类文本的翻译还是很不相同的，后者灵活变通的方式不同，幅度更大。一个文本若带有宣传功能，也就是纽马克说的 vocative 功能，译者就更需要灵活变通，有时在普通文本中不变通也说得过去的句子，在这类文本中却需要变通处理。我们不妨用本文的几个句子来看看译者是怎么灵活变通的。

比如本文近结尾处有这么一句 "While the city has no grand waterway, it is surrounded by green space with small canals and rivers."。我们当然可以翻译成"虽然这个城市没有大河，但却被绿色的空间环绕，其间有不少小的运河和河流"。这样翻译并没有错。这种处理方法在一些实用文本的翻译中似乎无可厚非。虽然有些人仍然认为，即便是技术等实用文本中，也应该更灵活些，未必需要这么亦步亦趋，但是亦步亦趋出来的译文尚可接受，因为那类文本并不需要文字优美，上面的译文还是通顺的。但是你若把这句话放到我们目前这个语境中，这个译文就值得商榷了，因为这样一个带有宣传色彩的文本，不仅需要信息准确，而且语言也不能太拘谨，活泼些最好。所以这句就可以灵活变通一下。那么怎么个灵活法呢？首先，无关大意的细节可弱化处理，丢了也无妨，也可添加一点小细节。比如这句中的 surrounded 就未必需要留在译文中；再比如 canals and rivers 的区别就未必一定要明确译出，原文的核心意思就是说莱比锡没大河有小河，是运河还是自然的河流并非关键。若在一篇地理方面的论文中，删除运河也许不行，但这里删除问题不大。其次，行文要加大靠近汉语的力度。换句话说，尽可能抹掉英文的痕迹。汉语喜欢对称，那么译文不妨使用，这种手段，比如参考译文二处理为"这座城市虽没有大河奔流，却不乏小河潺潺，绿茵满地"。在很多政经法领域的实用文本中，完全抹掉英文的痕迹其实不可能，也没有必要，但是在这个文本中就不同了。在这类翻译中，句子原创的成分应该更多，译者基本是在汉语思维中构思句子，和作家用汉语写作差不多。

再比如 "Many businesses in Leipzig seem to be the pragmatic creation of artists or designers seeking cross-financing for other projects." 这句，若翻译成"莱比锡的许多公司似乎是艺术家、设计师跨领域融资的实用创造"，也不能说不通。但这个译文理解没有吃透原文，表达也没有展开。比如把 creation 翻译成"创造"，就是把这个动词仍然看成是动作，而实际这里这个词已经从动词完全蜕变成了表达实体的名词

（Many businesses seem to be the creation），换句话说，许多公司似乎是创造物。所以也可以翻译成"莱比锡的许多公司似乎是艺术家、设计师跨领域融资的实用创造物"。但这个"实用创造物"似乎仍然有英文牵制的痕迹，不是非常自然的汉语。说实话，在不少国际交流的文本中，这类表达法常被接受，所以不一定非要把这类说法"斩尽杀绝"。但是在这个译文中，译者似乎看了这个"实用创造物"还不顺眼，还想把它改动一下。那么这个 pragmatic 到底是什么意思呢？我想这是在说做跨界融资的那些艺术家们不是死守纯艺术不肯通融的那种人，他们"识时务"，在这种意义上他们很实用（Collins: a pragmatic way of dealing with something is based on practical considerations, rather than theoretical ones）。而 creation 在这里不仅是上面说的实体（物），同时它也表达创造性（具有创造性的物）。如果是这么理解的话，我们是否可以将原文的结构都打散，让译者完全在自由的空间组织句子，比如参考译文二处理为"莱比锡的很多公司似乎反映了务实与创意，是艺术家和设计师为了寻求新项目跨域融资的产物"。我觉得这么翻译和刚才上面那个较死板的译文意思没有本质的区别，但这个译文的外文痕迹就几乎没有了。

上面这两个例子在解读和翻译时，语境的依赖并不是很大。但有的时候，译者想灵活变通，却苦于没有这样做的依据。此时你只要把语境考虑进来，就能在文字外找到合理的想象空间，为灵活变通找到可靠的依据。比如本文中的这句"The lines between art, design and business are not always clear in Leipzig, a refreshing change from both cynical cosmopolitanism and naive idealism."。有的学生译成"在莱比锡，艺术、设计和商业之间的界线并不总是清晰的，这是一个不同于愤世嫉俗的世界主义，也有别于幼稚的理想主义的清新变化"。这个译法和原文几乎一模一样，但是"愤世嫉俗的世界主义"到底是什么意思？"幼稚的理想主义"也不清楚是什么意思。这时我们要去看语境，从更大的语境空间来理解这句话，这样才能找到灵活变通的依据。我们看到这句前面的句子是"Many businesses in Leipzig seem to be the pragmatic creation of artists or designers seeking cross-financing for other projects. This has unusual results, and a pace that encourages lingering and exploring."，是说跨域筹款融资出现了不同寻常的结果，人们在莱比锡流连探索，因为他们看到的东西是跨域的产物，有别于纯商业的产物，也有别于纯艺术的产物（见注释 10 和 11）。在这个大语境内，再来看我们现在这句是不是就更清楚一点呢？莱比锡的这个变化有别于 (change from) cynical cosmopolitanism，我们甚至可以想到一些和我们眼前的莱比锡不一样的城市，那肯定是很大的城市（cosmopolitan），而且那些城市是 cynical 的。cynical 是什么意思？字典一查，"愤世嫉俗"出现在上面，一看解释是"不满黑暗的世道，憎恶不合理的社会习俗"，和我们这个句子意思不相关啊！英汉词典中其他的解释也说不通（如冷嘲热讽）。Collins 词典中有一个解释似乎更接近这个语境的含义（If you describe someone as cynical, you mean they believe that people always act selfishly）。转到我们这句的语境中，作者似乎是在说，有的城市很大很大，它们也以大自居，而且它们自私冷漠（cynical），过于强调商业利益（profit），也许作者说这话时想到的城市是纽约、伦敦等国际大都市。而另外一些地方则显得天真幼稚了，有过多理想主义的色彩。它们的理想主义表现在哪里呢？也许这些城市认为我们只要给游人提供多样化的商店、餐馆、博物馆，人们就会喜欢，但是它们没有太考虑商业问题，对于现实的应用考虑也不足，脱离了现实。在这个大背景下，作者这句话的意思就比较明显了。作者是在为莱比锡点赞，顺便还找了两种有别于莱比锡的地方来衬托莱比锡的优势。但是就算我们靠语境理解到这一步，具体翻译仍然要琢磨。到底要不要以城市为线索翻译（不同于……的大都市，也有别于……的城市）？还是仅仅把原文看作是有别于莱比锡的两种态度，不去涉及城市？而且翻译时还有一个问题，是否要保留两个主义（"世界主义"和"理想主义"）？目前有种倾向，翻译界喜欢把以 ism 结尾的词翻译成"主义"，比如"恐怖主义"，但是在不同的语境里，terrorism 并不都指主义，完全可指具体的行动（Collins: the act of terrorizing），都翻译成"恐怖主义"是懒惰的译法。在本句中用"世界主义""理想主义"这样的词很不合适，因为这最多只是一种观点或态度，没有上升到主义的高度。这里的cosmopolitanism 就是指大都市以大自居、重商重利的态度，而 idealism 则是指不切合实际，缺乏艺术实用考虑的态度。所以参考译文二灵活变通了一下，翻译成下面这样："在莱比锡，艺术、设计和商业之间的界限并不总是分明的，这是一个清新的变化，显示出莱比锡对艺术和商业的态度，既不像大都会那么冷漠功利，也不那么幼稚和脱离现实。"

　　虽然翻译中的一个大问题是译者过于灵活，把原文的意思给歪曲了，但是不管过度灵活这个问题多么严重，多么需要警惕，多么需要纠正，灵活与变通仍然是翻译的一个最关键的问题。奈达翻译理论的基础就是建立在摆脱原文束缚这一点上的，换句话说，奈达时时告诫译者的就是要学会灵活与变通。

Jeremiah Offers Lesson in Facing Disaster

Jeremiah is one of the prophets of the Old Testament. He had a terrible time. He was a decent fellow, but Jerusalem, the city^① that most mattered to him, was destroyed by the Babylonians (as he'd predicted) and they destroyed the temple, kidnapped the king, killed the children, and smashed up all the houses.

He was imagined by Rembrandt in a painting in 1630.^② The painter presents him just after he has heard the appalling news. He is trying to understand the way the world works^③, why bad things happen to good people, but he knows there might not always be a proper answer. We are playthings of mysterious forces that exceed us. We must somehow stomach necessity, but how? Why do appalling things happen? Who is to blame? We cast around for explanations. We could so readily turn our misery into hatred or a furious longing for vengeance; we might get lost in a spiral of regret^④—if only this hadn't happened, if only things had been different, if only I had acted differently, if only others had been more aware of the looming dangers. We could descend to the depths of depression or kill ourselves— that would, in many ways, be the most natural thing to do.

Jeremiah is the saint of not going wild with anger—when it would be so understandable, but not helpful, to do so.^⑤ We should keep him in our minds, and Rembrandt helps us to do that—when faced with our own more modest, but to us very real and painful, woes.^⑥ All the more so, when the disasters are large and deeply frightening. He could have painted this in America at the end of 2001.

The lesson matters because we know how readily we can become bitter or brutal; how quickly we get enraged when awful things happen. The picture does not try to lull us with false comforts;^⑦ it does not pretend that nothing bad has happened. It leads us to the proper idea of mourning and lamentation. The picture dignifies sorrow.^⑧ It reminds us that—inevitably—grim events will cut into our lives. But it provides us with a good model in the most trying of times: when we need all the help we can get to focus on acceptance, rather than giving way to rage

and despair.⑨

(From *The School of Life*)

注释

1. 很多人都把 city 这个词翻译进去，而且都译为"城市"。但是《圣经》中的故事背景是远古时代，所以选词的时代感要合适，比如"城市"一词在《汉典》中的解释是："人口密集、工商业发达的地方，通常是周围地区政治、经济、文化的中心"，显然指现代城市。《圣经》中的耶路撒冷不宜用"城市"这个词指代。那么怎么办呢？其实这个词在这里分量极轻，可以删除不译，或改成"圣城耶路撒冷"等。

2. 下面是两个学生的译文："1630 年伦勃朗想象着他的模样画了一幅画""1630 年伦布兰特依靠想象在画作中塑造了耶利米的形象"。看了这几个译文，可以看到译者都被这个 was imagined 牵制住了，都没有离开"想象"这个词。其实这句话可以换成"He was painted by Rembrandt in 1630."，不影响大意。不过翻译时倒不必太拘谨。有人翻译成"1630 年伦勃朗画出了他心目中的耶利米"，这个译文其实很灵活，但是重点略微转移到画家的心目中，而语境并非是要说他心目中。根据语境参考译文二把这句和下面那句合起来翻译成"在 1630 年的一幅画中，伦勃朗把耶利米听到耶路撒冷蒙难后的表情刻画得惟妙惟肖"。另外，严格说来，应该是"1630 年的一幅画"，而不是"1630 年伦布兰特依靠想象……"，但是这种细微的差别没有很大的意义。

3. 这个 the way the world works 大多数学生都翻译成"世界如何运作"或"世界运转的法则"。就意思来说，这样翻译当然准确。问题是"运作"之类的词都很时髦，现代生活中常常使用，可是用在这个语境中并不合适。有的学生翻译成"正试图想清楚，为什么世界偏偏是这样的，为什么承受噩运的偏偏是那些善良的人们"或"他在想这个世界为什么是这样，为什么好人遇到坏事"，似乎更合理，因为他是在思考厄运降临好人的语境中说这句话的。也因此，参考译文二翻译成"只见他低首沉思，欲解世事乖张之惑，为何好人竟遭厄运？"

4. 这个 lost in 不少学生都翻译成了"我们可能在不断的遗憾中失去自我""也可能在遗憾惋惜中迷失自我"或"我们或许会在后悔中迷失方向"。其实"迷失"

并没有错，字面意思就是"迷失"。比如我们常说的 lost in translation 就是在翻译中丢失的意思。但是在这个语境中似乎取其隐喻含义要比字面意思更合适，因为这个短语其实也是一个成语，表达 enveloped in something or engrossed in something 的意思。也就是说一个人若 lost in something，那么这个人就是脑子中只想着那个事，或者说就是 wrap up 或 surround 的意思。所以本文中的这句可以用解释的方法翻译成"成天只是想着悔恨"或"陷入无止境的懊悔中"。但是用隐喻法翻译成"包围"的意思似乎也很好，如下面几个学生的译文就可以接受："我们可能陷入悔恨的漩涡""我们可能被淹没在无尽的悔恨之中"。

5. 这句有人翻译成"耶利米的明智在于他不被自己的愤怒所吞噬，尤其是当发怒变得合情合理却又无济于事的时候"。就大意来说，译文包含了原句所有的意思，但是译文的逻辑关系很混乱。原文的核心意思就是"在发怒完全可理解时，他没有发怒"，其中的 but not helpful 是附属的意思，不是核心。所以译文应该突出主要的逻辑关系。上面的译文把 but not helpful 和 understandable 放到等同的地位了。那么下面这句又如何："耶利米是一个圣人，他没有被愤怒冲昏头脑——尽管当时被冲昏头脑是可以理解的，但毫无益处？"这句的问题也是把 but not helpful 放到了主要的位置，结果就无法清晰呈现"毫无益处"和"没被愤怒冲昏头脑"间的逻辑关系，因为"尽管"这部分模棱两可，会误以为是和破折号前面的内容联系在一起，读到后面才知道应该和后面的内容联系在一起。为避免潜在的歧义，参考译文二把这句处理成"耶利米是位圣人，他绝不让愤怒左右自己；在那种境遇下，愤怒虽无济于事，但是完全可以理解"，逻辑上更合理。

6. 这句有的学生翻译成"我们应该把他记在心中，而伦勃朗为我们提供了一臂之力，让我们面对并不那么沉重，但非常真实而痛苦的切身悲伤时想起他"。译文破坏了原文的逻辑连贯关系。其实原文的 Rembrandt helps us to do that 仅仅是一种插入，这部分拿掉的话就是 We should keep him in our minds when faced with...。译文将"而伦勃朗为我们提供了一臂之力"插在中间，后面用了"让我们……"来起衔接作用。这样当然也不能说完全前言不搭后语，但是连贯关系很弱，而且完全破坏了原文 keep him in our minds 的原因或时间，因为原文是在面对痛苦时才想到的，不是任何时候。另外，"让我们面对并不那么沉重，但非常真实而痛苦的切身悲伤"也没把话说清楚。原文是 faced with our own more modest, but to us very real and painful, woes，其中 our own more modest 这部分是客观的，但是后面的 very real and painful, woes 是主观的（to

us）。也就是说，这种痛苦对我们是大痛苦，但是实际情况未必，因为这些痛苦只是 more modest 的痛苦。综上所述，参考译文二把这句翻译成"有时我们仅是小病微恙，却感到切肤剧痛，这时想想耶利米会大有裨益，而伦勃朗的画正可助你冷静息怒"。这里的 to do that 翻译成"冷静息怒"，将会在后面的札记中解释。

7.　这句有的学生翻译成"这幅画作并非是通过制造安逸的假象来让我们获得高枕无忧的错觉"。应该肯定的是，这位学生不喜欢死板的翻译，希望获得一点自由。不少学生确实完全紧贴原文（这幅画没有用虚假的慰藉安抚我们）。问题是，翻译并不意味着可以在意思不错的前提下无限制地扩充伸展译文,把文字拖得太长。就这句而言，紧贴原文的译法并非不可接受，至少文字节省了很多。假如多用一个字就要让你付出一元钱的代价，你还敢这么挥"字"如土吗？这句确实不太容易超脱原文，参考译文二译成"伦勃朗的画并不意在掩饰灾难、以求心安"，也不是十分令人满意。

8.　这句有的学生翻译成"它深化了悲伤"。动词 dignifies 并没有"深化"的意思。根据陆谷孙的《英汉大词典》，这个词有"使有尊严""使崇高""使身份抬高"的意思，所以有的学生翻译成"画作赋予悲哀以尊严"，不能算是错译，但是总觉得在这个语境中该词仍可再琢磨，比如翻译成"升华了悲痛"，似乎更好。

9.　这句比较长，有的学生翻译成"但此画也在最艰难的时候为我们提供了良好的示范：在我们需要帮助时，要能接受坏事已发生的事实，而不是让愤怒和绝望占了上风"。乍一看，大意应该也差不多，但是细看就有些问题。比如"在最艰难的时候为我们提供"到底是指谁的艰苦时候？根据这个译文，似乎是我们的艰苦时候。这牵涉到 in the most trying of times 这个短语理解成什么的修饰成分，更合理的修饰应该是 with a good model，而不是用来修饰 provides。还有学生翻译成"但是这幅画让我们在艰难的日子里有一个好榜样，到那时，我们会需要别人的帮助，接受现实，不向愤怒和绝望妥协"。这个译文并非完全不可取，但原文的 when 是在冒号后，when 后面的内容指的就是前面的 model，所以此处不用 when 能把句子翻译得更顺畅，如一个学生译成"但它给我们的是一个艰难岁月里的好模范：纵使何其不易，我们仍应尽力去接受，而不是屈服于愤怒和绝望"。这个译文还把原文的 rather than 翻译出来了（而不是）。这个译文和原文的一点出入是原文的 need all the help we can get 没有了，无端换成了"纵使何其不易"。有的学生翻译成"我们会需要别人的帮助""我们需要一切的帮助来接受现实"，倒又觉得把帮助放到太显著的位置了，这里似乎可以虚化这个 help，就是想尽一切办法的意思，如参考译文二把这句翻译为"但它也为我们呈现了一个面对大灾大难的好榜样：与其肆意发泄愤怒绝望，还不如尽力接受现实"。

参考译文一

论 灾 难

耶利米是《旧约》中的一位先知。他有过悲惨的经历。他是个正直的人，但是他最在乎的耶路撒冷城惨遭巴比伦人破坏（应验了他的预言）。巴比伦人掳走国王，屠杀儿童，把所罗门圣殿和房屋夷为平地。

1630 年，伦布朗凭想象勾画出了耶利米的形象。画中，耶利米刚刚听到这条骇人的消息。他努力理解这个世界如何运转，为何好人命运多舛，但他知道并非所有问题都有正确答案。我们只是超出尘世的神秘力量手中的玩物。我们必须想方设法接受现实，但是如何接受？为何骇人之事会发生？该怪谁？我们四处寻找答案。我们很容易把痛苦变成憎恨，变成满腔怒火渴望报复。我们会陷入悔恨的泥潭：但愿这件事没发生，但愿事情有所不同，但愿我没这样做，但愿他们更清楚地意识到了危险在逼近。我们会堕入抑郁的深渊，甚至了结自己的生命——这常常是最自然的反应。

耶利米是个圣人，如果发怒丝毫无益，即便无可厚非，他也不会纵容自己。我们的苦难和他的相比也许微不足道，但对我们自己来说却真实又痛苦，此时应该想想耶利米，伦布朗的画让我们更易想起他的境遇。面对极为可怕的大灾难时，更应如此。伦布朗若是 2001 年底在美国画出耶利米，那会是对美国人极大的安慰。

向耶利米学习之所以重要，是因为我们得以了解我们是多么容易变得愤恨残忍，坏事发生时我们多么容易被激怒。这幅画并不想给我们虚假的安慰，它并未装作没有坏事发生。它将我们引向哀悼和悲痛的正确方向。它为悲伤抹上了一层庄严的色彩。它提醒我们，总会有可怕的事情闯入我们的生命。但是画中画了一位生活在最难熬时期的楷模：他使我们在脆弱时，能够专注于接受，而非向怒火和绝望让步。

（学生课堂作业）

参考译文二

论 灾 难

耶利米是《旧约》中的一位先知，受尽苦难。他是个好人，但他深爱的耶路撒冷却如他自己预言的，被巴比伦人毁于一旦。他们捣毁神殿，俘虏国王，杀害儿童，毁坏房屋。

在1630年的一幅画中，伦勃朗把耶利米听到耶路撒冷蒙难后的表情刻画得惟妙惟肖。只见他低首沉思，欲解世事乖张之惑，为何好人竟遭厄运？但他知道，世间之事未必总有答案。我们是被更强大的神秘之力玩弄于股掌之上，只能认命，别无选择。但接受现实又谈何容易？惨事为何发生？谁是罪魁祸首？我们四处求解。此时极易将遭遇的苦难转化成胸中的怨恨，在愤恨中寻求复仇。我们可能被淹没在无尽的悔恨之中，要是这事没发生就好了，要是情况不同就好了，要是当初我没那么做就好了，要是有人对即将来临的危险更警觉就好了，如此等等，悔恨交加。我们会陷于沮丧之深潭，甚至自寻短见，此情此境求死顺理成章。

耶利米是位圣人，他绝不让愤怒左右自己；在那种境遇下，愤怒虽无济于事，但是完全可以理解。有时我们仅是小病微恙，却感到切肤剧痛，这时想想耶利米会大有裨益，而伦勃朗的画正可助你冷静息怒。要是灾难如雷霆压顶真的来临，那就更要记住这个启示。2001年底9·11后的美国多么需要伦勃朗的那幅画啊！

这一逢难不惊的启示非常重要，因为我们知道，当糟糕的事情发生时，我们极易感到怨恨，变得残忍、怒火中烧。伦勃朗的画并不意在掩饰灾难、以求心安，并非让你无视坏事的发生。那幅画只是教我们在哀悼悲伤时做得恰如其分。伦勃朗的画把悲痛升华了。它让我们意识到，人世间惨痛之事无法避免，总会侵入我们的生活。但它也为我们呈现了一个面对大灾大难的好榜样：与其肆意发泄愤怒绝望，还不如尽力接受现实。

（叶子南译）

借助语境添加文字

这篇英文短文是想用浅显的语言讲述深刻的哲理，作者肯定希望有较大的读者群，想让大众受益。这样的文本，加之这样的内容，使得原文的文字比较活泼，句型也较松散，划分到我所谓的"软文本"还是比较合适的。这样就给译者带来了极大的挑战，因为他一下子就有了较大的选择余地。有时，选择余地小的文本看似难译，可选择小有选择小的好处，反正有不少说法译者也无法创新，就跟着惯例走就行。可一遇到软文本，一下子有了自由，反而很不适应。所以，我们需要在具体翻译过程中拿捏分寸，过松了不行，过紧了也不对。说得形象些，就像走钢丝一样左右为难。不妨用几个例子说说这个拿捏的尺度。

比如本文最后一段的第一句 "The lesson matters because we know how readily we can become bitter or brutal; "，有的学生翻译成"这一课对我们尤为重要，因为我们清楚自己多么容易感到怨恨，多么容易发怒"，原文的 The lesson 被翻译成"这一课"，也就是画中故事给人的启示。那么能翻译成"启示"吗？应该也行，反正就是那个意思。这两个译法还是围绕 lesson 这个词的意思转的。可是有的人说，既然这是一个比较灵活的文本，又需要让读者有较愉快的阅读感受，我们是否可以从上下文中吸收这个 lesson 的具体内容，然后放到句子中，比如这幅画说的就是耶利米在大灾大难面前沉思的样子，没有因气愤而失态，翻译成"这一逢难不惊的态度非常重要"是否可以？显然这个译文和 lesson 这个词已经没有任何关系了。这种借助语境填补语义的办法其实在翻译软文本时常常使用，在这里应该可以接受。这就暗示，类似的译法都可以，如"冷静克制的应对办法"也可以考虑。这样，译者就有了更大的回旋余地，到底怎么翻译，就需要译者去权衡各种因素自己定夺了。

再比如 "He was imagined by Rembrandt in a painting in 1630." 这句，有的学生翻译成"1630 年，伦勃朗按照想象将耶利米画了出来"或"耶利米的形象被伦勃朗描绘在 1630 年的一幅画作中"，他们都把这句中的 was imagined by 翻译成"想象"之类。确实，画家只能想象，因为事件在远古，他无缘亲历。但句子的重点显然不在想象这个动作，所以翻译成"按照想象"就显得毫无意义。第二个译文将动词 imagined 转换成名词似乎更好（耶利米的形象）。难道就不能放弃这个动词，把语境意思添加一点到译文中吗？参考译文二就将这句和下一句连起来翻译："在 1630

206

年的一幅画中，伦勃朗把耶利米听到耶路撒冷蒙难后的表情刻画得惟妙惟肖。""耶路撒冷蒙难后"就是语境意思，添加进去应该无妨。那么"表情"是不是合适？有学生说，原文是 him，不仅仅指表情，而表情一般仅指脸部。我们通过查《汉典》发现，"表情"这个词既可特指脸部表情，也可泛指姿态神情等，未必不行。学生们最大的争议还是"惟妙惟肖"，但是最后大家基本同意，上下文中已经隐含了"惟妙惟肖"的意思，特别是大家看了一下那幅画，更觉得添加此词问题不大。

还有一个借语境添加的例子："We should keep him in our minds, and Rembrandt helps us to do that—when faced with our own more modest, but to us very real and painful, woes."。句子中的 helps us to do that 就可以有不同的翻译方法，如"在面对自己那些微小却真切的痛苦时，我们应该记住耶利米，伦勃朗用他的画作帮我们做到了这一点"。这就是一个基本不借助语境的翻译方法，因为原文就是 keep him in our minds，而后面的 helps us to do that 就是前面的 keep him in our minds，译文除了把代词 him 换成了名词外，其他都照原文翻译。应该说，在很多实用文本的翻译中，不求助语境的做法更稳妥，但软文本给了译者活动的余地，比如翻译成"有时我们仅是小病微恙，却感到切肤剧痛，这时想想耶利米会大有裨益，而伦勃朗的画正可助你冷静息怒"。这就是一个将语境含义引入译文的方法，因为所谓记住这幅画，这幅画能帮助你，其实就是耶利米逢灾不惊不怒的启示，这样翻译仅仅是离开了文字，但说的是同样一回事儿。

还有一句也和语境意义有关："He is trying to understand the way the world works, why bad things happen to good people..."。不少学生使用"如何运作""运行法则"等来翻译 the way the world works，这个和当前语言的习惯有关联，因为目前"运作""模式""法则"这类词用得很频繁，比如下面这个译文："耶利米正在努力理解这个世界运行的模式，为什么糟糕的事情会发生在好人身上。"这就是一个不脱离文字，不借助语境的译法，完全把 the way the world works 照搬到译文中来，应该说这个没有错。但是译者并非只有这么一个选择，他仍然可以离开文字，到语境中去寻找语义内容。这个 the way the world works 应该说并不是完全泛指的，因为这句话的大语境就是画中的故事，而且这句接下来的后半句已经点明了好人遇坏事这个具体语境，所以 the way the world works 可以在这个语境中展开，此时耶利米不太可能会去宏观地思考一个抽象的世界如何运作的问题，这个运作大概还是和圣城受难有关，所以有的学生翻译成"正试图想清楚，为什么世界偏偏是这样的，为什么承受噩运的偏偏是那些善良的人们"，就有一定的道理。参考译文二其实也多少把语境考虑进去了："只见他低首沉思，欲解世事乖张之惑，为何好人竟遭厄运？"

在翻译学习中，特别是在课堂上，给学生一些把握拿捏的机会是很有必要的。有时候让大家就一个语境添加的例子展开讨论，会使大家意识到这一添加的必要性和限制，这样他们使用这一技巧时就会比较谨慎。比如最近我们课堂上的一个例子：

It was a sunny Sunday afternoon; you were nine years old. Your parents wouldn't let you have any ice cream if you didn't do your maths homework. It was achingly unfair. Every other child in the world was playing football or watching television. No one else has such a mean mother. It was just awful.

此刻是周日下午，阳光灿烂，九岁的你却<u>心情阴郁</u>，因为父母硬让你做数学作业，否则就不给你吃冰淇淋。太不公平了。你看人家的孩子都在踢足球看电视。只有你才摊上了这么个苛刻的妈妈，真糟糕透顶了。

我给学生准备参考译文时无意添加了"心情阴郁"这几个字，而我当时根本没有发现。学生们指出了这个添加，我于是想到可以借此引起讨论。不少学生都认为，不应该添加，因为原文没有。我设法说服大家，认为这一整段就是说那个小孩心情很糟糕，是隐含之意。但是还是不能说服他们。于是我就拿出傅雷和许渊冲的译文进行比较，试图说明添加可以：

"Quant au reste, je vaux bien le bonhomme!?" Se dit-elle en se retoumant dans son lit, comme <u>pour s'attester a elle-meme des charmes</u> que la grosse Sylvie trouvait chaque matin moules en creux.

　　［**从法文直译**］"至于剩下的，我完全配得上这家伙！"她边想着边在床上翻过身，仿佛为了向自己证明自己的魅力，胖西尔薇每天早上都会发现些因此<u>凹下去的形状</u>。

　　［**傅雷译**］"至于其他，我还怕比不上这家伙，"想到这儿她在床上翻了个身，仿佛有心表现一下美妙的身段，所以胖子西尔维每天早上看见褥子上<u>有个陷下去的窝</u>。

　　［**许渊冲译**］"在其他方面，我哪一点配不上这个老家伙呢？"她在床上翻来覆去自言自语。似乎是为了证明她有迷人的力量，每天早上都让胖厨娘希尔微在床褥上<u>看到她销魂陷溺的痕迹</u>。

最后一句傅雷的译文很接近原文，许渊冲的译文就添加了原文没有的"销魂陷溺”，但那正是原文语境的隐含意思，添加的理由充分。但有的学生仍然认为我用这个例子为自己辩护还不是很充分，因为许译“销魂陷溺”和原文的距离要比我的“心情阴郁”和原文的距离近不少，前者添加的理由更充分。在这个讨论的过程中，大家增强了对借助语境添加这个议题的认识。最后我还是采纳了学生的意见。

综上所述，我觉得借助语境添加一些原文文字表面没有的意思是一个可以使用的方法，但这不可频繁使用。而且在政经法等领域的文本中，特别是正式文本中，借助语境添加更要谨慎，应该以尽可能不添加为基本原则，因为添加的内容完全靠主观判断，没有实实在在的文字作为依托，容易出现差错。

翻译练习四

El Dorado[①]

It seems as if a great deal were attainable in a world where there are so many marriages and decisive battles[②], and where we all, at certain hours of the day, and with great gusto and despatch, stow a portion of victuals finally and irretrievably into the bag which contains us[③]. And it would seem also, on a hasty view, that the attainment of as much as possible was the one goal of man's contentious life. And yet, as regards the spirit, this is but a semblance[④]. We live in an ascending scale when we live happily, one thing leading to another in an endless series. There is always a new horizon for onward-looking men, and although we dwell on a small planet, immersed in petty business and not enduring beyond a brief period of years, we are so constituted that our hopes are inaccessible, like stars, and the term of hoping is prolonged until the term of life[⑤]. To be truly happy is a question of how we begin and not of how we end, of what we want and not of what we have. An aspiration is a joy forever,[⑥] a possession as solid as a landed estate, a fortune which we can never exhaust and which gives us year by year a revenue of pleasurable activity[⑦]. To have many of these is to be spiritually rich.

Life is only a very dull and ill-directed theatre unless we have some interests in the piece; and to those who have neither art nor science, the world is a mere arrangement of colours, or a rough footway where they may very well break their shins. It is in virtue of his own desires and curiosities that any man continues to exist with even patience, that he is charmed by the look of things and people, and that he wakens every morning with a renewed appetite for work and pleasure. Desire and curiosity are the two eyes through which he sees the world in the most enchanted colours: It is they that make women beautiful or fossils interesting; and the man may squander his estate and come to beggary, but if he keeps these two amulets he is still rich in the possibilities of pleasure[⑧]. Suppose he could take one meal so compact and comprehensive that he should never hunger anymore; suppose him, at a glance, to take in all the features of the world and allay the desire for knowledge; suppose him to do the like in any province of experience— would not that man be in a poor way for amusement ever after?[9]

One who goes touring on foot with a single volume in his knapsack reads with circumspection, pausing often to reflect, and often laying the book down to contemplate the landscape or the prints in the inn parlour[10]; for he fears to come to an end of his entertainment, and be left companionless on the last stages of his journey. A young fellow recently finished the works of Thomas Carlyle[11], winding up, if we remember aright, with the ten notebooks upon *Frederick the Great*[12]. "What!" cried the young fellow, in consternation, "Is there no more Carlyle? Am I left to the daily papers?" A more celebrated instance is that of Alexander[13], who wept bitterly because he had no more worlds to subdue. And when Gibbon had finished the *Decline and Fall*[14], he had only a few moments of joy; and it was with a "sober melancholy" that he parted from his labours.

Happily we all shoot at the moon with ineffectual arrows[15]; our hopes are set on inaccessible El Dorado; we come to an end of nothing here below[16]. Interests are only plucked up to sow themselves again, like mustard[17]. You would think, when the child was born, there would be an end to trouble; and yet it is only the beginning of fresh anxieties; and when you have seen it through its teething and its education, and at last its marriage, alas! It is only to have new fears, new quivering sensibilities[18], with every day; and the health of your children's children grows as touching a concern as that of your own. Again, when you have married your wife, you would think you were got upon a hilltop, and might begin to go downward by an easy slope. But you have only ended courting to begin marriage. Falling in love and winning love are often difficult tasks to overbearing and rebellious spirits[19]; but to keep in love is also a business of some importance, to which both man and wife must bring kindness and goodwill. The true love story commences at the altar[20], when there lies before the married pair a most beautiful contest of wisdom and generosity, and a life-long struggle towards an unattainable ideal. Unattainable? Ay, surely unattainable, from the very fact that they are two instead of one.

"Of making books there is no end,"[21] complained the Preacher; and did not perceive how highly he was praising letters as an occupation. There is no end, indeed, to making books or experiments, or to travel, or to gathering wealth.

Problem gives rise to problem. We may study for ever, and we are never as learned as we would. We have never made a statue worthy of our dreams. And when we have discovered a continent, or crossed a chain of mountains, it is only to find another ocean or another plain upon the further side. In the infinite universe there is room for our swiftest diligence and to spare[22]. It is not like the works of Carlyle, which can be read to an end. Even in a corner of it, in a private park, or in the neighborhood of a single hamlet, the weather and the seasons keep so deftly changing that although we walk there for a lifetime there will be always something new to startle and delight us.

There is only one wish realisable on the earth; only one thing that can be perfectly attained: death. And from a variety of circumstances we have no one to tell us whether it be worth attaining.[23]

A strange picture we make on our way to our chimaeras[24], ceaselessly marching, grudging ourselves the time for rest; indefatigable, adventurous pioneers. It is true that we shall never reach the goal; it is even more than probable that there is no such place; and if we lived for centuries and were endowed with the powers of a god[25], we should find ourselves not much nearer what we wanted at the end. O toiling hands of mortals![26] O unwearied feet, traveling ye know not whither! Soon, soon, it seems to you, you must come forth on some conspicuous hilltop, and but a little way further, against the setting sun, descry the spires of El Dorado.[27] Little do ye know your own blessedness; for to travel hopefully is a better thing than to arrive, and the true success is to labour[28].

(By Robert Louis Stevenson)

注释

1. 这篇散文大约写于 1878 年春季，同年秋季发表于《伦敦》杂志（*The London*）。文章的作者是英国著名作家罗伯特·路易斯·史蒂文森。有关本文，详见后面的札记。

2. 这个 many marriages and decisive battles 源自史蒂文森写的散文集 *Virginibus*

Puerisque，其中在说到婚姻时有这样的句子："'Marriage' is a field of battle, and not a bed of roses."，是作者对 19 世纪英国婚姻状况的看法，也折射出当时社会中金钱地位渗透在婚姻决策中的现实。

3. 这个 a portion of victuals finally and irretrievably into the bag which contains us 就是在说食物入口，其中的 bag 大可指人体，小可指胃，都说得通。在这里作者表述的方法似乎有一定意义，比如 stow 有积累存放的意思，finally and irretrievably 有一去无回的意思，都多少有些讽刺夸张的味道，在某种程度上成为作者写作的特征。因此翻译的时候，仅仅说把食物吃下去，虽然是原文说的意思，却略显不足，最好也反映一点原文的写作特色，保留一点夸张的口气，如参考译文二处理为"因为我们每日都按时急匆匆、乐滋滋地将食物一去不复返地放入自己的皮囊"。

4. 此处的 a semblance 表示外表或表象的意思，换句话说，作者在说，把获取作为人生的唯一目标是表面的、肤浅的、不深刻的。

5. 这个 term (of life) 表示 the duration of a person's life 或者说 the end of one's life，所以这句的大意就是，希望的长短和生命的长短是一致的；也就是说，只要生命在，希望就在。

6. 这句借用了济慈的名句 "A thing of beauty is a joy forever." (Keats, *Endymion*, I, 1) 。由于是名句，翻译的时候就要考虑到这层互文的关系，也就是说，是否需要借助济慈名句的名译法，让译文也能使读者联想到济慈的名句？但是这句译文版本很多，很难找到一个有代表性的，加之本译文的读者也可能并非纯文学爱好者，译者即便有意复制一个文学典故供读者欣赏，读者也可能无心甚至无鉴赏能力，所以不去追踪著名译文也罢，就根据意思翻译出来基本达到要求即可："渴望是一个永恒的喜悦。"

7. 这一长句以及接下来的一句都涉及经济学领域的表达。landed estate、fortune、revenue、rich 都和经济有关，作者是在用最易懂的语言来阐述一个精神的议题。翻译的时候估计译者都能顺其自然地用经济相关的词，如"地产""财产""财富""富豪"等。刻意避免反而不好。

8. 这个 rich in the possibilities of pleasure 有的学生翻译成"就仍然有无尽的欢乐"，应该说这个译文是正确的。但是为了使译文更接近原文，仍有微调的空间，比如上述译文就没有将 possibilities 的意思包括进去，原文仅说"有欢乐的可能"

（有很多可能让你欢乐的事物），并没有说"有欢乐"。应该说在这类译文中这个细节并不会造成很大的问题，因为作者强调的重点其实就是只要有这两样东西，你就有欢乐，虽然文字的表述确实有这个 possibilities。若是在非文学文本中，特别是在一些正式文本的翻译中，这个 possibilities 就更应注意，这里该词分量较轻，可以不译。不过参考译文二还是译成"他就仍可能有无限的欢乐"，把原文的可数名词变成了助动词，保留了 possibilities 的语义。换句话说，复数的 possibilities 既有可能会发生但未发生的意思，也有可数名词承载的具体可数事例的意思。

9. 这三个 suppose 构成了写作上的排比，可以说有一定的气势，翻译时是见细不查，整体把握，还是求文字准确，锱铢必较？如原文的 so compact and comprehensive 在现在的参考译文二中就消失了，其实放进去也未必不可以，如"吃上丰盛饱满的一餐"；再比如 in any province of experience，是否需要按照原文的字面意思，翻译成"在生活经历中的任何方面"？在所有这些地方，译者其实都面临选择，而各种因素都会影响译者的决策。参考译文二采取了放弃细节对应的策略，旨在总体效果的呈现，将这句翻译为"假如一个人可以饱食一餐，便不再饥肠辘辘，看上一眼就饱览大千，消解求知的欲望，假如万事皆能这样一劳永逸，是否那人便再难有乐趣兴致可言？"这个问题我们在札记中再细说。

10. 有学者认为，这句实际是在回忆前一天傍晚散步的情景，依据是在 "Autumn Effect" (1875) 中有这样一句："As I sat reading in the great armchair, I kept looking round with the tail of my eye at the quaint bright picture that was about me, and could not help some pleasure and a certain childish pride in forming part of it."。此处的 the prints 似指墙上的画作或图案。

11. 托马斯·卡莱尔（Thomas Carlyle）是 19 世纪苏格兰著名哲学家、评论家、讽刺作家、历史学家，其主要著作包括《法国革命》《论英雄》《过去与现在》等。

12. 腓特烈大帝（Frederick the Great）是普鲁士国王，在 19 世纪普鲁士崛起的过程中，腓特烈大帝起到了关键作用。

13. 此处的 Alexander 是指亚历山大大帝（Alexander the Great，公元前 356 年—公元前 323 年），即亚历山大三世，马其顿帝国（亚历山大帝国）国王，生于古马其顿王国首都佩拉，世界古代史上著名的军事家和政治家。是欧洲历史上最伟大的四大军事统帅之首（亚历山大大帝、汉尼拔、恺撒大帝、拿破仑）。曾师从古希腊著名学者亚里士多德，以其雄才大略，先后统一希腊全境，进而横扫中东地区，占领埃及全境，荡平波斯帝国，大军开到印度河流域，征服全境约 500 万平方公里。（百度百科）

14. 爱德华·吉本（Edward Gibbon，1737—1794）是英国著名历史学家，其最重要的著作就是他的史学名著《罗马帝国衰亡史》（*The History of the Decline and Fall of the Roman Empire*），这部共有六卷之多的史书出版于 1776 年至 1788 年之间。吉本被认为是欧洲启蒙时代史学的代表人物。

15. 此句中的 shoot at the moon 中的 the moon 就是指不容易的事，可能是远大的目标，也可能是一项具体的艰难任务，不同的读者会有不同的解读，而 shoot 就是为达到目标采取的行动；ineffectual arrows 中的 arrows 就是指为达到目标而用的手段，ineffectual 是指行动的结果，即未成功。

16. 这里的 here below 就是指在这个世界上，below 是相对于 heaven 而言的。这句就是说，在这个尘世间没有东西是最终的结果（There is no final thing for us in this world.）。

17. 此处的大意就是希望、兴趣等欲望会不断产生（Hopes breed hopes, and interests breed interests.），作者用了一个比喻，他把这种循环催生的过程比喻成播种收割芥菜。我们种下芥菜，收割起来，但是菜籽却永远不会一粒不剩地收起来，总会有些芥菜籽落在地里，于是新的芥菜便又生出来了。这个词（mustard）是《圣经》中常用的，在《马太福音》《马可福音》《路加福音》中均有出现，如 "It is like a grain of mustard seed, which a man took, and cast into his garden; and it grew, and waxed a great tree; and the fowls of the air lodged in the branches of it." （Luke, 13: 19）。翻译的时候，译者可以考虑保留 mustard 一词，因为这并不是一个中文读者完全不可以理解的比喻。有的学生将这个词换成了"野草"（恰如野草），基本意思是一样的，但失去了《圣经》的典故。这个典故当然也比较牵强，分量不重，所以译者可以自己揣量决定。参考译文二选择了保留 mustard 这个词的意思。

18. 这个 new quivering sensibilities 和前面的 new fears 是差不多的意思，都是表示人的心情恐惧不安，大意和 sensitiveness 或者 over-sensitiveness 接近。翻译选词时不必过于拘谨，大意出来就差不多。其中的 quivering 基本就是 shaking 的意思，即人在焦虑紧张等情况下会轻微颤抖，未必需要按字面复现在译文中，整个短语译成"焦虑不安"或"悸动不安"基本到位。

19. 在 to overbearing and rebellious spirits 这个短语中的 spirits，表面看是"精神"的意思，但是这里所指的就是人，即有这种桀骜不驯性格的人。这可以根据上下文看出来，词典中也可以查到，如牛津词典中就有相关例子（He was a leading spirit in the conference.）。

20. 这个 at the altar 是指基督教教堂中的圣坛，很多仪式都是在教堂的圣坛前举行的，这里指的是婚礼的圣坛。

21. 本句出自《圣经》："Of making many books there is no end." (Ecclesiastes, 12: 12)，意思是"著书之事，永无止境"（著书多，没有穷尽）。史蒂文森的引文中缺了一个 many。

22. 这个 and to spare 其实是个习惯表达法，表示有足够的东西，绰绰有余（with something extra or left over），有时在 to spare 前面还会放一个名词，比如 and money to spare；有时则是和 enough 连用（enough and to spare）。在本句中就是指人有很多可改进的空间，表达程度而已，翻译时不必过于在意。这个用法其实也有《圣经》的背景，如："The hired servants of my father's have bread enough and to spare." (Luke, 15: 17)。

23. 这句的基本意思就是，那么多死了的人都没有回来告诉我们他们的经历，没有回来告诉我们到底死亡是否值得努力争取。这个 from a variety of circumstances 可以解释为 because of a variety of circumstances。类似的句子有："From the evidence they heard, the jury had to convict..." = "Because of the evidence they heard, the jury had to convict..."。

24. 这个 strange picture 指的就是我们自己的写照（a picture we make out of ourselves），因为下面描述的就是我们不屈不挠奋斗的画面（ceaselessly marching, grudging ourselves the time for rest...）。这句中的 chimaeras 是指希腊神话中由两种动物合起来的怪兽，是不存在的动物，在这里就是比喻不真实的、没有根据的超奇想象，也就是指我们没有根据的理想或目标，换句话说，就是 El Dorado。

25. 此处的两件事都是假设的、不是真实的，因为人不可能活几百年，人也没有神一般的能力，所以这里动词的过去时态是表达与事实相反的事件。

26. 这句出自索福克罗斯的《悲剧》（Sophocles, *Tragedies,* 1859: 292），但原文接下来的是 "O luckless races of men, to whom destiny is untoward.",，而我们这里接下来这句 "O unwearied feet, traveling ye know not whither." 仅在史蒂文森这篇文章中出现，疑为作者之语。要注意的是，这几句文体上像《圣经》类古旧的文字。已故杭州大学鲍屡平教授就认为颇像圣经体："The last few sentences are quite biblical. They are written in the style of the Bible."（课堂笔记）。翻译时是否也要和原文一样显出和前面文字的差异是译者考虑的一个问题。如果仅仅是传达语义，似可不突出这点差异，因为中文读者中大多数人并不熟悉《圣经》文体，加之目前现代版《圣经》颇为流行，古雅语言的特色已不复存在。但如果从文学角度看，这几句还是具有所谓的"前景化"特征，翻译时同样反映出这种"前景化"也说得过去。参考译文二未将前景化因素考虑进去。

27. 这个长句中有几个地方需要点评。首先，come forth 一般是 come out of 的意思。鉴于此处是比喻人在追求理想的目标，在没有达到目标前的状态就应该是 out of 后面的状态，也就是离开那里，达到顶峰，但翻译时不用明言。另外，conspicuous 一词表示 clearly visible，此处这样解释也符合语境。但也有人认为，从该语义出发，还可引申出更符合语境的意思：with extensive views。参考译文二就采用了这个解释。至于 descry 一词，就是 catch sight of 的意思。其实 descry the spires of El Dorado 的意思就是 see El Dorado，若仅求达意，翻译成"又看见了黄金国"就可以了。但是为贴近原文写作的特点，还是保留为好。这个 spires 其实处理起来也很棘手，因为我们不知道到底是什么的 spires。首先想到的是教堂的尖顶，但富人的城堡也有尖顶，其他建筑未必就没有，所以参考译文二选用了比较中性的"楼宇的尖顶"。

28. 最后一句广为引用，是点睛之笔，有人认为这句可释义为 "True success in life is in activity, not accomplishment.",，labour "一词就是 activity 的意思。史蒂文森的这个"为动而动"的主题在稍后写的 *Travels with a Donkey* (1879) 中再一次出现："For my part, I travel not to go anywhere, but to go. I travel for travel's sake. The great affair is to move."。另外，参考译文二中 labour 仍然采用更接近单词本义的译法，没有进行过多的引申。

参考译文一

黄 金 国

在这世上，婚讯不绝于耳，大战此起彼伏，一天中的某几个时刻，我们都兴致盎然、动作迅速地把一份食物存进装着我们的皮囊，不再取出。在这样的世界上，人似乎可以做成很多事。而且乍看之下，好像人这你争我斗的一生唯一的目标就是要尽量地多做成一些事。但若从精神层面看，这就仅是表象。我们快乐时，生活就如一个上行音阶，事件接连不断。人若是向前看，就永远有新的疆域要去开拓。尽管我们居住的星球不大，我们处理的事务琐碎，我们所活的年日无多，但我们生来就会盼望，这盼望和星星一样远，和生命一样长。能否真正快乐取决于我们如何开始而非如何结束，取决于我们想要什么而非我们拥有什么。抱负是一种永久的乐趣，是一份有如不动产般稳固的家业，也是一笔取用不竭的财富，年复一年地为我们带来收益，也就是使人愉悦的活动。这样的财富多了，就是精神上富足了。

我们若没有些许兴趣爱好，人生就只是一部沉闷乏味、导演蹩脚的戏剧。对那些既不钟情艺术也不热爱科学的人来说，世界只是不同颜色的随意组合，或是一条崎岖的小路，他们极有可能在上面把小腿摔断。人能耐着性子活下去，能对事物与他人感兴趣，能在每早醒来时对劳作和享乐有新的胃口，都是多亏了他的欲望与好奇。这二者是他的两只眼睛，透过它们才能看到世界最迷人的色彩：有了它们，女人才显得美丽，化石才变得有趣。就算这个人把家产挥霍殆尽，成了乞丐，只要他还留有欲望与好奇这两枚护身符，就还是富足的——他仍有大把机会享受欢娱。假设他能吃一顿极其浓缩、丰盛的饭而从此不再饿，假设他一眼就能看尽世间百态而从此不再渴求知识，假设他在每一方面的经历里都能如此——这个人在消遣娱乐上岂不是从此陷入了贫困？

一个人徒步旅行时如果只在背包里放一本书，他就会慢慢品读，不时地掩卷反思，且会经常放下书，凝视景色或旅馆大厅里的印画，因为他害怕结束他的享受，形单影只地走完旅途的最后一程。有个小伙子最近刚读完托马斯·卡莱尔的著作，如果我们没记错的话，他读《腓特烈大帝》的笔记有十本之多。"什么！"这个小伙子惊愕地喊道，"再没卡莱尔别的书可读了？我以后难道只能每天读读报纸了？"还有个更广为传颂的例子就是亚历山大大帝。当他再也没有别的国土可以征服时，他痛哭流涕。吉本在写完《罗马帝国衰亡史》后，也只享受了短暂的欢娱；他是在"冷峻的忧郁"中搁笔的。

　　我们都欢欢喜喜地向月亮射出无用的箭；我们把希望寄托在遥不可及的黄金国；我们永不停歇。爱好恰如芥菜被收割也只是为了再次播种。你可能以为孩子一出生，麻烦就了结了，但这仅仅是新忧虑的起头；当你一路看着孩子长大，上学，最终结了婚，唉！不过每日徒增担忧，徒增脆弱罢了。你孩子的孩子的身体健康开始变得和你自己的身体健康一样令你牵挂。同样，你娶过你的妻子时，以为终于翻过了山头，可以开始轻松地下山。但你结束了追求，却开始了婚姻。对霸道叛逆的灵魂来说，坠入爱河、赢得爱情往往是难的；但保持相爱也是一件相当重要的事，为此，丈夫和妻子必须相敬如宾，以诚相待。真爱始于婚礼的圣坛，此时摆在这对新人面前的是一场最美好的竞赛，这场竞赛中比的是智慧与度量。同时，这也是为一个无法实现的理想所进行的一场一生之久的奋斗。这理想真的无法实现？哎，当然无法实现，因为事实明摆着，他们不是一个人，而是两个。

　　传道者叹道："著书没有穷尽。"他并未意识到他给了文学这一职业多么高的赞誉。的确，著书、做实验没有穷尽，旅行或积累财富也永无止境。问题接踵而至，我们或许可以不停研究下去，但我们永远无法如我们所愿的那么博学。我们所造的雕像配不上我们的梦想。每当我们发现一块新的大陆或越过一道山脉，我们却又看到远处的另一片汪洋或另一个平原。再迅速的探索也无法遍及无尽的宇宙，宇宙不像卡莱尔的著作是可以读完的。即便是在它的一隅，一个私人公园或一个独立的小村庄附近，季节与天气也在无常地变幻。就算我们终生行在此地，也总会有新鲜事物吓我们一跳，博我们一笑。

　　世上只有一个愿望是能够实现的，也只有一件事必定能做到：死亡。而在各种各样的情况下都无人可以告诉我们此事值不值得做。

　　在朝美妙幻想进发的途中，我们是一副奇怪的样子，不断向前，不愿给自己休息的时间，是个孜孜不倦、勇于冒险的先锋。我们确实永远无法达到目标；目标甚至更有可能根本不存在。倘若我们能活上好几世纪，又拥有神的能力，我们也当发现，自己离想要的结果并没有更近多少。噢，凡人劳碌的双手啊！噢，不知疲倦的双脚，奔走不知去往何处！快了，快了，你想着，你要登上某个高耸的山顶了，但是在不远处，衬着日落，你又望见了黄金国的金顶。但你对自己的福分知之甚少；因为带着希望旅行比到达终点更好，劳作方是真正的胜利。

（学生课堂作业）

219

参考译文二

黄　金　国

　　人在世上好像真可以大有作为，因为世间有那么多联姻婚嫁，决战厮杀，因为我们每日都按时急匆匆、乐滋滋地将食物一去不复返地放入自己的皮囊。而且乍一看，在这你争我斗的人生里，唯一的目标仿佛真是获取利益，多多益善。可是从精神层面看人生，此种观点却只触及表相。正因为不停地追求进取，人才感到幸福，一件事完成后，另一件随之而来，如此永无止境。对于朝前看的人，眼前永远有新的地平线。虽然我们生活在一个小小的星球上，为尘世的琐事日夜奔忙，加之生命又极其短暂，可是造化使我们永难企及希望，恰如天上的繁星，无法摘取；希望和生命似同枝连理，希望会延伸至生命的尽头。真正的幸福是启程时的欣喜，而非抵达处的欢乐；真正的幸福源于想有而没有的渴望，而非一切到手的满足。渴望是一种永恒的喜悦，一笔如地产般稳固的财产，一份取之不尽的财富，正因我们热望满怀，才能年复一年参与令人欣喜的世事。一个人如有很多渴望，就是精神的富豪。

　　人生只是一出枯燥的戏文，编导得又十分拙劣，要想让人生不乏味，我们就得对这出戏文兴致勃勃。一个人若无艺术爱好，又缺科学头脑，世界便只是五颜六色的机械凑合，或可比为崎岖的旅程，让人历尽坎坷。但正因有了欲望和好奇，人才能永远耐心地活下去，才能见物而喜，遇人而乐，才能在晨起时重新激起想工作、要欢乐的冲动。欲望和好奇是两只眼睛，人通过它们观看世界，世界于是也色彩纷呈。正因有了欲望和好奇，女人才能美得倾国倾城，岩石竟会让人兴趣盎然。人可倾家荡产，沦为乞丐，可只要有这两样财宝，他就仍可能有无限的欢乐。假如一个人可以饱食一餐，便不再饥肠辘辘，看上一眼就饱览大千，消解求知的欲望，假如万事皆能这样一劳永逸，是否那人便再难有乐趣兴致可言？

　　一个人徒步旅行，行囊中仅一册书，他有意细读慢品，时而止步沉思，时而放下书本，去看周遭的景物或客栈墙上的名画，生怕走到兴致的尽头，在旅途的最后一程无书陪伴。一位年轻人最近读完了托马斯·卡莱尔的作品，若我记得没错，他读毕《腓特烈大帝》时的笔记已有十本。这位年轻人惊异地哀叹"怎么？再没有卡莱尔了？难道我只能每天去读报纸？"名人也一样，亚历山大因再无天下可征服，居然嘶声痛哭；吉朋写完《罗马帝国兴亡史》后快乐的心绪仅续片刻，封笔脱稿那一瞬间心中尽是"清冷的悲哀"。

我们弯弓射月，纵然徒劳，却射得乐此不疲；我们将希望设在那无法企及的黄金国上，于是此生前行的路就永无止境。兴致与希望恰如芥菜收种不断，循环不息。你也许认为，孩子降生，麻烦就此结束。但新的焦虑却刚刚开始；孩子要成长，要念书，最后还要结婚，哪一步不牵动你的心？每日都有新的惶恐，都有新的焦虑不安；孙辈的健康让你担心，不亚于你担心自己的健康。你和妻子步入婚姻殿堂，本以为那是人生巅峰，从峰上下来的路定能走得轻松。但那只是结束了恋爱，开始了婚姻。坠入爱河、赢得芳心对于高傲自大的人并非易事，可要让爱情常驻也是要事一桩，为此夫妻彼此都要相敬如宾。真正的爱情始于圣坛，一路上夫妻两人进行一场绝妙的竞争，看谁更智慧，看谁更大度，他们一生都在朝不可企及的目标奋进。不可企及？没错，是不可企及，因为夫妻毕竟是两人而非一体。

"著书之事，永无止境"，传道者不无抱怨地说，没有意识到他把文字生涯看得真高尚。确实著书没有止境，试验、游历、聚财也没有止境。一个问题引出另一个问题。我们尽可以读书不倦，但仍不能饱学如愿。我们竖起的雕像，总比不上梦中那座更令人向往。我们发现了一个大陆，跨越了一片峻岭，却看见横在眼前的是又一块大陆，又一片汪洋。在这个无穷的宇宙中，最勤勉的人也大有进步的空间。这不同于卡莱尔的著作可以读完。即便是在宇宙的一隅，在幽幽的庭园里，独立的村落旁，仍可见时序更迭气候万千，就算一生漫步其间，新事仍可层出不穷，我们仍会惊喜不断。

世间只有一个愿望可以实现，那个能圆满实现的愿望便是死亡。死亡的例子众多各异，但却无人告诉我们死亡是否为一值得实现的理想。

我们向那子虚乌有的理想挺进，一路上绘一幅非比寻常的自画像，画中的探索者不停地前行，吝啬得不愿歇息，不屈不挠，勇往直前。不错，我们永远不会达到目标，甚至可能根本就没有那个目标。假若人寿数百年，还具有神力无边，我们仍会发现，期盼中的终点和现在一样遥远。啊，凡人劳苦的双手！不倦的双腿，却不知道旅途走向何方！你似乎感到，马上就要登临峰顶一览四野，但衬着夕阳，在不远处，你却又见黄金国里楼宇的尖顶。你不知道自己是何其多福，因为满怀希望向前远比抵达目标更美好，而真正的成功恰在于辛劳。

（叶子南译）

悟到深时句自工

　　这篇散文写于 1878 年春季，后发表于英国的《伦敦》杂志。这本刊物与众不同，它虽是英国杂志，却在法国更出名，与其说出版是为读者，还不如说是为作者。那年四五月间，史蒂文森完成了这篇散文，寄给了正在编辑《伦敦》杂志的著名诗人威廉·欧内斯特·亨利。收到稿件后，亨利在回信中连声道谢，觉得真是好文一篇，但也感到十分可惜，因为亨利认为，这样一篇佳作本该有 50 万读者，可惜他编辑的这本《伦敦》是小众刊物，无法让这篇散文广为传诵。同年 5 月 1 日 "El Dorado" 一文在《伦敦》上刊出，据说史蒂文森得稿费 16 英镑。

　　该文发表后深得好评，文中有些句子已成经典，如 "To travel hopefully is better than to arrive." 就脍炙人口。本文后来收入作者在 1881 年出版的著名散文集《致青年男女》（*Virginibus Pueresque*），但实际上首次发表应为 1878 年，只不过作者第一次发表时未署名。他去世后，这篇散文也被收入各种文集，如 *World's Best Essays*, 10 vols. (St. Louis, 1900) 和 *The Lost Art of Conversation: Selected Essays* (New York, 1910)。

　　文章题目 El Dorado 原为一个子虚乌有的传说，在西班牙语中这个词指 golden one，随着时间的变化，该词由指人变成指城市，再到指王国或帝国，也就是指一个具体的地方，特别是指西班牙征服者在南美各地探索寻觅但从来没有发现的地方。后来这个词发展出了引申含义，专指永远无法达到或并不存在的目标，本文中的 El Dorado 就是指百般努力都达不到的目标。

　　至于本文题目的翻译，有很大的灵活度。十多年前我把本文中的前面一两段译成中文发表于《中国翻译》的《自学之友》专栏，当时结合文中的意思，用了"望不尽的地平线"这个和 El Dorado 文字毫无关系的题目。但是今天呈现在这里的是史蒂文森这篇散文的全貌，就不宜采用这种类似的解释性题目了。关于题目翻译，我的一般建议是：若即若离。有的场合固然需要完全贴近原文（如严肃的政论文），有的场合也许应该完全离开原文（如有些影视作品），但大多数情况下，最好还是能让人见到译文题目就可追溯到原文。我们常看到的影视作品题目的译文很优美，但就是不能和原作联系起来。另一个极端是完全按照原文，导致译文有时很拘谨，毫无灵气。若即若离的好处就是能让读者追溯到原文。比如苏兹贝格（C. L. Sulzberger，新闻记者）那本回忆录 *Seven Continents and Forty Years* 的译文就是若即若离的典范：《七大洲风云四十年》。译文仅加了一个"风云"，但可读性陡增，原文的"影子"却全都在译文里了。总之，题目的翻译没有定论，译者得根据语境灵活处理。比如这里我还是把它翻译成一个地方，因为文章结束时这个 El Dorado 是作为地点出现的，所以译成"黄金国"，接近西班牙语原文的意思，这也是字典中最常用的译法（陆谷孙《英汉大词典》译成"黄金国"或"黄金城"）。若取其隐喻含义，翻译成"不可企及的目标"，就不太符合文章结束处的语境了。当然也有人有不同看法的，认为翻译成"黄金国"或"黄金城"不便读者理解，还不如翻译成"理想国"好。更有些人喜欢寻找文化对应词，将 El Dorado 翻译成"香格里拉"。虽然"香格里拉"也有理想之地的意思，但是和原文在文化上颇多差异，不是一个很合适的译法。

　　读者阅读完这篇不长的散文，定会感到鼓舞。用现在年轻人的话说，该文是满满的正能量。确实，你仿佛看到一位精神饱满的人不畏艰苦，百折不挠，英勇地走在人生的路上。文中鼓舞人的句子很多，比如：

- 对于朝前看的人，眼前永远有新的地平线。
- 真正的幸福是启程时的欣喜，而非抵达处的欢乐；
  真正的幸福源于想有而没有的渴望，而非一切到手的满足。
- 一个人如有很多渴望，就是精神的富豪。
- 因为满怀希望向前远比抵达目标更美好。
- 但正因有了欲望和好奇，人才能永远耐心地活下去，才能见物而喜，遇人而乐，才能在晨起时重新激起想工作、要欢乐的冲动。

　　这样的乐观态度是来自哪里呢？我们不妨看看文章写作时的史蒂文森。阅读他的年谱，我们发现当时史蒂文森年仅 28 岁。同时我们也知道这位作家除作品有名外，还有一事同样非常"有名"，那就是跟随他短短一生的疾病。他从小就体弱多病，经常咳血，过去一般都认为他从小就患有肺结核病，但从来没有确切的诊断。不过后来有些研究认为史蒂文森的病并非肺结核，而是支气管扩张，和遗传有关。这样一个疾病缠身的人，疲惫地奔跑于世界各地，却仍然有着文中那种无法抑制的热情，确实让我们刮目相看。也许，这满满的正能量也有爱情的助力。就在本文写作前两年，史蒂文森在巴黎第一次和范妮·奥斯本相遇，这位来自加州的女子后来成为史蒂文森的妻子，一直到他去世都在他身边。我们不得不说，在这篇积极向上的散文里，很难排除对爱情的期盼，他和范妮在巴黎开启爱情之旅也可称为"启程时的欣喜"，他对范妮的欲望和好奇，横扫了疾病给他带来的阴霾，使他能"耐心地活下去，才能见物而喜，遇人而乐"，而他期盼的婚姻也许是眼前"新的地平线"。但是这样理解本文的动力还是太狭隘。史蒂文森的这种正能量洋溢在他很多的散文里。他那充满哲理的《微尘与幻影》（Pulvis et Umbra）和《三重甲》（Aes Triplex）就是最好的证明，说明作者积极向上的动力源泉并不仅局限于爱情。一个身体并不健康的人，却有着异常健康的心灵，这是非常值得人敬仰的。

那么这样一篇散文，翻译时应该用怎样的策略呢？没错，这确实是一篇地地道道的文学作品。若要按文学类翻译的一般原则看，难免要关注一些语言的特征，因为文学是语言的艺术。但是文学也并非千篇一律，有些可以精细雕琢，有些却不宜过细处理，见细不查也未尝不可。里奇（Geoffrey Leech）就把小说分为两类：Class 1和 Class 2，认为第一类小说不以语言取胜，但第二类小说则常在语言结构里包含特殊意义。我们这篇不是小说，但是道理是一样的。有的散文不以语言取胜，但有的就可能要仔细挖掘语言结构等处的细节，寻找原作者借语言形式潜藏的含义。我们读史蒂文森这篇散文，当然应注意到原文语言的特征，看看有没有结构等细节处的艺术元素需要反映在译文中。但是我们读着读着就被作者的文章所感动。史蒂文森的正能量影响了读者，他积极向上的生活态度也感染了译者，于是译者就觉得自己得让译文也像原文一样感染中文的读者，不能只求细节处的精准。如这句："Suppose he could take one meal so compact and comprehensive that he should never hunger anymore; suppose him, at a glance, to take in all the features of the world and allay the desire for knowledge; suppose him to do the like in any province of experience—would not that man be in a poor way for amusement ever after?"（见注释9）。译者先想到的就是 compact and comprehensive 这两个词。这是两个实意词，但翻译时放进去总觉得句子较长。换个场合，如在实用的政经类文本中，译者也许会毫不犹豫地保留在译文里，或在一些求传播效果的文本，译者也许会毫不犹豫地抛弃它们。但是在这样的文学作品中，译者就会相对谨慎些，随便删掉有实际意义的词，毕竟不是翻译这类文本中推荐的做法。不过在经过一番掂量后，我还是在译文中放弃了这两个词，译成"假如一个人可以饱食一餐，便不再饥肠辘辘……"。原因是，若加上 compact and comprehensive 的意思，与后面文字的协调就会受到影响，整句话的翻译就得重起炉灶，而目前选中的行文结构与前面和后面的行文是一气呵成的。这样决定的前提当然是这两个词的分量比较轻，去掉并不影响本句的意思，因此才敢见细不查。不过你若细看，译文中那"饱"（食）字却也不声不响地把 compact and comprehensive 的意思给传递出来了。

再比如"It is in virtue of his own desires and curiosities that any man continues to exist with even patience, that he is charmed by the look of things and people." 这句。译者是否可以沿用原文的结构，翻译成"但正因有了欲望和好奇，人才能永远耐心地活下去，才能见到事物和人物而着迷"，或"……被事和人的外表所迷倒"，或"……被事和人所迷倒"？这几种译法在细节上和原文是更贴近的。但是这是文学语言吗？这样的文字能感动读者吗？我翻译史蒂文森的《微尘与幻影》时，有的段落让我热泪盈眶，要是那些让我流泪的文字在汉语里都是"被事和人的外表所迷倒"这样的句子，译文读者能像我一样热泪盈眶吗？不行，我必须跳出那个原文的牢笼，所以在取其形还是求其意的抉择中，我选择了文句的大意，没有完全遵照原文的结构和细节："但正因有了欲望和好奇，人才能永远耐心地活下去，才能见物而喜，遇人而乐。"我当然损失了一些东西，比如说"喜""乐"与原文的 charm 并非无缝对接；"见物"和 the look 多少有点联系，可"遇人"和 the look 没有直接联系。只是上述这几个不足之处，仍然无法让我回过头来拥抱"被迷倒"那样的译文。我觉得这些丢失的东西在这个文本中都是"小物件"，大件物品我一个都没丢。权衡一下整体效果上的"得"，这点"失"还是值得的。

　　散文翻译要求译者能被散文感动，一个心灵游离在散文外的译者是很难把握好原文的精髓的。译者必须入境，跟原作者一起心潮起伏，和原作者一起笑语欢声，也和原作者一起热泪盈眶，他郁闷时你苦恼，他畅快处你淋漓，这样你才能因感动而入境。你若心灵已深入文章，文章绝不会亏待你，好词好句往往会不期而至、水到渠成。下面这首《翻译偶得》大体反映了我翻译时的心境：

> 言语不同意境通，
> 情深却在未言中。
> 心随文路思潮涌，
> 笔走龙蛇浩气冲。
> 总在毫端求句美，
> 也从心底叹词穷。
> 流年世态须深悟，
> 悟到深时句自工。

翻译练习五

Losing Ground, Gaining Insight

In the early 1980s I was employed as a social worker in a psychiatric hospital in Thunder Bay, Ontario, which is a small city perched on the northern shore of Lake Superior amidst breathtakingly beautiful wilderness.① After fully experiencing the benefit of living through severe and prolonged winters surrounded by vast emptiness,② namely appreciating one's insignificance in the face of nature's force, I began to experience the isolation as desolation and distance from cultural sustenance.③ I decided it was time to return to school and undertook graduate study④ at the University of Chicago School of Social Service Administration.

When I first drove down to Chicago I found myself lost in a neighborhood that turned out to be only a few blocks from the university,⑤ but which seemed to me to be frighteningly alien. Nothing in my recent experience of living in the physical remoteness of the far north or my earlier experiences of living in numerous large cities in and out of the United States or witnessing abject poverty in such places as the Arab quarter of Jerusalem or Mexico City prepared me for the eerie quality of what I found mid-day on that empty street on Chicago's South Side.⑥ Faced with an impression of utter abandonment of the street,⑦ with its dirty and defaced storefronts boarded up or covered by iron grates, and scant evidence of human activity, I had the bizarre thought that a war must have occurred there, and that somehow I not heard about it.

In fact, what I discovered over many subsequent years of studying what had happened to that,⑧ and similar neighborhoods and their residents, was that a sort of war has been going on. The outcome of this war does not, as Murray implies, threaten the very integrity of our society.⑨

However, the battles of generations of poor Americans who have achieved upward mobility today are leaving casualties among those people⑩ who are not able to fulfill the contemporary requirements for education, skill and general cultural competence necessary to function as independent adults. While it is highly unlikely that we will be able to prevent all such casualties today and in the future, if we are better able to acknowledge and respond to[11] the deep complexities that make a subgroup of poor Americans so vulnerable,[12] we can certainly raise their odds of success.

(From *Society,* by Naomi Farber, November 1999, Volume 37, Issue 1)

注释

1. 这里的 which 从句有人翻译成"这座小城坐落在苏必利尔湖北岸非常美丽的原野之中"，意思应该是差不多的。但是一个比较老练的译者仍然会在这个基础上做些改进。比如说 amidst 这个介词是否一定要处理成"在……之中"？可不可以脱离原文的思维，如使用正说反译的方法换成"周围是"（周围的旷野美得……）？似乎这样换一下更好。另外，原文的 beautiful 翻译成"美丽"本来是无可置疑的，但是语言敏感的人却会觉得用"美丽"来形容旷野仍有待商榷。汉语的"丽"字几乎无一例外地用来形容女性，男人的名字中不会用这个字，因为这个词属于"阴性"词，用来形容江南水乡很合适，但荒原却是一个粗犷的实体，大有"阳性"特征，所以用在这里不是最佳选择，至少避免"丽"字。另外，breathtakingly 一词的翻译其实不必绕在这个词里出不来，这个词的大意就是 extremely。现在有人直译成"令人窒息"，用惯了也可以，但这个词无大意义，没有百般推敲的价值。

2. 这是个由 after 引导的从句，初一看就会发现，我们很难用"在"这个词起头。一个比较好的解决办法是把从句中的话先说完，然后用句号断开。接下来翻译主句时，先用一个"此后"（见参考译文二）。另外，surrounded by vast emptiness 到底是修饰 winters 还是修饰人的呢？从形式上看修饰 winters 最合适，距离它近，又没有逗号。但一个很大的问题是 surrounded by vast emptiness 和 winters 在逻辑上"不兼容"，冬天是时间概念，而 surrounded 无疑是一个空间概念。难道空间词就一定不可以修饰时间词吗？我们说，在以逻辑为基础的语言中，当然不可以。但不排除在文学作品中出现这种偏离常规的语言。问题是我们这个语境不是文学作品，作者也没有可能在这一句里突然诗情荡漾起来，把这个 surrounded 和冬天联系起来。所以这个 surrounded 仍然是字面意思，而不是隐喻意思。较为清楚的办法是在 winters 后面加一个引导词 and prolonged winters, <u>while</u> surrounded by vast emptiness, 这样，这个短语就和句子的主语联系起来了，指人被空旷的环境包围了，而这个空旷的环境就是他周围的自然环境。至于说 benefit 指的是什么应该很清楚。作者怕读者不清楚，就用了一个 namely 来告诉大家，这个得到的好处（benefit）就是 appreciating one's insignificance。说实话，这个词分量很轻，你可以照原样翻译出来（<u>所得的益处就是</u>体会到在大自然面前人之渺小），但也可以完全视而不见（体会到在大自然面前人之渺小），也可以变换一下用另外一个词替代（<u>有幸</u>体会到在大自然面前人之渺小）。

3. 作者经历了 the isolation 和 distance，<u>显然这两样东西都是客观的存在</u>，她确实是孤立的，也是远离文明的，但是这种孤立是以对其心理的影响出现的（as desolation）。这里要注意，desolation 有两个意思，一个是强调客观地点（一个地方很荒凉），另一个是强调人的内心感受（一个人很忧伤），在我们这个语境中 desolation 应该是第二个意思。可以把这句话解释成 the isolation produced a feeling of desolation and distance from cultural sustenance。翻译时未必要死扣原文，能反映出身体的孤独造成了心理的忧伤这一意思就可以，比如参考译文二处理成"此后，我由于与外界隔绝，便开始感到孤独寂寞，渴望文化养料"。

4. 在国内一般把 graduate study 看作是"读研"，即攻读硕士研究生。但是英文的 graduate study 既可以是硕士阶段的学习，也可以是博士阶段的学习。本文作者是在芝加哥大学拿的博士。所以翻译时，不要根据国内的习惯用法来翻译。

5. 有的学生把这部分翻译成"在离学校只有几条街的地方迷路了"，应该说这不算错译。但是逻辑不够严密，因为知道自己在离学校只有几条街的地方，逻辑上是不该迷路的。这里涉及对 turn out 这个词组的理解和表达。这个词组一般都表示事后证实是某种状态，而且常是原来没有想到的，比如我们说"It turned out that we were both wrong."，意思是事后证实我们都错了。所以最好把这层时间上的差别表达出来（参考译文二处理为"刚到芝加哥，就迷了路。<u>后来发现迷路之处离学校不过几条街</u>……"）。当然，这个词的分量并不重，在实际翻译中，有时 turn out 并不需要翻译出来，译者应根据实际情况决定。

6. 这句涉及长句的处理。凭语感，译者应该一下子就意识到不能以"没有什么"开头。最自然的处理方法就是把前面主语的内容从容地先说清楚，然后再考虑怎么和后面的动词自然衔接。参考译文二就是这么处理的（我刚生活在加拿大北部的偏远之地，也曾在许多美国内外的大城市生活过，还见过耶路撒冷阿拉伯区或墨西哥城等地的赤贫景象……），这里加拿大的经历就是指前面桑德贝市的经历。然后译者发现，完全可以把主语当成一个完整的部分，用逗号，甚至句号断开。句子中潜在的转折含义可以用"然而"来表达，比如参考译文二（<u>然而</u>这天正午，芝加哥城南空街上……）。这样处理基本表达了虽然我也是饱经风霜的人，但见到眼前的场面还是意外这层意思。至于 prepared me for the eerie quality 这部分的翻译也可推敲。目前很多译者见到 ready for 和 prepare for 就翻译成"为……准备好"的意思。其实就实际意思来说，这并没有错。但是这里有个语言习惯的问题，就是说，我们见到同样的概念，在同样的语境中，汉语是否会这么说。应该说，说的人多了，我们也很难否定这种说法，但是译者还是应该想想，在同样的上下文里，一个不懂英文的人会这么说吗？有人翻译成"让我感到措手不及"，这是一个刻意脱离原文的译法，但是汉语的"措手不及"似乎和原文还有些差别，比如"他突然到访弄得我措手不及"，就是说，要知道他会来，我就得准备一下。但是我们这个语境中却没有任何需要刻意准备的，本句潜在的意思就是意外。一方面我们可以肯定这个译法，但另一方面，我们也可以寻求更符合中文习惯的说法，如可以无视动词 prepared for 的存在，完全不去翻译它，比如参考译文二（然而这天正午，芝加哥城南空街上怪异的气氛仍让我毛骨悚然）。至于 the eerie quality 的译法，可以有较大的宽容度。这个 eerie 的基本词义就是 strange 和 frightening，所以翻译成"怪异"并没有错。但是译者如果假设一下当时的场景，也许会有更合适的词蹦出来，如"毛骨悚然"。

7. 有些学生把 an impression 翻译成"印象"，在这里就欠妥了。这里需要讲一下由动词转化而来的名词如何翻译的问题。这个 impression 就是来自动词 impress，学术上叫 nominalization（名词化）。但是一般大家不清楚这个名词化是可以细分的。有的动词名词化后表达的还是一个动作，有的就不再是动作，而是与这个动作相关的实体。我们这个句子中的 impression 应该看作是后者，因为过去分词 faced with 说明必须是在你体外眼前的实体，否则你无法"面对"。而翻译成"印象"之所以不妥，是因为印象一般在人的脑子里，你是无法"面对"的。参考译文二处理为"面对这番<u>景象</u>"。有关名词化后词的细分可参见札记"动词名词化后仍可细分"。

8. 此句中 what had happened to that 中的 what 应该看成是一个引导从句的代词，并不是表达问句的词，换句话说，基本意思就是 the things that had happened to that。另外，这里的 that 指的就是前面一段中描写的芝加哥大学附近的情况。

9. 这句学生有两种理解，有些人说是默里暗指战争的结果威胁了社会的完整，另外一些人认为，默里暗指没有威胁，这两种理解完全对立。在这种有插入语的结构中，几乎可以肯定地说，默里和句子表达的意思是相反的，详见本单元的札记。

10. 这句要注意的是理解。有的学生没有完全看懂这句，翻译成一部分穷人把另一部分穷人给牺牲了。这显然是错误的。要看到动词 leave 的主语是 the battles，它才是施动者。但是翻译的时候未必要把 battles 当作译文的主语。这句话可以理解成，几代人为了向上流动努力奋斗，有些成功了，有些失败了（成了牺牲品），因为他们没有向上流动的基本条件。根据这个思路，译者可自由组织句子，不要被原文牵绊住（如参考译文二处理为"几代美国穷人为在社会上向上移动作了艰苦的斗争，成功摆脱了窘境，可是另有一批人却在这一斗争中成了牺牲品，因为他们……"）。另外，这个 upward mobility 是社会学用语，指个人、家庭等社会地位的变化，如地位提高了，处境改善了。目前很多地方就直译成"向上流动"，比如一些联合国的文件里就这样翻译，解释性的翻译反而不多，原因是当这个词组被看作是专有名词时，解释性的译法不容易做到统一。

11. 这个 to acknowledge and respond to 有些人翻译成"承认并作出反应"，这个当然没错。但是根据上下文，译者仍然有其他的译法，未必要被两个词锁住。比如 acknowledge 这个词就有下面的意思："If you acknowledge a fact or a situation, you accept or admit that it is true or that it exists."。这和汉语的"正视"较接近，因为该词就有接受某种处境不逃避的意思。而所谓的作出反应，就是不袖手旁观，要采取行动，所以这句就未必只能译成"承认并作出反应"，参考译文二处理成"但如果我们能正视造成这部分美国穷人……，进而采取行动……"。

12. 这个 vulnerable 很不好处理，因为我们一看到这个词就想到汉语的"脆弱"。这个词的英文定义是 capable of being physically or emotionally wounded or hurt，所以还可以翻译成"易受伤害的"。而根据我们的语境，甚至还可以翻译成"处境艰难的""处于弱势的"，因为所谓的"脆弱""易受伤害"，就是他们穷困，他们处境艰难。这里我们要根据文本选择恰当的译法。最贴近原文的"脆弱"在汉语中的可接受度最低，解释性的"易受伤害"可接受度略高，而完全离开词到实际社会中寻求依据的译法"处境艰难"可接受度最高，但却完全偏离了文字。在这种情况下作出选择还得参考文本和翻译目的。另外，这里的 the deep complexities 也值得讨论。complexities 本来是抽象的概念，但是变成可数名词后应该也是从概念变成（抽象的）实体了，或者说变成了一个个可以数的"东西"，可以是处境，也可以是状况，还可以是原因，等等。实际情况也确实是这样，译者不能翻译成"深层的复杂"，必须说出复杂的是什么东西。参考译文二选择了"原因"（但如果我们能正视造成这部分美国穷人处于弱势的深层复杂原因，进而采取行动……）。

参考译文一

有　得　有　失

20 世纪 80 年代早期，我在安大略省桑德贝的一家精神病院做社工，小城桑德贝位于苏必利尔湖北岸，周围是一片美不胜收的旷野。我在茫茫空旷中度过漫漫严冬，一大收获便是对人类在自然力量面前的渺小有所领悟，但充分领受了这般好处之后，与世隔绝的我倍感孤寂，感觉离文化给养太远。我觉得是时候重返校园了，于是决定到芝加哥大学社会服务管理学院读研究生。

我第一次开车南下去芝加哥的时候，在一个社区里迷了路，后来才知道那里离学校只有几条街，但当时却觉得那个地方陌生得有些吓人。在那之前，我是住在北方真正的偏远之地，早先还在美国内外的无数大城市生活过，也目睹过耶路撒冷阿拉伯区、墨西哥城等地一贫如洗的景象，但即便我有过这些经历，当日正午时分芝加哥南区那条空街上的怪异之感还是让我措手不及。我感觉那条街完全被人遗弃，肮脏的店面满是乱涂乱画的痕迹，店铺都被木板或铁门封了起来，街上鲜有人烟。我当时产生了一个古怪的念头，觉得那里一定爆发过一场战争，而我不知为何竟无耳闻。

事实上，接下来的许多年，我研究了那个社区以及类似社区与居民的遭遇，结果发现一直以来的确有一场战争在进行着。这场战争的结果并非如默里所言会威胁到我们社会的健全。

在这场历经数代的战争中，有些贫穷的美国人打了胜仗，成功跻身更高的社会阶层，但另一群人却失败了。他们无法满足现代社会对教育、技术、文化素质的要求，不能作为独立的成人走进社会。种种复杂的问题使这一部分贫穷的美国人不堪一击。无论现在还是未来，我们都不可能完全避免此类伤害的发生，但倘若能更清楚地认识、更好地应对这些问题，我们便能提高这部分人的成功机会。

（学生课堂作业）

参考译文二

得 失 互 见

20世纪80年代初，我在安大略省桑德贝市的一家精神病院当社工。桑德贝是座小城，坐落在苏必利尔湖北岸，四周的旷野美极了。就在这茫茫旷野环绕的环境里，我度过了一个个漫长的严冬，有幸体会到在大自然面前人之渺小。此后，我由于与外界隔绝，便开始感到孤独寂寞，渴望文化养料。我于是决定重返校园，去芝加哥大学社会服务管理学院读博。

我驱车南下，刚到芝加哥，就迷了路。后来发现迷路之处离学校不过几条街，但却陌生得可怕。我刚生活在加拿大北部的偏远之地，也曾在许多美国内外的大城市生活过，还见过耶路撒冷阿拉伯区或墨西哥城等地的赤贫景象，然而这天正午，芝加哥城南空街上怪异的气氛仍让我毛骨悚然。街道被人废弃，店面肮脏破败，或木板封门，或铁栏紧闭，难得见到人影。面对这番景象，我不禁冒出个奇怪的想法，这里一定遭遇过战火，而我不知怎的没有听说过。

接下来的许多年，我研究了那个地方和类似地方及其居民的遭遇，事实上，我发现这里确实经历着某种战争。战争的结果，却并不像默里所暗示，会威胁到社会的健全。

几代美国穷人为在社会上向上移动作了艰苦的斗争，成功摆脱了窘境，可是另有一批人却在这一斗争中成了牺牲品，因为他们没能获得教育、技能和文化方面的基本能力，而这些恰是一个独立的成年人想在当今社会立足所必需的条件。要在今天和将来避免这类不幸几乎不可能，但如果我们能正视造成这部分美国穷人处于弱势的深层复杂原因，进而采取行动，那么，我们就能增加他们成功的机会。

（叶子南译）

没有语境就没有语义

　　本篇节选自一篇社会学学术文章，发表在《社会》（Society）杂志上。作为一篇学术文章，作者使用的语言是比较正规的，这点译者必须记住，并应在译文中重建原文的语域。也就是说，不能把文章翻译得太随便，避免口语。一个办法就是译者假设自己是一位大学教授，假设自己在写文章，这样就能避免街头巷尾流行的语言不慎"溜入"译文。但是译者应该意识到，语域正式并不就意味着晦涩难懂。目前学术文章的一大问题就是语言非常拗口，只能让学术圈内的人啃读，不能供普通读者赏读。比如本篇，虽然作者用的是书面语，但她还是把话说得平易近人，不故作高深。这几段文字中，真正的专业词语很少，subgroup 虽然在有的语境中会被当成专业词处理，但这里理解成一小部分人就行，没必要当专业词看待；只有 upward mobility 这个词可以处理成专业术语（向上流动）。换句话说，没有必要把这篇文章翻译得晦涩难懂，译者灵活处理的空间仍然不小。但是我们也必须注意另一个倾向，就是把第一段翻译得太灵活。有的学生见了第一段后觉得有点文学描述的味道，就误以为这是文学描述。对自然景观的描述可出现在文学作品中，也可出现在非文学作品中。就本文来说，其学术文本的身份是贯彻始终的。第一段描写的虽然是景物，但还是在学术文本的大语境中，所以译者不应该突然一下子诗情荡漾起来，要尽量保持和后面的文字在风格上的一致。

　　本文中有一句话可拿出来重点分析一下，因为学生翻译的译文大相径庭。"The outcome of this war does not, as Murray implies, threaten the very integrity of our society."，这句有一部分人理解成了默里认为战争的结果威胁到了社会的健全，但另一部分人理解成了默里认为战争结果不会威胁到社会的健全。其实只要了解这个题目，就知道这个句子的答案，默里认为是会威胁到的，这在他的著作中有叙述，学术界都了解。但是我们普通的译者可能没有读过他的书，并不了解他的观点，我们只能依靠白纸黑字上的文字符号。那么这个句子结构到底是表达那个意思吗？也就是说，这个句子会不会有歧义，会不会两种解释都说得通？这要看语境才能决定。尽管我们知道了答案，但是我们还是想去以英语为母语的人那里验证一下。验证的结果也很意外，有的语言基础相当不错的人认为不能排除会有歧义，他们认为如果读起来重音放在不同的地方，就会有不同的解读。但是有趣的是，几个对语言有专门研究的人却明确认为，此句不管在什么语境中，只有一个意思，也就是说，默里的观点和整句陈述的观点（即本文作者的观点）是相反的，整句陈述的观点是不会威胁到完整，默里认为是会威胁到完整的。持这一观点的人中包括一位英语语言杂志的主编。我为了能找出更多证据，在网上搜寻了一下，找到的句子都支持这一观点，比如下面两句：

- But I did not, as he implies, make an incoherent case. I made a coherent case.
- The problem is not, as he implies, a spending problem, but a revenue problem.

上面两句由于接下来那句把话都说出来了，应该是非常清楚的例证。综上所述，我们基本可以得出结论，这个结构所传达的语义是稳定的，即插入部分的意思和主句的意思恰好相反。在本文中或可翻译成"战争的结果，却并不像默里所暗示，会威胁到社会的健全"。

但是语言是灵活的，单纯依靠结构的方法在本句中似乎很灵验，给了译者很大的帮助，但是总体上看语言，我们还是主张牢记语境的作用。"No context, no meaning."这个说法还是很有道理的。这里有一则轶事很说明问题。斯坦福大学有位语言学教授，在其作为某大辞典语言讨论组的轮值主席时，做了一件很有趣的事。他把下面的句子寄给了那个语言小组的所有成员："The pool was deceptively shallow."。结果收回来的答卷让这位教授不知所措，将近一半的人认为是游泳池的水太浅，而另外一半的人则认为是池水太深。所有回答问卷的人都受过良好教育，英语是他们的母语。接着他又给了一句："She ran best when she had a minimal amount of food in her stomach."。答案也是对立的，一部分人认为，她胃里有点食物跑起来更得劲，另一部分人认为胃里没食物跑起来更得劲。（*Going Nucular* by Geoffrey Nunberg）所以语言是很灵活的，我们在解读原文时，时刻都要参照一下语境，看看自己的解释是不是符合语境。比如我们这篇文章题目的翻译也得有语境帮助。

不少学生都把这篇文章的题目翻译成"失去了大地，获得了洞见"，完全照原文的文字翻译过来。但是你仔细问到底是怎么失去大地的？大家都说不出来。有时看到人们说"失去了大地，赢得了天空"。在网上查了一下，那句话的语境是说有些人离开了故乡后，虽然得到了他们想要的精神家园，但是却失去了自己曾脚踏的家乡。但是这个天和地对立的语境和我们节选的上述文字没有任何关系。其实作者用的 losing ground 是查尔斯·默里发表于 1984 年的一篇文章的题目。那篇文章在当时掀起了巨浪，因为它挑战了当时学术界对美国福利制度的共识。这个 losing ground 是一种隐喻的说法，其意思是 suffering loss or disadvantage; failing to advance or improve (Webster)。也就是说,美国虽然在社会和经济福利方面没有进步反有退步(lose ground),但是还是看清了一些问题(gain insight)。具体地说,默里提出了一个本文作者认为是正确的观点,即自由派的社会福利政策反而使某些人依赖社会福利,结果造成社会福利的减少。这就使人想起克林顿总统 1992 年大选时的口号——改革美国社会福利制度。也正是在克林顿当政时,美国进行了福利制度改革,结果福利发放大大地受到了控制。1993 年克林顿总统在接受国家广播公司采访时就曾说,默里干了件好事。虽然克林顿和默里在大部分问题上意见不同,但是默里在"Losing Ground"一文中对福利制度的观点他认为是正确的。不过作为自由派的政治家,克林顿的这个态度也许有政治上的考虑,因为他在后面马上就补充说,"问题是这样做道德上是否正确?福利的减少势必会使很多穷人失去赖以存活的生活资源"。根据这个大语境,"失去大地"的译法是不对的。不妨译成"得失互见"。

语境是译者不断求助的朋友。

翻译练习六

The Danger of Surveillance

From the Fourth Amendment to George Orwell's *Nineteen Eighty-Four,* and from the Electronic Communications Privacy Act to films like *Minority Report* and *The Lives of Others,*[①] our law and culture are full of warnings about state scrutiny of our lives. These warnings are commonplace, but they are rarely very specific. Other than the vague threat of an Orwellian dystopia,[②] as a society we don't really know why surveillance is bad and why we should be wary of it. To the extent[③] that the answer has something to do with "privacy", we lack an understanding of what "privacy" means in this context and why it matters. We've been able to live with this state of affairs[④] largely because the threat of constant surveillance has been relegated to the realms of science fiction and failed totalitarian states[⑤].

But these warnings are no longer science fiction. The digital technologies that have revolutionized our daily lives have also created minutely detailed records of those lives. In an age of terror, our government has shown a keen willingness to acquire this data and use it for unknown purposes.

Although we have laws that protect us against government surveillance, secret government programs cannot be challenged until they are discovered. And even when they are, our law of surveillance provides only minimal protections. Courts frequently dismiss challenges to such programs for lack of standing,[⑥] under the theory that mere surveillance creates no harms. The Supreme Court recently reversed the only major case to hold to the contrary, in Clapper v. Amnesty International U.S.A., finding that the respondents'[⑦] claim that their communications were likely being monitored was "too speculative"[⑧].

But the important point is that our society lacks an understanding of why (and when) government surveillance is harmful. Existing attempts[⑨] to identify the dangers of surveillance are often unconvincing, and they generally fail to speak in terms that are likely to influence the law.

At the level of theory, we need to determine why and when surveillance is particularly dangerous and when it is not. First, surveillance is harmful because it can chill the exercise of our civil liberties.⑩ With respect to civil liberties, consider surveillance of people when they are thinking, reading, and communicating with others in order to make up their minds about political and social issues.⑪

A second special harm that surveillance poses is its effect on the power dynamic⑫ between the watcher and the watched. This disparity creates the risk of a variety of harms, such as discrimination, coercion, and the threat of selective enforcement, where critics of the government can be prosecuted or blackmailed for wrongdoing unrelated to the purpose of the surveillance.

(From *Harvard Law Review*, by Neil Dichards, 2013)

注释

1. 这句里有好几个有专业或文化背景的词，比如 the Fourth Amendment 是指《美国宪法》的第四修正案，即《权利法案》的一部分，它保护个人在没有任何充分理由的情况下不会被搜查或拿走财物；*Nineteen Eighty-Four* 指的是英国作家乔治·奥威尔写的小说《一九八四》；the Electronic Communications Privacy Act 是指美国在 1986 年通过的《电子通信隐私法案》，该法目的在于强化联邦窃听和电子窃听条款；*Minority Report* 和 *The Lives of Others* 都是与隐私相关的电影。

2. 这里的 dystopia 指的就是《一九八四》书中描写的那种国家，句子中的 vague 是指想象中的威胁，而不是在现实生活中的威胁。若是现实中的威胁，那就不是 vague 了。因此，这句完全按照文字翻译反而比较生硬（除了奥威尔假想国中的模糊不清的威胁），此时译者不妨抛开文字，到文字描写的语境中去找译者可以引申的依据，比如翻译成"除了奥威尔在书中描述的那种虚构的威胁外"。这种依靠语境来挣脱文字束缚的方法，在译者确信语境解读正确无误时，是可以大胆采用的。

3. To the extent 这个短语在不同的语境中翻译方法不同，将在后面的札记中重点讲解。

4. 这里的 live with 总是有一种无可奈何的意思在里面，表示得忍耐。如果翻译成"共存"，虽然也没有错，但缺少忍耐的意思；翻译成"接受"也可以；翻译成"勉强接受"也可考虑。另外，state of affairs 其实是固定短语，大意就是 situation or a set of circumstances，比如："The survey revealed a sorry state of affairs in schools."。

5. 作者是指那些已失败的极权国家，比如苏联、朝鲜、伊拉克、苏丹、阿富汗等。

6. for lack of standing 中的 standing 这里可以翻译成"起诉权"。这个词表达的是美国法律体系中的一个概念（Standing is a legal term used in connection with lawsuits and a requirement of Article III of the United States Constitution.）。法官经常会问一个想要起诉的人有没有起诉权（standing），换句话说，你有没有足够的理由起诉。之所以使用 standing 是因为，起诉的人必须要站在法官面前（stand before the court）。有不少人将 for lack of standing 翻译成"不适格"，但"适格"是中国法律中的一个概念，与英文的 standing 在具体含义上并不完全相同，加之两个词属于两种不同的法律体系，建议仍然翻译成"起诉权"。

7. 这个 the only major case to hold to the contrary 就是那个较低层级法院的案子，判决结果有利于人权团体，不利于政府。后来败诉一方不服，把官司打到最高法院，结果最高法院又逆转了判决结果，认定没有足够理由认为监视本身造成伤害（mere surveillance creates no harms）。最高法院的这个案子称为"克莱伯诉大赦国际美国分部案"（Clapper v. Amnesty International U.S.A.），克莱伯当时是美国国家情报局局长。美国的上诉法庭负责审理对下一级法庭判决不服而上诉的案子。全美共有 13 个联邦上诉法庭，还有地区上诉法庭等，而最高法院要比联邦上诉法院有更大的权威。另外，这句中的 finding 不应该翻译成"发现"，因为在这个语境中该词的意思是 to make a formal decision about something after listening to all the facts，所以翻译成"认定"。至于 respondents 这里用复数是因为有不止一个 respondent。respondent 也就是最高法院案例中的 appellee，翻译成"应诉方（人）"或"答辩方（人）"都可以。

8. 这个 too speculative 不应该用解释的方法翻译，比如有人翻译成"站不住脚""捕风捉影"。由于这个短语是用在引号内的，是法庭判决书中的实际文字，所以只能直译（太多推测成分）。

9. 这个 Existing attempts 有人翻译成"现有的尝试"，这样完全按照字面意思翻译也是一种处理方法，但是还可以离开文字，到语境中去寻求译法。比如就本例而言，前面一句在说社会缺乏对监视有害的理解，接下来就是这句 Existing attempts to identify the dangers of surveillance are often unconvincing，可见这个 attempts 是在 identify the dangers，在接下来的半句就更清楚了（they generally fail to speak in terms that are likely to influence the law），这些 attempts fail to speak，可见这些 attempts 是在言说的范围内，就是提出的观点或理论等，因此译者就可以不用 attempts，而译成"目前提出的监视危险的各种说法常没有足够的说服力"。这种离开文字靠语境去寻找其他译法的处理方法，我们经常推荐，但这样做的前提是语境解读准确。如果解读错了，译文就是错误的。

10. 动词 chill 的字面意思就是将一样东西变冷，比如 chill your beer 就是将啤酒的温度降下来，使之冷却。在我们的语境中，这个词已经从字面意思转成了隐喻意思。但是字面意思和隐喻意思是一脉相连的，可以从字面意思联想到隐喻意思，比如冷这个现象能使啤酒温度下降，它也能使人的温度下降，而人在温度低时一般总是热情减少的，热情少就不愿意去干事，进而我们可将 chill 这个词和 to depress; discourage; deter 的意思连起来，也就是说，监视行动能抑制我们行使公民自由权。这种认知隐喻的角度对于翻译学习很有益处。

11. 有的学生将这个句子翻译成"说到公民自由，考虑一下……"。这个完全照搬原文结构的译法是不合适的，因为原作者对监视的态度其实是很明确的，就是认为监视不好。所以这里应该完全按语境翻译成在这种情况下说汉语的人会说的话，比如"说到公民自由，可以打个比方，人们为了能对政治和社会议题拿出定见，可能需要思考、阅读、交流，试想一想，政府监视他们的这些活动会是怎样的后果"。

12. the power dynamic 指不同人或不同人群之间力量的变化（The dynamics of a situation or group of people are the opposing forces within it that cause it to change.）。在本句中就是指监视者和被监视者之间力量的变化。政府一监视人民，政府就把人民给掌握住了，力量对比就失去了平衡。

参考译文一

监视的危险

　　从《第四修正案》到乔治·奥威尔的《一九八四》，从《电子通信隐私法》到诸如《少数派报告》和《窃听风暴》之类的电影，我们的法律和文化中不乏各种警告，让我们警惕国家对我们生活的监视。这些警告虽然常见，却很少十分具体。除了奥威尔式的反乌托邦让我们感到了模糊的威胁之外，作为一个社会，我们真的不知道监控为何不好，我们又为何要对其保持警惕。倘若说问题的答案涉及"隐私"，我们也不知道在这种语境下"隐私"是指什么，为什么那么重要。我们之所以能忍受这种状况，主要是因为持续监控的威胁已被视为科幻小说里和失败的极权国家才有的事情。

　　但这些警告现在不再是科幻小说了。数字技术彻底改变了我们的日常生活，同时也极其详细地记录下了这些生活点滴。在这个恐怖活动频发的时代，我们的政府已显示出强烈的意愿要获得这些数据，并将其用于未知的目的。

　　虽然有法律保护我们免受政府的监控，但是秘密的政府计划却无法被质疑，除非它们被发现。即使被发现了，我们的监控法只能给予我们最低限度的保护。法院经常驳回对这种政府计划的起诉，理由是缺乏起诉权，法院根据的理论是仅仅进行监控不会造成危害。在克莱伯对大赦国际美国分部案中，最高法院推翻了唯一一例不利于政府的主要判决，认定当事人声称他们的通信可能被监听的指控"太主观臆断"。

　　但重要的一点是，我们的社会对政府监控为何（以及何时）有害认识不够。现有的试图识别监控危险的努力往往不令人信服，而且他们的做法一般不可能对法律产生影响。

　　在理论层面上，我们需要确定监控为何以及何时尤其危险，何时不那么危险。首先，监控有害是因为它压制了我们行使公民自由。关于公民自由，想想看，在人们思考、阅读和与他人沟通，以便就政治、社会问题作出决定时，对他们进行监控会起到什么样的作用。

　　监视的第二个特殊的危害是改变监视者和被监视者间的力量平衡。这种力量失衡会造成各种危害，如歧视、强迫和选择性执法的威胁，这种情况下，政府的批评者可能因为与监视无关的错误行为而被起诉或勒索。

（学生课堂作业）

参考译文二

监视的危险

从《美国宪法》第四修正案到乔治·奥威尔的《一九八四》，从《电子通信隐私法》到《少数派报告》和《窃听风暴》这类电影，我们的法律和文化中尽是提醒民众警惕国家监视我们的警告。尽管这类警告司空见惯，但却很少详尽具体。除了奥威尔在书中描述的那种虚构的威胁外，我们这个社会并不真了解监视为什么不好，也不知道我们为什么应该保持警惕。这个问题的答案在一定程度上和"隐私"有关，可我们却不了解这种情况下"隐私"意义何在，也不清楚隐私到底为什么重要。我们一直能接受这种现状，主要是因为不断受到监视这种现象被认为只存在于科幻小说和已失败的极权国家里。

但是这些警告已不再仅出现在科幻小说中。数字技术使我们每日的生活发生了天翻地覆的变化，同时也把我们的生活事无巨细地记录下来。在一个恐怖活动盛行的时代，我们的政府急于获取记录的数据并将其用于未知的目的。

确实有法律保护我们免遭监视，但是在我们未发现政府的秘密监视活动前，我们其实无从挑战。即便这些监视项目被发现，有关监视的法律保护也相当有限。在这类监视项目受到挑战时，法院经常以缺乏起诉权为由驳回起诉，理由是监视本身不构成伤害。最高法院最近就逆转了唯一一次不利于政府的主要判决，在克莱伯诉大赦国际美国分部案中，最高法院认定，答辩方称他们的通讯可能被监视的说法有"太多推测成分"。

但是重要的是，我们的社会对于政府监视为什么有害、何时有害缺乏理解。目前提出的监视危险的各种说法常没有足够的说服力，而且它们一般对法律可能也没有影响。

从理论层面看，我们需要决定为什么、何时监视特别危险，何时不危险。首先，监视有害，因为它能抑制我们行使公民自由权。说到公民自由，可以打个比方，人们为了能对政治和社会议题拿出定见，可能需要思考、阅读、交流，试想一想，政府监视他们的这些活动会是怎样的后果。

监视的第二个特殊伤害是会影响监视者和被监视者之间力量的变化。这种力量的差别会造成各种不同的危害，如歧视、胁迫和选择性执法的威胁，这种情况下,批评政府的人可能因为与监视完全不相关的错误行为而被起诉或被勒索。

（叶子南译）

从 to the extent that 讲开去

本文中有这么一句："To the extent that the answer has something to do with 'privacy', we lack an understanding of what 'privacy' means in this context and why it matters."。大家对 to the extent that 的译法不一，有的翻译成"如果"，但有的认为不翻译这个词组也行。所以我们在这里把这个短语全面讨论一下。

其实这个短语并不一定出现在这样的正规法律文本中，有时在日常生活中偶尔也会看到，如网上有这么一句："I'm really not interested in politics. To the extent that I think about politics at all, I tend to support the Democrats."。网上有这样的解释："一般情况下我对政治缺乏兴趣，只在极少情况下谈及政治。而在这极少的情况下，我一般是支持民主党的。"所以这里 to the extent 似乎有 if 的意思，或者有 as long as 的意思。也就是说，我一般对政治不感兴趣，如果在极少数情况下我谈及或涉及政治时，或者只要我偶尔对政治显示出一些兴趣，那么在那种情况下我一般是倾向于民主党的。这个短语放在句子前面或后面，一般都是类似的意思，如：

- To the extent that Party B has any rights, claims, and interests in Bank's obligations under the Agreement, Party B should...
  如果（只要）根据本协议规定的银行义务乙方享有权利、主张和利益，那么乙方就应该……

- To the extent that a disaster manifestly exceeds its national response capacity, the affected State has the duty to seek assistance from, as appropriate, other States, the United Nations, and other potential assisting actors.
  如果（只要）所遭受的灾害明显超出国家的应对能力，则受灾国有责任酌情向其他国家、联合国及其他潜在援助方寻求援助。

其实这个短语放在句子后面的话，其意思和放在前面也相同，如：

- There is always room and the possibility to improve laws to the extent that they do not contradict social norms that are acceptable to citizens.

［**译文一**］　在不违背公民接受的社会规范的前提下，总是存在改进法律的余地和可能性。

［**译文二**］　如果（只要）和公民接受的社会规范不相违背，就总存在改进法律的余地和可能性。

- Mr. Khane said that the activities requested in Paragraphs 8 and 10 would be implemented to the extent that extrabudgetary resources were made available.

［**译文一**］　Khane 先生说，第 8 段和第 10 段所要求的活动将根据预算外经费的可用情况予以实施。

［**译文二**］　Khane 先生说，如果（只要）预算外经费可用，第 8 段和第 10 段所要求的活动便可予以实施。

　　前面这个例子中，第一个译者没有用直译的方法去翻译 to the extent that 这个短语（在……前提下），意思也通。后一个例子中，我们可以看到 to the extent that 其实是和程度相关联的，并不是一个两值取向的选择，用 if 解释没有错，但却不够精准。比如到底能否实施，这要看预算外经费的情况。也就是说，经费多就多实施，经费少就少实施。剑桥词典中这个短语的定义就是 to a particular degree or stage, often causing particular results，词典所附的例句也是符合这个意思的："Sales have fallen badly this year, to the extent that we will have to close some of our shops."。也就是说，销售情况糟糕到要关闭几个店铺的程度。但也可以糟糕到不关闭店铺的程度，或糟糕到全部店铺都关闭的程度。这说明这个短语所表达的意思是可伸缩的，就像一条牵狗的绳子，可长可短。其实在一些句子里，这种可伸缩的意思很明显，如 "These shortages do not exist to the extent that you report."（这些短缺并不像你所报告的那样严重）。这里就明显是程度，短缺是短缺了，但没有短缺到你们报道的程度。

　　在法律翻译中，to the extent that 似乎常翻译成"在……的范围内"。比如：

- The audit included a general review of financial systems and internal controls and a test examination of the accounting records and other supporting evidence to the extent that the Board considered necessary to form an opinion on the financial statements.

审计包括对财务制度和内部控制进行全面审查，并在审计委员会认为必要的范围内，对会计记录及其他单据凭证进行抽查，以便就财务报表形成意见。

- For the purposes of this Convention, income derived by or through an entity or arrangement that is treated as wholly or partly fiscally transparent under the tax law of either Contracting State shall be considered to be income of a resident of a Contracting State but only to the extent that the income is treated, for purposes of taxation by that State, as the income of a resident of that State.

为本公约的目的，若一实体或安排按任一缔约国税法被视作全部或部分财政透明，则由或通过该实体或安排获得的收入应被视作一缔约国居民收入，但范围仅限于该收入为该国征税目的被视作该国居民收入的情况。

有时这个短语的变异结构（to the extent + 过去分词）也这样翻译，如：

- The Parties shall assist each other to the extent permitted by their respective laws in proceedings relating to the forfeiture of the proceeds and instrumentalities of offenses.

双方在各自法律许可的范围内，应在没收犯罪所得和犯罪工具的程序中相互协助。

- Any provision of this Deed prohibited by law or which is unlawful or unenforceable under any applicable law actually applied by any court of competent jurisdiction shall, to the extent required by such law, be severed from this Deed and rendered ineffective so far as is possible without modifying the remaining provisions of this Deed.

任何有司法管辖权的法院根据实际运用的任何适用法律禁止的，或认定为不合法的或不可执行的本契据的任何规定，应在该等法律要求的范围内，尽可能从本契据中分离出来，并使之无效，而不变更本契据的其余规定。

下面这个例子最能说明这个短语并不表达两值取向的 if，而只表达多值取向的 as long as、to the degree that（提示程度）。要表达两值取向的 yes/no，应该用 if。

- The document must be delivered to the office of the secretary of state for filing. Delivery may be made by electronic transmission if and to the extent permitted by the secretary of state. If it is filed in typewritten or printed form and not transmitted electronically, the secretary of state may require one exact or conformed copy to be delivered with the document (except as provided in sections 5.03 and 15.09).

文件须提交州务卿办公室备案。在州务卿允许的范围内，文件可以用电子传输的方式提交。如果文件是印刷件或者打印件且不以电子方式传送，州务卿可以要求同时提交与该印刷件或者打印件相同或者一致的副本（第 5.03 节和第 15.09 节另有规定者除外）。

这里我们看到，是否用电子传输的方式提交要看是否得到州务卿的许可（if），电子传输提交的范围也需要得到州务卿的许可（to the extent permitted by）。但这种法律上天衣无缝的细节似乎在实际翻译中未必需要都表达出来，因为如果 to the extent that 已经成立的话，那么 if 的存在就没有必要，所以在参考译文中 if 是没有翻译出来的。而且"在……范围内"这个译法有固化倾向，大家都这么翻译，可实际上，在不同的语境中统一的译法未必就是最佳的，如：

- If an amount due to the Lender from the Borrower in one currency (the "first currency") is received by the Lender in another currency (the "second currency"), the Borrower's obligations to the Lender in respect of such amount shall only be discharged to the extent that the Lender may purchase the first currency with the second currency in accordance with normal banking procedures.

  如果贷款人以另一货币（"第二货币"）收到借款人到期应付给贷款人的某一货币（"第一货币"）的款额，则借款人对贷款人的上述款额的义务应在贷款人可以按正常的银行程序用第二货币购买第一货币的范围内予以解除。

这个译法就采纳了"在……范围内"这个广为接受的译法。但一位资深的法律翻译工作者则认为，下面的译法更清楚：

如果借款人到期应付给贷款人的某一货币（"第一货币"）的款额由贷款人以另一货币（"第二货币"）收取，则借款人欠贷款人此数额的债务应予勾销的幅度只能以按正常银行程序用第二货币购买第一货币的数额为限。

综上所述，to the extent that 这个短语一般被解释为 if 或 as long as，翻译时有时权宜地处理成"如果"，但是其核心词义还是表示程度，用 to the degree that 表示更准确。在法律文本中，不少译者常将这个短语处理成"在……范围内"，也是很不错的建议，但语言是灵活的，在任何情况下，最好还是看语境，死记硬背意义不大。除掉一些特殊情况（比如某个权威机构将这一短语的翻译规范化），否则一般仍建议根据语境灵活处理，它毕竟不是一个专有技术短语。

不过通过这个例子，我们也发现，在法律等技术性较强的领域，对有些非专业技术短语的翻译，大致进行统一也是可取的，因为这样可以使这个领域中的用语更加规范，更趋一致，减少反复互译过程中会出现的困难。比方说，for the purpose of this law, "invention-creation" means inventions... 中的 for the purpose of，Avoidance of the contract releases both parties from their obligations under it, subject to any damages which may be due 中的 subject to，The Licensee shall not be entitled to sue in any of the aforesaid matters; provided, however, that the Licensor may... 中的 provided that 等相对固定的短语，它们的意思一般不会随语境而改变，翻译的时候也较固定。像这样的短语，集中起来学习总结一下，并记住一些分歧较小的处理方法，其实是有益无害的。

翻译练习七

The Reinvention of America

I have seen the future, and it is in the United States.[1]

After a several-year immersion[2] in parts of the country that make the news mainly after a natural disaster or a shooting, or for follow-up stories on how the Donald Trump voters of 2016 now feel about Trump, I have a journalistic impulse similar to the one that dominated my years of living in China.[3] That is the desire to tell people how much more is going on, in places they had barely thought about or even heard of, than they might have imagined.[4]

In the case of China, that impulse matched the mood[5] of the times. In the years before and after the world financial crisis of 2008, everyone knew that China was on the way up; reporters like me were just filling in the details. In the case of the modern United States, I am well aware that this message[6] runs so counter to prevailing emotions and ideas as to seem preposterous. Everyone knows how genuinely troubled the United States is at the level of national politics and governance. It is natural to assume that these disorders must reflect a deeper rot across the country.[7] And indeed, you can't travel extensively through today's America, as my wife, Deb, and I have been doing in recent years, without being exposed to signs of rot, from opioid addiction to calcifying class barriers.[8]

At the time Deb and I were traveling, sociologists like Robert Putnam were documenting rips in the social fabric.[9] We went to places where family stories matched the famous recent study by the economists Anne Case and Angus Deaton of Princeton, showing rising mortality among middle-aged whites without a college degree for reasons that include chronic disease, addiction, and suicide. In some of the same cities where we interviewed forward-moving students, civic leaders, and entrepreneurs, the photographer Chris Arnade was portraying people the economy and society had entirely left behind. The cities we visited faced ethnic and racial tensions, and were struggling to protect local businesses against chain stores and to keep their most promising young people from moving away. The great majority of the states and counties we spent time in ended up voting for Donald Trump.

What we learned from traveling was not that the hardest American challenges of this era are illusory. They're very real, and divisions about national politics are intense. So we made a point of never asking[⑩], early on, "How's Obama doing?", or later, "Do you trust Hillary?" and "What about Trump?" The answers to questions like those won't take you beyond what you've already heard ad nauseam on TV[⑪].

Instead we asked people about their own lives and their own communities. Reporting is the process of learning what you didn't know before you showed up. And by showing up[⑫] in Mississippi and Kansas and South Dakota and inland California and Rust Belt Pennsylvania[⑬], we saw repeated examples of what is happening in America's here and now that have important and underappreciated implications for America's future.

The national prospect is full of possibilities that the bleak trench warfare of national politics obscures.[⑭]

(From *The Atlantic*, May, 2018)

注释

1. 这句学生们译法不同，比如：a. "我已看到美国的未来"；b. "我已经看到未来，未来由美国孕育"；c. "我见过未来是什么样子，所以我知道美国有未来"；d. "我曾见过未来的样貌，美国是有未来的。这样一句简简单单的话，居然翻译得五花八门，可见学生们的理解是多么不同。上面的 a 是只翻译了前半句；b 将原文没有的"孕育"加了进去；c 添加了未来的样子，而且还把两个分句变成了因果关系（所以）；d 则说是过去曾见过未来的样貌，并说美国有未来（潜台词：不是没有未来）。这些句子都是原文的意思，但也都和原文有不同程度的出入。为什么这么简单的一句话会在细节的理解上分歧这么大呢？主要还是取决于译者如何理解原文。译者的理解和普通读者的理解有一个很大的差别。普通读者理解仅仅是为了看懂，看懂了就达到目的了。但译者不同，理解只是译者一半的任务，他还要表达。所以译者在理解的过程中不停地在考虑表达，比如译者会努力寻求雅的译法，结果就产生了 b 句（我已经看到未来，未来由美国孕育），因为译者觉得"孕育"比原文的 is 要更雅致些。这就使译者在没有彻底理解前就受到了表达的干扰，结果最终呈现在他脑海中的那个理解产物就偏离了原文的样貌。其实这个句子不能合并成一个简单句，两个分句各司其职，前半句说他已经看到了未来，后半句说未来就在美国。这个特殊的句型甚至能引起一定的联想，比如第二次世界大战后麦克阿瑟将军（MacArthur）就曾说过一句著名的话："We have seen the enemy and he is ours."；漫画家沃尔特·凯利（Walt Kelly）也说过类似著名的话："We have seen the enemy and he is us."。这样一个有潜在重要性的句型结构，上面几个译文都给忽视了。这句原文的语言结构并非可以随便改变，改变结构也许并不完全改变语义，但却可能改变了句子传递的信息。

2. 这个 a several-year immersion 不少人都翻译成"数年的沉浸"，应该说也是一种译法。但这并非唯一的译法。我们可以用纽马克的 XYZ（见理论技巧篇有关纽马克的章节）来解释不同的译法。显然翻译成"沉浸"是沿着原文文字走的，用纽马克的话说，这是强调了 Y（文字）。但在他的理论框架中，X 是指语言（Y）所代表的现实（reality），也就是说，在现实生活中到底发生了什么。那么让我们来看看这个 immersion 在现实中到底是些什么事。原来作者和他的妻子在过去五年里，乘坐一架单引擎的飞机，到全美国那些很少受人关注的地方采访调研、体察民情，所谓的 immersion 就是这些采访调研。那么这句就可以译成"在这些地方深入走访数年后"，原文的 immersion 就被抛弃了。在本文中，这种到现实中求答案的译法似乎更通俗易懂。当然我们也得注意，到底用原文的文字（Y）还是翻译出现实事件（X）还应该视情况而定。在非常正规的政经法文本中，跟着原文语言走比较安全。翻译可读性要求比较高的文本，离开文字似乎更接地气。

3. 这句的翻译必须先把 after 这个介词放到一边。如果你以这个介词开头，那就翻译不下去了，因为这个短语太长。你可以先把 after 这个介词所包含的地点和事件先一个一个地表述出来，然后再表达 after（在这些地方深入走访数年后），然后再说主句。其实这些地方都是上不了新闻的地方，除非发生句子中描述的情况。另外，这句里的 journalistic impulse 就是指记者所特有的那种冲动。英文的 impulse 在有些时候用汉语的"冲动"表达不是很合适，因为汉语的"冲动"有时会带有鲁莽的潜台词，而这里显然没有。其实下面一句已经给了译者答案，这里所谓的"记者的冲动"就是 the desire to tell people。另外一个要注意的词是 dominated。该词经常被人翻译成"控制"等意思，其实这说明译者对这个词理解不透彻。比如说 "The earthquake once again dominated the news." 这句，并非地震控制了新闻，而是说新闻上都是有关地震的消息。再比如 a little room dominated by a huge fireplace 是说一个小屋子中的壁炉非常大。这个句子中的 the one that dominated my years of living in China 大意是 the desire that also preoccupied my years in China。换句话说，假如我在中国待了十年，那么这种想报道的愿望就至少存在五年以上了，因为如果仅仅是两三年，那就称不上是 dominated。当然，这个 preoccupied my years 并非是明确的四六开或是三七开，而是总的指所占比例大。在参考译文二中，译者是用"经常"这个词来表达这个意思的（当年我在中国生活的那段日子里，就<u>经常</u>有这种新闻工作者急欲报道的心情）。

4. 在英文中这是一个独立的句子，但是在参考译文二中，这句其实和上面那句已经合并。英文这段是两句，但汉语变成了三句，而且英文第一句中的 the one that dominated my years of living in China 被移到了汉语第三句，成了整段的结尾句。这是句子合并的一个典型例子。

5. 这个 mood 不少学生翻译成"情绪"，显然不合适。其实只要查一查词典就知道这个词的意思（the pervading atmosphere or tone of a particular place, event, or period），可以翻译成"氛围"。接下来的一句基本上就诠释了这个氛围。

6. 这个 this message 首先要理解它指什么。按照原文字面意思翻译成"这则消息"，读者还是摸不着头脑。其实作者在这里说的 this message（runs so counter to prevailing emotions）就是他在接下来的文章中要论证的观点，即美国有希望。所以参考译文二翻译成"本文所要传递的信息"。

7. 这句中有两个地方要指出。第一个是 disorders 这个词，很多人都翻译成"紊乱"，但是根据上下文，作者是把美国比作一个有机体，所以这个词的另外一个意思用在这里更合适（疾病）。另外一个就是 deeper rot 的翻译，也是五花八门（深层的腐败、深层的衰败、深层的严重问题）。这些译文都不算错，但如果我们能更深刻地认识到原文这种写法的认知源头，就可以在选择上更灵活、更准确。使用这个 rot 是将一个国家当成了植物，但这个植物腐烂了。换句话说，在同一个句子中，作者先是将美国当成了病人，再把美国当成有病的植物。鉴于这都是言说手段，没有实质意义，译者就没有必要硬守住 rot 这一隐喻图像。翻译成"深层严重的问题"并没有错，但是缺乏形象感，那么不妨在译文中都用病人这个隐喻，将这句翻译成"把这些<u>弊病</u>归咎于国家深层的<u>痼疾</u>也顺理成章"。如这样翻译忽视了

across the country 表达范围广泛的意思（across），那么可以这样修改一下（把这些弊病归咎于<u>遍及全国</u>的深层痼疾也顺理成章）。但是前面一个译法已基本到位，这里不妨说成是"够好了"。

8. 一般来说，使用 cocaine、marijuana 等是毒品上瘾的主要问题，但是这里的 opioid addiction 是新问题。所谓 opioid 就是指阿片类药物，这些都是医生的处方药，有别于传统的毒品。另外，这句中 from...to... 这个语言结构一般暗指除掉两个例子外，还包括其他的，比如我们一般常说的 range from A to B 就是指除掉 A 和 B 外，还有其他的。也正因如此，参考译文二在说了"从阿片类药上瘾，到阶级壁垒固化"后，又补上了一句"病象比比皆是"。

9. 这个 rips in the social fabric 也是隐喻思维的产物。启用这个隐喻思维的话，就得将社会比作一个纺织品，并且这个纺织品上出现了一些裂痕（rips）。其实这和将社会比作病人、比作植物等是一样的，都是在说，社会出了问题，生了病（病体），腐坏了（植物体），破裂了（纺织品）。这些都是纽马克框架中现实在 Y 层面上的不同表达法，在 X 的现实层面上，三个不同的 Y 都指向同一个 X，即同样的社会问题，所以在翻译上就未必要用和原文文字完全一样的译法。但是我们确实也感到像 fabric 和 rips 这样的词有特殊意义（特指社会结构、裂痕），所以翻译成"美国社会结构中的裂痕"。

10. 这里的 make a point of doing something 意思是 do something in a very deliberate or obvious way，可以翻译成"刻意"做某事（我们一开始刻意不问……）。

11. 这个 ad nauseam 表示一个人反复做某事到令人生厌的地步（to a sickening extent）。而 won't take you beyond 就是表示仅仅停留在那个水平上。就本句来说，是指不会有其他更有意义的答案，也就是停留在电视上人们听来听去的那些话。

12. 注意，这个 showing up 的动作在参考译文二中淡化了，仅仅用"到了"来表达。当然，如果你一定要把它表达出来，也未必不行（在某地现身），但用"到了"已足够，甚至更自然。

13. 这个 Rust Belt Pennsylvania 指美国中西部和大湖区一带，包括纽约中部、宾夕法尼亚、西弗吉尼亚、俄亥俄、印第安纳、密西根部分地区和伊利诺。这些地区的工业从 20 世纪 80 年代就开始衰败，倒闭的厂房长期搁置呈铁锈色，故而称"铁锈带"。

14. 这句里的 possibilities 很多人都翻译成"可能性"，但这个词的复数形式在牛津在线词典上的解释是 unspecified qualities of a promising nature; potential，给出的例句是"The house was old but it had possibilities."，可见当复数使用时这个词表示有希望的前景，而当不可数用时，常表示可能性（There was the possibility that he might be turned down.）。但这句中最值得讨论的是 trench warfare。在翻译这个短语前，首先应搞清楚它的意思。warfare 应该没有问题，就是相互打起来了，但 trench 在这里是什么意思呢？其实这个短语最容易令人想起第一次世界大战时的壕沟战，敌对双方在离得不远的地方躲在战壕里，有时向对方开火，有时没有任何动作，但双方都不能前进，也不能后退，都在战壕里待着。这个特点正是目前美国政治领域两党争斗的局势，双方都不能战胜对方，僵持在那里。这个隐喻图像帮助我们理解原文，进而为选词提供了更大的空间，比如可直译成壕沟战（全国政治领域的壕沟战），也可意译（全国政治领域打得僵持不下、全国政治领域短兵相接）。至于这里的 bleak，主要是修饰战争的后果。另外，obscures 这个词就是遮住的意思，就是人们看不到文中说的有希望的前景，当然不是肉眼看，所以也是隐喻。这样理解后，这最后一句可以翻译成"国家政治领域短兵相接打得僵持不下一片惨淡，结果人们就没有看到国家颇有希望的前景"。

参考译文一

重塑美国

我已经看到了未来，它就在美国。美国一些地方一般只在发生自然灾害、枪击案件时才能上头条，或者说采访 2016 年投特朗普票的人今天如何看他也能是新闻。在这些地方沉浸了几年后，我产生了一种类似在中国生活时曾经常感到的记者所特有的冲动。我想告诉人们，在他们很少想到，甚至从未听说过的地方，正发生着许多超乎想象的事情。

当时在中国，那种冲动是和时代气氛相符的。2008 年金融危机前后几年，所有人都知道中国蒸蒸日上，包括我在内的记者只是填补细节而已。但在今天的美国，我很清楚，我这里提出的观点和人们的普遍感受与观点如此大相径庭，以至于我的观点显得有些荒唐。大家都知道美国在国家政治和治理层面上确实存在问题，因此就会自然而然地认为这些问题一定反映出整个国家的深层败坏。确实，如果你像我和我妻子黛伯近几年来那样广泛走访过今日的美国，那你一定会见到败坏的痕迹，阿片类药物成瘾和阶层固化便是例子。

　　当我和黛伯走访时，像罗伯特·普特南这样的社会学家正在记录社会结构中出现的裂痕。在我们去的地方，有真人真事印证了普林斯顿大学经济学家安妮·凯斯和安格斯·迪顿的研究结果：他们发现，没有大学文凭的中年白人死亡率正在上升，造成死亡的原因包括慢性病、毒瘾和自杀。就在我们采访了先进学生、民间领袖和企业家的同一个城市里，摄影师克里斯·阿奈德拍摄到被经济和社会完全弃之不顾的人们。我们去过的绝大部分州和县最终都投票给了唐纳德·特朗普。

　　我们从走访中认识到的是，美国在这个时代面临的最大挑战并非海市蜃楼，而是非常真实的。国家政治方面的分歧严重。所以一开始我们就没有去问"奥巴马干得怎么样？"，后来也没去问"你信得过希拉里吗？""特朗普你怎么看？"这样的问题。这类问题的答案，电视上已经很多很多，问不出什么新东西来。

　　相反，我们询问人们的生活和他们生活的社区。报道这个过程就是去了解在亲身经历前一无所知的事；而在亲身经历了密西西比、堪萨斯、南达科他、加利福尼亚内陆以及宾夕法尼亚州的铁锈地带后，我们不止一次看到例证，证明此刻发生在美国的事情，对这个国家的未来有着重要的意义，但其意义却被低估了。

　　国内政治宛如一场战况惨淡的堑壕战，其硝烟使人无法看清国家未来的希望。

（学生课堂作业）

参考译文二

重塑美国

　　我已见到了未来，未来就在美国。美国有的地方没有灾难没有枪击就上不了新闻，要不就得靠采访特朗普选民2016年的选后感受那类事才能把这些地方推上新闻。在这些地方深入走访数年后，我开始迫不及待地想告诉人们，在他们很少想到，闻所未闻的地方，发生着那么多他们想都想不到的事。当年我在中国生活的那段日子里，就经常有这种新闻工作者急欲报道的心情。

　　当时在中国，那种急欲报道的心情和那个时代的氛围是并行不悖的。2008

年世界金融危机前后，每个人都知道中国正走在上升的路上；我们这些新闻记者也只是把细节告诉大家而已。我充分意识到，在今日的美国，本文要传递的信息和当前人们普遍的情绪和流行的观点是相反的，听起来似乎非常荒唐。每一个人都知道，美国在国家政治和治理方面，真是弊病丛生，而把这些弊病归咎于遍及全国的深层痼疾也顺理成章。确实不假，你若像我和我妻子黛比这样遍访美国各地，就不会看不见国家弊端丛生的迹象，从阿片类药上瘾，到阶级壁垒固化，病象比比皆是。

我和黛比遍访各地之际，像罗伯特·普特南这样的社会学家也在记录美国社会结构中的裂痕。在有些地方，我们的所见和普林斯顿经济学家安妮·凯斯和安格斯·迪顿之观察完全一致，他们在最近那个著名的研究中发现，无大学学历的中年白人当中，死亡率正在上升，原因是慢性病、毒瘾和自杀等。在其中有些城市里，我们采访了一些有开拓精神的学生、民间领袖和企业家，而在同一些地方，摄影家克里斯·阿那德却用影像记录下了被经济和社会抛弃的人们。我们到访的城市都面临着族裔和种族间的紧张关系，人们在艰难地保护本地商户免遭连锁企业的挤压，拼命地留住有作为的年轻人。我们调查过的州县不少，其中大多数最后都把票投给了唐纳德·特朗普。

从走访调查中，我们了解到，美国在当今时代所面临的艰辛挑战绝非凭空臆造，而是真实存在的。国家政治领域的分歧也相当严重。所以我们一开始刻意不问"奥巴马干得怎么样？"，后来也避免"你信任希拉里吗？""你觉得特朗普怎么样？"这样的问题。这些问题的答案，也就是你在电视上已经听得够烦的那些东西了。

我们转而去问人们的生活，问社区的状况。报道的过程就是了解的过程，了解你到某地前所不知道的事情。我们到了密西西比，到了堪萨斯，到了南达科他，到了加州内陆，到了宾州衰败的铁锈地带，在这些地方，我们见到了反复发生的事。这些所见所闻其实对美国的未来意义重大，然而却被低估了。

国家政治领域短兵相接打得僵持不下一片惨淡，结果人们就没有看到国家颇有希望的前景。

（叶子南译）

语言背后是图像

我上课经常说的一句话就是"Language is picture-based."，以至于有些学生见了我也不打招呼，马上来一句"Language is picture-based."，再补上一张顽皮的笑脸，可见在我的教学中这个理念是多么深入人心。其实这句话就是认知语言学中认知隐喻理论的极简概括。本书中也专门设有一章讨论认知隐喻及其在翻译中的应用。假如我们接受了认知隐喻的理论，那么可以说，大部分句子的背后都有一个图像，没有图像基础的句子是极少数。当然这样说，我们首先得接受认知隐喻理论给图像定的概念，在传统隐喻中不是隐喻的文字，在认知隐喻理论中都是隐喻了，我们这篇中的 China was on the way up、from opioid addiction to calcifying class barriers、rising mortality、forward-moving、left behind、faced racial tensions 和 full of possibilities，都是隐喻语言，因为它们都无法用字面意义解释，只能在隐喻领域成立。比如 rising mortality，我们知道 morality 是不能 rising 的，你可以说 full of water，但 possibilities 怎么可以用 full of 来形容呢？说中国是 on the way up 也是隐喻的，因为那条路（way）是看不到的。但是所有这些文字的字面意义却都能成立，而且都是一幅"图画"，比如 face tensions 就像是你面前站着 tensions，full of possibilities 就像是一个容器中装满了 possibilities，甚至连 from opioid addiction to calcifying class barriers 中的 from...to... 也给人一种画面感，从最左侧一头到最右侧一头，中间还有很多东西。我们学翻译的人希望这个看语言的图像视角能帮助大家。

但是语言中除了有一些隐喻图像不明显的词句外，还有一些隐喻图像非常明显的词句，这些隐喻得到传统隐喻理论和认知隐喻理论的认可，构成语言隐喻的很大一部分。说它们非常明显，就是说这些词句所唤起的图像是很清晰明显的。比如我们这篇中的 these disorders must reflect a deeper rot across the country、rips in the social fabric 和 the bleak trench warfare of national politics，都可以在读者脑海里唤起清晰的图像；比如，disorders 能唤起病人的图像，deeper rot 能唤起腐烂植物的图像，rips in the social fabric 能唤起布料破裂的图像，trench warfare of national politics 能唤起在战壕中激烈战斗、僵持不下的图像。

我们希望译者能充分利用这个观察语言的角度，帮助自己更好地理解并表达原文的意思。图像可以帮助我们理解原文，比如我们这篇里的 trench warfare 这个图像一下子就把我们带到了第一次世界大战时的壕沟战中，敌对双方其实是很近的，都在战壕里。除非你冲锋向前，或者你马上撤退，否则你是动弹不得的。如果我们把图像里看到的情况完全投射到美国的政治生活中，投射到国会两党开会的场面，投射到议员们唇枪舌剑、僵持不下的场面，翻译时在遣词造句上就有了极大的选择余地了，一幅图像要比一个线性的词组（trench warfare）更能在翻译中给你自由。到底翻译成"壕沟战"还是解释这个壕沟战？有了图像后，译者就可以权横各自的利弊，没有图像就逼得你只能直译，因为你不知道怎么意译才对。

将隐喻图像投射到现实中，就能找到意译的依据。其实这个映射的过程也可以用纽马克的 XYZ 来解释。隐喻语言在人的头脑中诱发的图像相当于纽马克说的 Y，而当这个图像映射到现实中时，实际上就是抵达了 X。而我们知道，一旦我们搞不清楚 Y 到底是什么时，最好的办法就是去发现到底发生了什么。比如本文中的 a deeper rot across the country 到底发生了什么？原来这个 rot 指的就是美国人滥用阿片类药物、阶级固化、贫富两极分化等一系列的社会问题，deeper 仅仅是指问题的严重性，侵入美国社会的深处。这个抛开图像到现实中找答案的过程，可以帮助译者找到意译的依据，避免使用"腐败"这类表面上看似准确的词，因为本文中的 rot 和 "腐败"这个词在汉语中常用的意思并不相符。但有时找到了意译的依据，译者却又感到舍不得离开图像了，比如 rips in the social fabric 这个图像在现实中指的就是使社会结构不能很好运作的一个个严重的问题，但是译者觉得这个 rips 直接交给读者未必就不能理解，所以参考译文将 the social fabric 意译成"社会结构"，但又直译了 rips（裂痕）。不过无论在什么情况下，图像和现实之间的映射能为译者提供理解原文的更可靠的基础，为表达提供更广阔的选择余地。

对于从事翻译的人来说，"Language is picture-based."这个观点肯定可以使他们受益颇多。

翻译练习八

Congestive Heart Disease

This chapter emphasizes the special features characterizing the diagnosis and treatment of congestive heart failure[①], whose high incidence in old age makes it an important problem of older people.

Heart failure in the aged may result from any condition[②] which interferes with the coronary blood flow, increases the work of the myocardium, or impairs myocardial function. Age-specific rates demonstrate a remarkable increase in congestive heart failure with age. Atherosclerotic heart disease and hypertensive heart disease separately or combined account for nearly 50 percent of the reported cases of congestive heart failure.[③]

Advances in treatments available to younger patients are equally valuable to older patients although treatment of congestive heart failure in old patients poses problems of greater magnitude than in younger persons and requires special consideration owing to the multiple pathological ailments and changes in pharmacological responses with age.[④] For example, the elderly patient's extensive coronary artery disease and myocardial fibrosis impair heart action and decreased[⑤] cerebral blood flow and hypoxia produce irrational behavior which makes the older person more difficult to manage and less capable of following directions. Chronic renal and liver impairments make older people more susceptible to digitalis toxicity, electrolyte disturbances, and hypoproteinemia. Although these changes tend to thwart therapeutic efforts and render management more difficult, attention to the diagnostic and therapeutic suggestions in this chapter should rectify and prevent recurrent congestive heart failure and provide more successful care in the hospital and at home.

The pathology of heart failure in the aged includes all forms of heart diseases in younger people and, in addition, the special entities found mainly in the elderly. The multiplicity of pathologic conditions increases with age and complicates the assessment of the pathologic basis for the heart failure[⑥]. Heart failure in aged patients often has more than one cause and may be associated with numerous other disorders⑦.

(From The Management of Geriatric Cardiovascular Diseases, by Raymond Harris)

注释

1. 和其他科技类文本的翻译一样, 医学翻译的首要问题就是锁定那些医学专有词汇, 而在大部分情况下, 这些专业词往往是名词。译者一般没有自创译法的自由, 只能老老实实地沿用业界已经规定的译法。比如, 本句中 congestive 和 failure 这两个词分开看的话, 可以考虑的选项有很多, 但是放在一起（congestive heart failure）就是一个专业词组, 会有固定的译法（心力衰竭）。译者需要在医学辞典中查出译法, 不可闭门造车。目前机器辅助翻译盛行, 客户有时会有固定的词汇表, 一般的医学辞典也未必就是"圣经", 译者还得尊重客户的要求, 按照客户提供的词汇表进行翻译。另外, 还要注意大陆地区和台湾地区在医学词语使用上的差别, 比如台湾地区常称为"心脏衰竭"或"心衰竭"。

2. condition 这个词一般翻译成"条件"或"状况"。但在医学翻译中 a (heart) condition 是不能翻译成"状况"的。其实你只要到词典中去查一下, 就会发现这个词有一个定义是 an illness or health problem, 所以 a skin condition 其实就是"皮肤病"。在本句中, condition 不译出来, 意思也基本到位。

3. 有人在翻译时把 separately or combined 漏掉, 将这句译成"动脉硬化性心脏病和高血压性心脏病几乎占所见的充血性心脏病的百分之五十"。粗略一看, 意思也差不多, 不算全错, 但如果是在严谨的翻译中, 这个遗漏还是会造成潜在的问题。因为这个百分之五十是把单独患其中一个病和两种病兼有的病例都算进去了, 所以加上"单独或并存"还是必要的。

4. 这个句子很长, 但是科技文本中的长句相对还是好处理的, 因为这类句子逻辑都十分严密。比如本句连接词 although 就像是个"分水岭", 前面是一个大意群, 后面是一个大意群, 所以译者可以在这个地方把句子分开, 甚至可以用句号把句子完全分成两句。比如可以先说"在年轻病人中采用的新治疗方法仍然适用于老年病人", 句号断开, 然后再去翻译 although 分句中的内容。至于两个分句间的连接也可以灵活些, 不能死守着一个"虽然"。比如参考译文二就用了"但是要注意"（在年轻病人中采用的新治疗方法仍然适用于老年病人。但是要注意，老年人心力衰竭的治疗比年轻心衰病人的治疗更加困难。由于年老，病人常有多种疾病并存，而且对药物反应也有改变，所以治疗时应顾及老年人的特殊性）。句型的调整也没有规定，只要中文句子通顺，不歪曲原文，前后颠倒也没问题，比如有人翻译成"老年人心力衰竭的治疗比年轻心衰病人的治疗更加困难。由于年老，病人常有多种疾病并存，而且对药物反应也有改变，所以治疗时应顾及老年人的特殊性。不过，在年轻病人中采用的新治疗方法仍然适用于老年病人"，这样也未尝不可。

5. 这个 decreased cerebral blood flow 中的 decreased 被一些学生误认为是谓语动词，实际它是过去分词，起形容词的作用，说明血流减少了。这点只要细心就不会错，因为科技描述都很严谨，前面的动词 impair 是一般现在时态，与之并列的不可能是一个过去时态的动词，真正与 impair 并列的是 produce。

6. 其实这个句型很简单，就是 A increases with age and complicates B，有的学生翻译成"病理状况的复合性随年龄增长，而且使评估心力衰竭的病理基础复杂化"。这种译法过去死板，译者应该尽量自由些，如这里的 pathologic conditions 就是病的意思，而 The multiplicity 就是指几个病并存，也就是病人患有好几个病，参考译文二的译法就更接地气（随着年老，多种疾病并存的情况也增加）。科技翻译也没有必要死板到前面那种地步。另外，有的人把 The multiplicity of pathological conditions 高度综合成"体弱多病"，就意思来说，倒没有错。但"体弱多病"是描写人身体状况的较为模糊的表达法，如"体弱"就很难界定。相反，pathological ailment 却是明显有病理变化的病。所以译成"有多种疾病并存"似乎较为妥当。

7. 这里的 disorders 经常被翻译成"紊乱"，比如 blood disorder 常被学生翻译成"血液紊乱"，但这个 disorder 的意思和前面的 condition 一样，也是病的意思，应该是"血液病"。在医学语境中，大多数情况下，disorder 和 condition 都表示疾病的意思。当然，译者应该有所分辨，即便在医学语境中，这两个词也有应该翻译成"紊乱"和"状况"的时候。译者随时都得看上下文。

参考译文一

充血性心脏病

本章着重讨论充血性心力衰竭的诊断与治疗中存在的特殊问题，它在老年病人中的高发病率使得它成为老年人的一个重要问题。

老年人的心力衰竭可由冠状动脉血流受干扰、心肌工作增加或心肌功能损害造成。资料显示，充血性心力衰竭发生率随年龄而明显增加。动脉硬化性心脏病和高血压性心脏病单独或并存几乎占已报道的充血性心力衰竭病例的百分之五十。

在年轻病人中采用的新治疗方法对老年病人也有相同的价值，虽然老年人心力衰竭的治疗比年轻心衰病人的治疗问题更大，而且由于年龄增大造成的多种疾病，且对药物反应的改变，须顾及其特殊性。例如，老年人广泛的冠状动脉硬化以及心肌纤维变化损害心肌活动，而减少的脑血流及缺氧又可引起非理性行为，这种行为使老年病人更难处理，更难遵守医嘱。慢性肝肾损害使得老年病人更容易有洋地黄中毒、电解质紊乱、低蛋白血症。虽然这些病理变化倾向阻碍治疗的努力，使得处理更加困难，但对本章中强调的诊断和治疗的建议的注意能防止充血性心力衰竭的复发，并可使医院和家中的照顾更成功。

老年心力衰竭的病理包括所有年轻人的各类心脏病。除此之外，在老年人身上还有其特殊性。随着年老，病理状况的多重性增加，而且使对心力衰竭病理基础的评估更为复杂。老年人心力衰竭常有一个以上的原因，且可能与各种其他紊乱有关。

（学生课堂作业）

参考译文二

充血性心脏病

本章着重讨论在充血性心力衰竭的诊断与治疗中存在的特殊问题。由于充血性心力衰竭在老年人中的发病率颇高，因此该病便成为老年病中的一个重要课题。

老年人心力衰竭可由冠状动脉血流障碍、心肌负荷过重或心肌功能障碍造成。资料显示，充血性心力衰竭发生率随年龄增长而明显增高。动脉硬化性心脏病和高血压性心脏病单独或并存几乎占已报道的充血性心力衰竭病例的百分之五十。

在年轻病人中采用的新治疗方法仍然适用于老年病人。但是要注意，老年人心力衰竭的治疗比年轻心衰病人的治疗更困难。由于年老，病人常有多种疾病并存，而且对药物反应也有改变，所以治疗时应顾及老年人的特殊性。例如，老年人广泛的冠状动脉硬化以及心肌纤维变化影响心肌活动功能，而脑血流减少及缺氧又可引起非理性行为，结果，病人不能遵守医嘱接受治疗，致使病情更难处理。此外，在有慢性肝肾疾病的老年病人中更容易出现洋地黄中毒、电解质紊乱、低蛋白血症。虽然这些病理变化都可能影响有效的治疗，给治疗带来更多麻烦，但如果医生能注意本章中强调的诊断和治疗的建议，应能防止充血性心力衰竭的复发，并可使医院和家中的医护更成功。

老年心力衰竭的病理变化与年轻人的各类心脏病的病理变化相似。除此之外，在老年人身上还有其特殊性。随着年老，多种疾病并存的情况也增加，这就使得对心力衰竭病理基础的评估更加复杂化。老年人心力衰竭病因众多，而且可能有各种其他疾病并存。

（叶子南译）

科技翻译也可灵活

本篇选自一本有关老年心血管病的医学专著，内容主要是讨论老年人的充血性心力衰竭。医学文献的翻译在科技翻译中占很大比例，因此熟悉一下医学领域的翻译对一个译者来说是很有必要的。

和计算机技术的翻译一样，译者需要对所译内容有一定程度的了解。但这并不是说译者对医学知识的了解要达到专业人士的水平。隔行如隔山，译者很难对医学所有领域都了如指掌。和计算机技术不同，医学领域的专业词汇不少来自拉丁语，广泛灵活地运用词缀（affix）成为医学词汇的一大特点。如本篇中的 hypoproteinemia 就是由 hypo + protein + emia 三个词缀构成，每一个词缀都有一个意思：hypo 表示"少"，protein 表示"蛋白"，emia 有"血"的意思，所以这个词的意思就是"低蛋白血症"。在医学文献中这类词比比皆是。由于医学科学日新月异，所以有时词典来不及收入新词。这种情况下译者常可以通过将词的词缀分解开来的办法，找到词典中查不到的词的意思。有的学生觉得，目前电子科技发达，机器翻译虽然还不能令人满意，但它还是很有效的工具。这类医学翻译其实是可以借助翻译记忆库类的工具帮助的，把要翻译的文本放到百度翻译里，出来的文字基本差不多，编辑一下就行。把科技翻译排除在翻译训练外的观点是非常错误的。科技语言作为人类语言的一部分，必须是现代人要熟悉要关注的。

科技文章的翻译除了上面注释中讲到的一些和词语有关的问题外，还应该特别注意使用专业说法。这个专业说法未必就是专业术语，有些谈不上是术语，但却是医学界广为接受的说法。这就要求译者阅读相关的中文材料，从来没有读过中文医学材料的译者是不应该接受医学文献的翻译任务的。有些说法很隐蔽，不易察觉与专业有关，比如本文第二段中 condition which interferes with the coronary blood flow 被一些学生译成"干扰冠状动脉血流的病况"，意思完全正确。但一位医生则将这个词组译成"冠状动脉血流障碍"。两种译法并没有对错之分。不懂专业的人显然是根据词的意思译出来的，而懂专业的医生则除了依靠语言外，还依靠了自己的医学知识，使用了"冠状动脉血流障碍"这个医学文献中常用的术语。

另外有必要提一下医学翻译中句型调整或转换的问题。人们往往有一种错误的观点，认为医学翻译必须紧靠原文才能不改变意思。其实，医学翻译时译者仍有很大的自由度，特别是在句型转换和句子的相互连接方面。请看下面这句英文：

> The pulmonary arterial bed changes from a highly distensible, low-resistance system to one of reduced elasticity and increased resistance as a result of vascular changes with age.

有人将这句译成"作为随着年龄增加出现的血管变化的结果，肺动脉床从高舒展性、低阻力系统转变为低弹力性和高阻力系统"。上述译法紧靠原文的句法，受到原文语言结构的极大束缚，译出来的句子并不十分理想。译者完全可以在句型上略加调整，使译文更简单易懂。这种对句型结构的调整丝毫不影响表达的准确性。请看下面的译法："随着年龄增加，肺动脉床从舒展性好、阻力低变为弹力减退、阻力增加。"意思完全一样，但可读性却大大提高了。在长句的翻译中适当地调整句型，将长句切分成数个短句，再根据各短句间的逻辑关系，在短句间补进一些连接词以照应相互间的关系，是医学翻译中常用的方法，如本篇第三段就有一个十分长的句子（Advances in treatments...responses with age.）。译者在译本句时完全可以先译 although 分句中的内容，然后再回过头来照应 Advances... 这个主句。而且在切分句子后，可以用各种不同的连接词（如"因此""由于""而且""所以""不过"等）将各分句重新组合起来。这些使译文增色的小"把戏"是机器翻译望尘莫及的。

本篇所附的两个译文一个在选词和结构上都较贴近原文，另一个则有较大的自由度。可以通过比较两个译文总结出一些规律。

翻译练习九

An Agreement Between a Hospital and a Patient

1. The hospital maintains personnel and facilities to assist your physicians[①] and surgeons in their performance of various surgical operations and other special diagnostic or therapeutic procedures.[②] These operations and procedures may all involve risks of unsuccessful results, complications including but not limited to bleeding, infection and nerve/nervous system damage, injury, or even death, from both known and unforeseen causes,[③] and no warranty or guarantee is made as a result[④].

You have the right to be informed of such risks as well as the nature of the operation or procedures, the expected benefits or effects of such operation or procedure, and the available alternative methods of treatment and their risks and benefits. Except in cases of emergency, operations or procedures are not performed until you have had the opportunity to receive this information and have given your consent. You have the right to consent to or to refuse any proposed operation or procedure at any time prior to its performance.

2. To make sure that you fully understand the operation or procedure, your physician will fully explain the operation or procedure to you before you decide whether or not to give consent. If you have any questions, you are encouraged and expected[⑤] to ask them.

3. Operation/procedure to be performed: _____

4. Upon your authorization and consent, this operation or procedure, together with any different or further procedures which in the opinion of the supervising physician or surgeon may be indicated due to any emergency, will be carried out on you.[⑥] The operations or procedures will be carried out by the supervising physician or surgeon named above, together with associates and assistants, including anesthesiologists, pathologists and radiologists from the medical staff of ××× University School of Medicine.

5. Physicians performing professional services, such as anesthesia, radiology,

pathology and the like, are not employees of the Hospital. These physicians are either in private practice in the community or are employed by the ××× University School of Medicine. They are independent contractors[7] and therefore are your agents, servants, or employees.

6. In addition to being an institution that cares for patients, ××× Health Services and ××× University Clinic are educational institutions, and as part of the medical education program residents, interns, medical students, postgraduate fellows, and other health care students may, under the supervision of the attending physician[8], participate in your care.

7. Your signature on this form authorizes the pathologist to use his or her discretion in disposing of any member, organ or other tissue removed from your person during the operation or procedure set forth above.

8. Your signature on this form indicates that you consent to the taking of pictures including videotapes of medical or surgical procedures, and the use of same for scientific, educational, or research purposes.

9. Your signature on this form indicates (1) that you have read and understood the information provided in this form, (2) that the operation or procedure set forth above has been adequately explained to you by your physician, (3) that you have had a chance to ask questions, (4) that you have received all of the information you desire concerning the operation or procedure and (5) that you authorize and consent to the performance of the operation or procedure.

注释

1. 这里的 physicians 是和 surgeons 连在一起用的，后面还单独或与 surgeons 一起出现多次，若将其翻译成"内科医生"并没有错，但是我们这里将 physicians and surgeons 合起来翻译成"各科医生"。其实这个词的所指及翻译涉及西医发展的历史，我们在这个注释里就不延伸发挥了，较全面的介绍请见后面的札记。

2. 和 physician 一样，这个 procedure 也在这里反复出现，这个词所指的范围非常广，一般常和 surgery 用在一起，以示两者的区别。详细解答，也请见札记。

3. 这是个十分长的句子，不少学生在翻译时显得力不从心。有的学生将本句译成"这些手术及诊治皆有失败的风险，由已知或突发原因导致的并发症包括：流血、感染、神经性系统损伤、伤害，或甚至死亡等。此外，不保证亦不担保其结果一定成功"。这个译法虽然译出了本句的大意，但句中各部分之间的修饰关系不够明确，在语义上和原文是有细微差别的。这类句子看上去令人生畏，其实只要仔细分析，意思可以理顺，翻译起来也不见得难。首先找出主语（These operations and procedures），然后找出动词 involve， 最后找出宾语。这个比较复杂一些，但这里的宾语实际应该是 risks，而 risks 本身又有四个修饰语， 即 risk of unsuccessful results、risk of complications、risk of injury 和 risk of death。分词短语 including but not limited to bleeding, infection and nerve/nervous system damage 则是修饰 complications 的， 而 from both known and unforeseen causes 修饰的则是这四个 risks，不是其中某一个 risk。这样分析后，翻译起来就不太困难了："这些手术及诊治都有可能因已知或未知原因失败，出现并发症（包括但不限于流血、感染及神经/神经系统的损害），造成伤害，甚至造成死亡。"这里的 including but not limited 是法律用语，一般有固定翻译方法（包括但不限于）。

4. 在翻译 <u>and</u> no warranty or guarantee is made as a result 这个子句时，有些学生将 and 译成了"并且"。但从中文句子行文上看，这里用"因此"或"所以"更恰当，或者不译出来。

5. 这里的 encouraged and expected，有的学生译成"如有任何问题，鼓励并欢迎您提问"或"如有任何疑问，医生期待也欢迎您提问"。这种译法当然没错。但原文中这两个动词是否有特殊的区别呢？或者说，两者虽然语义不尽相同，但这种差别是否十分重要呢？提出这个问题是因为有些学生将本句译成"若您有任何问题，请尽量提问"，根本没有刻意去区别这两个动词。这种不加区分的译法应该是可以接受的，因为原文用两个动词主要不是从法律角度考虑的，译成"请提出问题"基本反映了原文的意思，不一定要译成两个动词。不过应该关注在法律文本中两个同义词并列使用的现象（legal pairs），处理起来也不总是像这句这么简单。

6. 这句的主要困难是 together with 这个插入的短语以及短语本身所带的从句。译这个句子时最主要的是将 together with 这个插入成分放在一边，先译出主语"您同意授权后，我们将进行该手术或操作"，然后再处理插入成分。这个插入成分有数个意群，译者有必要先将这几个意群理解清楚。这些意群分别是：

- (There are) different or further procedures;
- These procedures may be necessary;
- They are necessary only in an emergency;
- Whether they should be performed is decided by the supervising doctor.

这些不同意群在句子中排列的顺序没有任何意义，所以译者可以完全根据中文表达这些语义的习惯，自由安排句式，比如可把主语译好后索性断句，然后用"另外"另起一句："您同意授权后，我们将进行上述手术或诊治。另外，在紧急情况下，若负责的医生认为有必要，我们也可能采用其他的或进一步的诊治手段，而无须另行获得您的同意。"之所以设法避免再征得同意是因为当时病人很可能在麻醉状态下。另外，句中 indicated 一词在医学文献里常解释为 suggested。最后，由于英汉两种语言句子结构的安排不同，所以，译者可以在某些情况下将一句拆成两句或更多句子，或将两句合并成一句。但要注意，可以拆句和合句并不是说任何时候拆或合都是对的，仍然有很多制约因素要考虑，仍要看具体情况。

7. 这里的 independent contractors 被有些学生译成"独立的承包人"，显得不合适，因为这些人员是教学机构的（医学院），而非医院本身的雇员，所以他们独立于医院，而是被请来为病人服务的，所以一个可以考虑的译法是"特约医务人员"。"承包人"这个词常用在建筑业或商业领域，用在这里不合适。

8. attending physicians 和上面的 supervising physicians 应该有所区别，但 attending physician 本身就可以是 supervising physician。这也涉及 physician 这个词的含义，札记中有详细的解释。

参考译文

医院与病人之间的协议

1. 本院提供人员及设备以协助各科医生进行外科手术及其他特殊的诊断或治疗。这些手术及诊治都有可能因已知或未知原因失败，出现并发症（包括但不限于流血、感染及神经 / 神经系统的损害），造成伤害，甚至造成死亡，因此，本院不能保证该项手术或诊治一定会成功。

您有权知道这些手术或诊治手段的风险，并了解手术或诊治的性质、预期的好处或疗效，以及其他可替代的治疗方法及其利弊。除了紧急状况以外，手术和诊治都须在您了解和同意后才可进行。手术或诊治前，您随时有权同意或拒绝任何向您建议的手术或诊治手段。

2. 在您决定接受某项手术或诊治前，您的医生会为您作详细的说明，以确定您能完全了解该项手术或诊治操作。若您有任何问题，应该立即提出。

3. 将要进行的手术 / 操作是：＿＿＿＿＿＿＿＿＿＿＿＿＿＿＿＿＿＿

4. 您同意并授权后，我们将进行上述手术或诊治。另外，在紧急情况下，若负责的医生认为有必要，我们也可能采用其他的或进一步的诊治手段，而无须另行获得您的同意。该手术或诊治将由上述负责医生进行，同时 ×× 大学附属医院的医生和协助人员，包括麻醉科、病理科及放射科的医生，也将协助并参与治疗。

5. 提供专业医疗服务的医生，如麻醉、放射及病理科的医生等，并非本医院的雇员。他们是在当地开业的医生或是 ×× 医学院雇用的医生。他们是您的特约医务人员，因此他们也是代您办事、为您服务，受雇于您的人。

6. ×× 大学附属医院及门诊部不只是一个医疗机构，同时也是一个教育机构。因此，由于教学的需要，驻院医生、实习医生、医科学生、医学研究人员及其他保健专业的学生可能会在主治医生的监督下参与您的医护。

7. 您的签名授权病理科医生全权处理在上述手术或诊治中从您身上切除的肢体、器官及其他组织。

8. 您的签名表示您同意我们可以拍照，包括用摄影机录下该手术或诊治操作，而且表示您也同意，这些影像材料可以用于科学、教育及研究等目的。

9. 您的签名表示(1)您已看懂了本同意书的内容，(2)您的医生已经详细地为您解释了上述手术或诊治手段，(3)您已有提出问题的机会，(4)您已获得了所有您想知道的有关该手术或诊治的信息，(5)您授权并同意进行该手术或诊治。

（叶子南译）

如何处理细节严谨的文本

本篇选自某大学附属医院与病人签订的同意书。这个文本其实就是一种协议，属法律文本，但又由于与医院有关，也涉及医学知识。不管是涉及法律还是医学，这个文本的一个特点就是细节非常重要。

法律文本的特点是咬文嚼字，所以译者恐怕也无法太自由。从翻译单位的角度看，一般总是采用较小的翻译单位，句子可能是最常用的翻译单位，但有时要用更小的单位，从句、短语、词都有可能成为翻译单位。之所以如此，是因为怕在翻译过程中"走样"，或是因为原文中的某些词语（较小的语言单位）恰恰是律师"精心策划"的，译者有必要反映原作者的意图。但这决不意味着译者可以完全照原文的结构来译。译者仍然有必要尽可能照顾读者。当然法律文本的读者群和《纽约时报》之类文本的读者群完全不同，《纽约时报》之类的出版物有十分大的读者群，译者必须将这个"大"字记在心中。法律文本的读者可能只有几个人，而且他们往往都是法律方面的专家，因为经济合同之类的法律文本所涉及的双方都不会亲自出面交涉，而由双方各自的法律顾问代理。所以这种文本常常是行话连篇，因为合同写作者知道这是写给律师看的。但我们所选用的这个法律文本情况就不同了，医院一方由律师起草了文本，但病人一方则不可能有律师参与。大部分需要用翻译服务的病人语言能力差，甚至经济状况也不是很好，不可能请律师处理这类事务。所以译文的读者是普通的病人，甚至受教育程度不高。翻译这样的法律文本就应尽可能照顾到读者，要使译文通顺易懂，尽量别让看不懂的专业词语充斥其中，但同时又不能歪曲原文的意思。也就是说，完全大众化的通俗说法也未必可行，其正规文本的特点还不能完全丢失。现在我们来看看本同意书翻译过程中的一些具体问题。

首先，我们来看看 physicians 的译法。这个词在本同意书中多次出现。其实这个词在很多语境中指的就是内科医生，这个无论在中国还是在西方医疗界都一样。维基百科就有这样的解释（Around the world the term "physician" refers to a specialist in internal medicine or one of its many sub-specialties.），可见大多数情况下，这个词指的就是内科医生。实际情况也确实如此，我们去看病，除了去看专科医生外，我们看的医生大都是内科医生。但是西医发展的过程中，physician 和 surgeon 是分开的，surgeon 从来不包括在 physician 中。据说在西医发展的早期，

physician 和 surgeon 之间竞争激烈，并不是同一类医生。由于这样的历史沿革，我们现在仍常看到这两个词并列使用，比如在本文中就反复出现。其实当这两个词连用时，翻译成"内科医生和外科医生"虽然不算错（比如在我们这个语境中，确实就可能包括内外科医生），但主要还是泛指一般的医生，并不强调具体的专科（The combined term "physician and surgeon" is used to describe either a general practitioner or any medical practitioner irrespective of specialty.）。也正因如此，这一次我们把 physicians and surgeons 翻译成了"各科医生"。在其他语境中，我们应该看具体情况，比如接下来的 your physicians will fully explain the operation or procedure to you 中的 physicians 在实际生活中所指的十有八九是内科医生（如家庭医生大多数都是内科医生），但我们这里还是用更为宽泛的"医生"来翻译这个词。

本文中还出现了两个带有修饰词的 physicians（attending physicians 和 supervising physicians）。这个需要解释一下。在美国和加拿大，attending physicians 是指有正式行医资格的医生，也就是说，一般情况下，医院中所有正式有执照的医生都是 attending physicians。因此，attending physicians 实际上是最终负责任的医生，他们也负责监督在他们下面工作的医务人员，如实习生、驻院医生等。在有些情况下，attending physicians 也指专门负责某个病人的医生，这时这个 attending 更像是 supervising 或 in charge。汉语中的情况就略有不同，因汉语中 attending physicians 经常翻译成"主治医师"，只是一个表示在主任医师之下的职称。若表示英文 attending physicians 的意思（不是职称的意思），汉语一般使用"主治医生"。鉴于在实际医院的语境中无论是汉语的主治医师或主治医生，还是英语的 attending physicians，都肩负着 supervising 的责任，所以在本文中的 supervising physicians 翻译成"主治医生"或"负责医生"意思都差不多。

注释 2 中的 procedures 是个很有意思的词。我们按照这个词原来的词义翻译成"程序"很别扭，尽管这个词的汉语解释确实也有这个意思。我们发现在技术领域，特别是计算机领域，汉语词汇在翻译中常被硬性赋予新义，也就是说，扩大了原词的语义覆盖域。一个最明显的例子就是目前常使用的 terrorism。这个词原来一直翻译成"恐怖主义"，但偏偏这个以 ism 结尾的词在很多情况下，并不是指"主义"，而是表示"行动"（act of terrorizing）。但是目前我们看到在很多表示"行动"的语境中，汉语都翻译成"恐怖主义"，这样就使汉语"主义"的语义覆盖范围扩大了。这在计算机领域很普遍。回到我们这个例子中，译者还是应该尽量避开"程序""过程"这类译法。但是寻找合适的词并不容易。国内不少医学杂志常用"操作"这个词来翻译 procedure，但是"操作"一般是 operation 的翻译。其实 procedure 指的就是各种诊断和治疗的手段，比如诊断性的有心电图检查、各类穿刺、核磁共振，甚至量血压、化验等；治疗性的有化疗、放疗、基因治疗、接种疫苗等；也有既不属于诊断性也不属于治疗性的，如麻醉。所以根据 procedure 的含义，我们其实可以把它翻译成"诊断和治疗的手段""诊疗手段""诊疗"等。但是这样的话，就容易出现同一文本中同一个词用不同的译法，比如"The hospital maintains personnel and facilities to assist your physicians and surgeons in their performance of various surgical operations and other special diagnostic or therapeutic procedures." 翻译成"本院提供人员及设备以协助各科医生进行外科手术及其他特殊的诊断或治疗"就避开了"手段"这两个字，因为"进行外科手术"搭配没问题，但是"进行诊断或治疗手段"就不行，所以去掉了"手段"。但是在"You have the right to be informed of such risks as well as the nature of the operation or procedures." 中，放进"手段"这个词却很合适（您有权知道这些手术或诊治手段的风险）。结果在整个文本中，译者根据可读性的要求不停地在可选的几个词中进行挑选变换，争取用那个最符合语境的词。在一个标准化要求很高的技术文本的翻译中，译者往往会选择一词到底的办法，不去变换，比如在我们这篇中，见到 procedure 就都用"操作"。这样做也更符合目前机器辅助翻译的环境，因为机器辅助翻译很难将一个个的具体语境分别对待，加之这类文本可读性的要求也不是特别高，读者群相对较小，将"操作"一词从头用到底是可取的。但在我们这个文本的翻译中，译者没有采用"操作"一词到底的译法，因为这个文本虽然与法律相关，但文本读者的阅读能力并不强，可读性的要求较高，让读者看懂始终是最重要的目的，所以上述提到的几个可以考虑的译法几乎都用到了，包括"操作"。然而，我们也必须认清一个事实，这类文本日后由机器辅助翻译，甚至由机器翻译的可能性极大，只是机器辅助和机器翻译最终还是无法提供一个令人满意的译文，人的参与是不可避免的。也正因如此，学习这类翻译仍有必要。

总之，较正式的文本一般都需要在细节上多加掂量，仅求大意的译法是不够的。拿捏好这类文本和前面练习一中 Aging Gracefully 那类文本的差别是很有必要的。

翻译练习十

The Dover Beach

The sea is calm tonight.
The tide is full, the moon lies fair
Upon the straits; on the French coast the light
Gleams and is gone; the cliffs of England stand,
Glimmering and vast, out in the tranquil bay.
Come to the window, sweet is the night-air!

Only, from the long line of spray
Where the sea meets the moon-blanch'd land,
Listen! You hear the grating roar
Of pebbles which the waves draw back, and fling,
At their return, up the high strand,
Begin, and cease, and then again begin
With tremulous cadence slow, and bring
The eternal note of sadness in.

(By Matthew Arnold)

参考译文一

今夕海波平，潮满月如镜，
海峡之上空，流光照遥境。
彼岸法兰西，灯光时明灭，
英伦森峭壁，闪烁而阢臬。
请来窗边坐，夜气何清和！

只见月光下，遥岸滚银波，
请听细石音，随潮去复来，

打上高岸头，方退又再回。

万古恒如斯，音调徐而悲。

（郭沫若译）

参考译文二

今夜海上是风平浪静，

潮水正满，月色皎皎

临照着海峡；——法国海岸上，光明

一现而不见了；英国的悬崖，

闪亮而开阔，挺立在宁谧的海湾里。

到窗口来吧，夜里的空气多好！

只是，从海水同月光所漂白的陆地

两相衔接的地方，浪花铺成长长的一排，

听啊！你听得见聒耳的咆哮，

是水浪把石子卷回去，回头

又抛出，抛到高高的岸上来，

来了，停了，然后又来一阵，

徐缓的旋律抖抖擞擞，

带来了永恒的哀音。

（卞之琳译）

参考译文三

苍海静入夜。

正潮满，长峡托孤月；

看法兰西岸，灯火明灭。

英伦峭壁森森，光熠熠，

崖下风烟一时绝。

凭窗立，觉夜气清和透心冽！

远望，月洗平沙千万里，
排浪一线翻霜雪。
听！潮卷砾石声威烈，
又回首，怒掷高滩侧。
才至也，又消歇，
慢调如泣轻吟处，
愁音万古声声切！

（辜正坤译）

札记

诗歌应译得有诗味儿

这两节诗选自马修·阿诺德的《多佛海岸》，写诗人在英吉利海峡一端，凭窗而立，遥望法兰西岸灯火明灭，英伦峭壁森森，更有月洗的平沙，潮卷的砾石，怒掷高滩的海浪。两节诗仿佛都在写客观，写自然，没有什么言外的遣怀与寄托。但就在快要结束时，诗人终于触景而生情，"慢调如泣轻吟处，愁音万古声声切"，原来彼岸的灯火，拍岸的浪涛，都反射到了此岸人的心上。情与景的结合，人与物的交融便为诗增添了几多人文色彩。古今中外，大凡好诗，很少会只描写风花雪月，而不借题发挥。"一上高楼万里愁"的许浑在登高望远之后也同样道出了人生的悲哀。

就诗的气势而言，开阔的大海，拍岸的浪涛，森森的峭壁，气势何其豪迈。北京大学辜正坤教授把其气势与苏东坡的大江东去相比不无道理。"排浪一线翻霜雪。听！潮卷砾石声威烈，又回首，怒掷高滩侧"，怎能不让人想起"乱石崩云，惊涛裂岸，卷起千堆雪"的名句。

但只有如此的描写就算是一首诗吗？大海、孤月、峭壁这些并不是只有用诗才能描写的。任何一个有文化的人大概都能描写自然环境。《多佛海岸》之所以成为诗而流传至今，主要是因为它的语言形式。正如我们在本书前半部分讲到的，文字内容是描写了英吉利海峡的自然环境，而诗的结构安排将《多佛海岸》打扮成了一首诗。这里，语言形式构成的美恰恰是诗的灵魂所在。

那么，本诗在形式上有何特点呢？一般看诗常常从"音美"和"形美"两方面着手。好的诗人往往能将形和意结合在一起。先看"形美"。本诗写海浪。海浪浮来又浮去，排浪虽是"一线"，却从不会整齐划一。两节诗中的诗句长长短短，如浪一般，也不整齐划一，诗本身的外形和诗的内容紧紧地结合起来了。再看"音美"。诗一般都押韵，本诗也不例外（具体押韵方法见下面）。对押韵的敏感也是人类所共有的，如读绝句常是一二四句押韵，习惯了之后读起来非常舒服。另外，诗句长短不一、参差不齐造成每行音节多寡不一也是诗的一种形式特征。本诗中短至一行六个英文音节，长到十个音节。长短中创造出了一种优美的节律。我们中国人很喜欢整齐的美。看那首让李白都感到望尘莫及的《黄鹤楼》，一行七个字，每行不长不短。加之，"晴川"对"芳草"，"历历"对"萋萋"，"汉阳树"则对"鹦鹉洲"，对仗何其工整。但中国人并非不懂参差不齐的美。古代的词曲，现代的白话诗也是长长短短，读来令人回味无穷。对美的欣赏虽有文化的特异性，但古今中外的人毕竟能找到共同的契合点，于是翻译诗便有了一线希望。

那么，就让我们来看看这里的三个译文。从诗的语义上说，三个译文都将原文的语义内容传译到汉语中来了，没有什么差别值得讨论。再看结构意义。"形美"是怎么传达的呢？郭沫若的译文是古体，每行五个字，不多不少，不能说没有工整的形美，但却与原诗在形式上出入较大。原诗长短不齐中表现了潮涨潮落，内容与形式的结合在工整的五言古体诗中已不见踪影了。古体诗的形式束缚住了译者的手脚，形式的"牢笼"锁住了豪迈的气势。郭沫若才华横溢，正如辜正坤所言，"以其诗才而论，译这首诗应无问题"。但恰恰是因为选择诗体不当，才使这首本该气势恢宏的诗变得呆滞单调，一副小家子气。

卞之琳的译文用的是现代诗的形式，因此每行长短不一，反映了原文形意结合的特征。有几句诗中每行字数比原文似乎多出不少，如第五行十四个字，第八行十六个字，都大大超过了原文的音节数。但卞译在押韵方面似乎颇费心机。原文一、三行押韵，译文一、三行也押韵；原文二、六行押韵，译文二、六行也押韵；原文四、八、十一行押韵，译文四、八、十一行也押韵；原文五、七行押韵，译文五、七行也押韵；原文十、十三行押韵，译文十、十三也押韵；原文十二、十四行押韵，译文十二、十四行也押韵。译者在翻译时居然能做到和原诗每行的韵几乎完全一样，真是煞费苦心。但这种形式上的一致是否能起到和原文艺术效果相同的作用就很难说清楚。一首诗是一个"活"的整体，细微处形式的作用固然重要，但显微镜下微观的移植则有将一个活生生的整体宰割掉的危险，译文中诗意是否仍能保留则很难说。

最后，来看看辜正坤的译文。辜译不是像卞译那样的现代诗，但也不是郭译豆腐块那样的古体诗。辜译显然注意到了原文长短参差不齐的形式特征，采用了汉语词曲的形式，但又灵活地略有变通。从音节上看，虽并没有和原文一模一样，但相差不远，如原文第一行六个音节，译文五个字；原文第二行八个音节，译文也是八个；原文第三行九个音节，译文也是九个；原文第四行十个音节，译文则是九个，每行音节数与原文差别不大。另外，从押韵来说，辜译没有严格照原诗，而自成体系。卞诗十四行，与原诗相同，辜译则只有十三行，少了一行。但这并不影响诗的效果。恰恰相反，三个译文中辜译最有艺术感染力，最能体现原诗恢宏的气势。

诗的翻译往往各家说法不一。因此上面三个译文都会有各自的读者。喜欢现代诗的人也许欣赏卞译；喜欢律诗绝句的人也可以把玩郭译；而喜爱词曲的人就可能对辜译情有独钟。但诗应该有艺术感染力，而体现艺术感染力往往不能只求移植几个结构与形式，更重要的是传达诗中的"神"。这个"神"在不同语言中体现的方法也许很不相同，因此内容和形式的矛盾在诗的翻译中就显得尤为突出了。古往今来，形意之争从未间断过。初出茅庐者往往只得诗意，被象牙塔中皓首穷经的学者贬为得"意"忘"形"。然而，少数站在更高处的人却往往会悟出更深的道理。"形之不存，意将焉附"和"意之不存，形将焉附"原来是同枝连理，偏废任何一面都有损于诗的意境。因此，在形意之间周旋得得心应手的大家便寥若晨星了。

翻译练习十一

Cultural Mining

Cultural mining[1] describes the process by which the most valuable parts of culture—by which[2] we mean the arts, humanities and philosophy—are recovered and made useful for our own times. In cultural mining, the refined and practical essence of culture is carefully extracted, cleaned, blasted and remolded[3]—and then used to manufacture the utensils and mental resources[4] that will help us navigate contemporary life: work, relationships, family, self-knowledge[5] and so on.

It's been a historic problem of major proportions that hugely valuable cultural insights have often been lodged within highly unappealing material far below "ground".[6] It has been dark and cramped in the corridors of culture[7] and hardly anyone other than certain accredited experts[8] have been tempted or allowed to visit. Their labors have had a lot of prestige, but in truth, the material has been like metal in ore, entirely impractical in its raw state.

注释

1. 翻译成"文化开采"或"文化挖掘"都没错，但是由于目前 data mining 已经普遍翻译成"数据挖掘"，所以这里最好也用"挖掘"一词。

2. by which 中 which 的所指可能有歧义，但似乎指 the most valuable parts of culture 更合理。

3. 这四个词全部都是冶炼领域的词，只是这里用到文化领域了，所以应该尽量使用冶炼领域的词，而不是换成文化领域相对应的词，因为一般也很难找到合适的对应词。也就是说，要相信中文读者有在源域和目标域之间转换的认知能力。参考译文翻译成了"萃取、清洗、熔炼、重塑"。

4. 这里的 utensils and mental resources 指的可能就是一样东西。是用来干什么的呢？下面的句子告诉我们，是用来 navigate 的。也就是说，为我们复杂的生活指点迷津的。比如说那些传统文化的精华能告诉我们如何辨别是非，如何堂堂正正地做人，这些都属于文中说的 mental resources，或者说得形象些就是一个工具（utensil）。但是这个工具并不是用于烹调的，语境告诉我们，这个工具是帮助我们导航的，所以你完全可以把它理解为罗盘（精神的罗盘）。

5. 这个 self-knowledge 就是对自己的各方面有较切合实际的认识，不自视过高（knowledge or understanding of one's own capabilities, character, feelings; self-understanding），较接近汉语的"自知之明"。在文中，这个 self-knowledge 和前面并列的词在汉语表达上很难放在一起。参考译文把 self-knowledge 拿出来单独处理，可能和原文有些细小的差别，但是大意还是一样的。

6. 这个 below "ground" 显然是隐喻的说法，由于整篇都是将文化精华和宝贵的矿藏相比较，所以这个 ground 就是文化精华存放的地方，而这个地方是人们很难抵达的。比如说图书馆、博物馆，那里就有文化精华，但也会有些并不吸引人的东西（highly unappealing material）混在其中，得挑选出来。这个词可以根据具体情况也按照原文的样子放在引号内直译过来（地下），但也可以不翻译出来（如参考译文），因为上下文已经告诉我们这是 below "ground"，不言自明。

7. 这个 the corridors of culture 和上面一样，也是隐喻，矿井下就有通道，这里比作文化的走廊，应该直译。

8. 这个 certain accredited experts 未必需要把 accredited 翻译出来，主要就是想说明能前往的仅仅是少数人，得有一定的资格。

参考译文

文 化 挖 掘

　　文化挖掘就是要将文化中的精华挖掘出来，加以利用。所谓文化精华就是艺术、人文、哲学。在挖掘过程中，实用的文化精髓得以精心萃取、清洗、熔炼、重塑，然后用来打造文化用具和精神产品，而这些文化产物能在工作、人际关系、家庭等方面引领我们，使我们保持自知之明，为我们的生活导航。

　　极为宝贵的真知灼见就像矿藏中的珍贵矿物，总是和普通矿石裹在一起。这历来就是一个极大的问题。通向文化矿藏的走廊一直昏暗狭窄，除少数专家外，愿意前往或被允许探访的人寥寥无几。诚然专家们在寻觅文化精髓中的辛勤努力令人敬仰，但那些材料犹如混在矿物中的金属，未经提炼毫无用处。

周旋在隐喻和现实世界之间

这个文本中作者把文化和矿藏联系起来了。作者的目的是想说文化，他其实对矿藏并不感兴趣，但觉得直接说文化不太容易说清楚，所以就借用开采矿藏来言说挖掘文化精华。认知语言学在描写这个过程时使用了几个专业术语，也就是源域（source domain）、目标域（target domain）和映射（mappings）。我在《认知隐喻与翻译实用教程》一书中有一段恰好描写这个过程：

> 让我们用一个最常见的概念隐喻来说明从概念隐喻到语言隐喻的过程。当我们想表达一个人已进入晚年，我们会用"黄昏岁月"这样的表达法。显然我们这么说的时候，使用了一个语言隐喻（黄昏），而我们之所以使用"黄昏"这个语言隐喻，是因为在我们的思维中已经有了一个概念隐喻："Life is a day."。在这个概念隐喻中，life 是我们想要表达的，它比较抽象，我们管它叫 target domain，即目标域，而 day 是我们借助的概念域，就是我们前面说过的"把手"（handle），我们管它叫源域。我们求助这个源域，因为它是我们非常熟悉的概念。这样，我们通过具体的、熟悉的概念来了解抽象的、不熟悉的概念，而源域和目标域之间的相互关系就可以用映射（mappings）来描述。

也就是说，在我们的这个例子中，作者是借用矿藏这个源域来言说文化这个目标域，而两个域之间是通过"映射"联系起来的。本篇中 carefully extracted, cleaned, blasted and remolded 这四个冶炼的动作，都能映射到文化领域。文化精品是能从众多的文化内容中精心萃取的（carefully extracted），有些东西有杂质，所以需要清洗一下（cleaned），在打造成新的产品前，也需要熔炼一下（blasted），最后也许还需要经过翻砂的过程，将熔化的金属浇灌入铸型空腔中，冷却凝固后而获得新产品（remolded）。在源域和目标域之间游走的过程可以形象地描述为"映射"。我们需要通过映射来理解隐喻文字。如果只停留在隐喻的表层，不去现实世界看个究竟，不去理解表层所指的到底是什么事情，那么对原文的理解就很难深刻，而深刻的理解往往可以使译者在表达时更大胆地选词。比如我们这篇中的 the utensils，一般都是指厨房里的炊具。但译者会觉得炊具不是这个语境中的意思，于是结合下句 that will help us navigate contemporary life，译者就知道这个器具是和 navigate contemporary life 有关，结果在选择汉语表达时就扩大了选择范围。

说到隐喻的表达，最基本的选择就是仍然留在隐喻世界，让读者自己去完成源域和目标域之间的"映射"过程，比如把 far below "ground" 直译出来（深藏在"地下"的）。如果觉得这样不妥，则可跳出隐喻世界，到现实世界去看看 below "ground" 到底指什么。这个比较困难，因为这个短语指的也许就是文化领域储存文化精品的地方，而这个地方很多，很难确定具体是哪里。所以译者就需要灵活处理，不用死抱住一个教条，一定要翻译成隐喻，或者一定要到现实世界中去解释。比如可以把 below "ground" 说成是"文化矿藏"，保留原文的"矿藏"，但加上"文化"，也可以不去翻译这个短语，因为上下文已经很清楚了。类似的译法还可以应用到 the corridors of culture 上（文化走廊）。

总而言之，搞清楚文字在隐喻世界和现实世界间的映射，是我们理解原文的一个很重要的手段。译者搞清楚隐喻文字在现实中的意思后，表达起来就更有底气，更敢于灵活与变通了。

翻译练习十二

Americans in Paris

From the earliest years of the American republic, Paris has provoked an extraordinary American literary response①. An almost inevitable destination for writers and thinkers, Paris has been many things to many Americans:② a tradition-bound bastion of the old world of Europe; a hotbed③ of revolutionary ideologies in politics and art; and a space in which to cultivate an openness to life and love thought impossible at home④. Including stories, letters, memoirs, and reporting, *Americans in Paris* distills three centuries of vigorous, glittering, and powerfully emotional writing⑤ about the place that Henry James called "the most brilliant city in the world".⑥

American writers came to Paris as statesmen, soldiers, students, tourists,⑦ and sometimes they stayed as expatriates. This anthology ranges from the crucial early impressions of Thomas Jefferson and Benjamin Franklin to the latter-day reflections of writers as varied as James Baldwin, Isadora Duncan, and Jack Kerouac.⑧

注释

1. 这句很多学生都翻译成类似"激起了美国文坛的超级反应"这样的句子。问题是进一步问下去，什么叫超级反应？译者自己也说不出来。其实这个 response 是巴黎所激起的对它的关注，而这个关注是文字上面的关注。换句话说，人们见了巴黎就忍不住要作出反应，怎么个反应法呢？还是用文字写巴黎吧！至于说这个 literary，一般这个词就是指文学作品，只要看此书就会发现，大部分的作品也都是文学作品，但确实也有些文章谈不上是文学作品，因此可以翻译成"文学作品"，也可以看成是广义的文字（写出无数有关巴黎的文字）。"文坛"这个词不能用，因为这个词一般与专职作家相关，但这个语境中并非都是专职作家，还有士兵和学生。

2. 这个 many things to many Americans 学生的译文五花八门，比如"对许多美国人来说，巴黎扮演着诸多角色"和"对于许多美国人而言，巴黎有着太多意味"。这样翻译和原文的意思就有些出入，没错，巴黎对美国人来说，确实有多重意义。但是译成"对于许多美国人而言，巴黎有着太多意味"，潜台词就是对一小部分人来说，巴黎没有多重意义。这显然不是原文的意思。原文的意思已清楚地写出来了：巴黎对有些人来说是 a tradition-bound bastion，对另一些人来说是 hotbed，对还有些人来说是 a space in which to cultivate。也就是说，到巴黎来的人是各取所需。对于一个去巴黎求爱情的人，那个堡垒是毫无意义的，革命的温床也与他毫不相关。对十个去巴黎的美国人，就有十个不同的巴黎。言外之意，对于不同的美国人，就有不同的巴黎。

3. 这里的 hotbed 如果严格按照词典的意义来说，无论英文还是汉语，都有那么一点贬义在里面，比如"恐怖主义滋生的温床"。但是现在有的人并不十分严守这个定义，也看到翻译成"温床"没有贬义的说法。若避开"温床"，可以选用"摇篮"等词。

4. 首先，openness to life 就是指对生活抱着开放的态度，什么叫开放的态度呢？就是展开双臂接纳、欢迎生活的态度。那么什么是 openness to love 呢？就是接纳、欢迎、拥抱爱的态度。用简单的非隐喻语言解释一下，这句的大意就是 able to give and receive love and engage in all the things of life。翻译时反映出这层意思就差不多了。翻译成"促人投入生活和拥抱爱的地方"，意思是差不多的，但是后面跟了一个在他们自己的国家是不可能的，而投入生活和拥抱爱这两件事情在美国不见得就办不到，美国只是没有巴黎那种开放的态度，所以在这里保留"开放"二字似乎是应该的。而且这里的 love 也不应该局限于男女的爱情（见参考译文）。为了把这个短语解释清楚，我们还可以换一个解释角度，所谓 open to life and love 恰恰和 close to life and love 相反，后者是拒绝、不接受的态度。注意，thought impossible at home 中的 thought 是过去分词，不是名词；at home 是指美国。

5. 这句中的 distills 不少学生翻译成"收纳""包括"等，虽然没有错，但没有原文用词恰当。这个词显然也是隐喻，就是我们所说的"蒸馏"的意思，就是把一大堆液体放进去，然后从中提炼出一小部分的"精华"。distills three centuries of vigorous, glittering, and powerfully emotional writing 说明收在书中的仅仅是三个世纪作品中的一小部分，但却是精华的部分（见参考译文）。最后这里

的 *Americans in Paris* 是书名。

6. 这句本来很容易处理，但是由于插入了 Henry James called "the most brilliant city in the world" 这部分，于是不管怎么安排都别扭。一个比较好的办法是采用同位语，这样这个亨利·詹姆斯的话就自然融入了（从美国人的视角，将巴黎，这个亨利·詹姆斯称为"世界最灿烂的城市"加以描写刻画）。这个 brilliant 包含的面很广，但是最主要的一面就是巴黎作为时装之都这个因素。知道作者是在什么语境下用这个词的，会有助于汉语的选词。

7. 这句不少人翻译成"以……身份来到美国"，虽然并没有错，但显然是受 as 这个介词的牵制。绕开 as 的一个办法是翻译成"有的是政治家，有的是战士，有的是……"。另外还有一个问题可以关注，这里的 writers 到底翻译成"作家"还是"作者"？英文的 writer 范围很广，你只要动动笔写点什么就是 a writer。一个无家可归的流浪汉，写了一篇流浪纪实，那他就是这篇纪实的 writer。但是汉语的"作家"一般被看作是一个职业。莫言是作家，但一位中学数学老师就算是写了不少东西，一般也不称他为作家。在我们这里，这本书的众多作者中，有很大一部分是真正的文学作家，但也有很多不是。硬按照定义来说，得翻译成"作者"，但毕竟有很大一部分确实是作家，所以这里仍然翻译成"作家"。

8. 本句中的 impressions 和 reflections 是本单元的重点讨论题目，详见后面的札记。但是这句中 ranges from...to... 的翻译也应该注意一下。不少人往往就按原文翻译成"从……到……"就结束了。但很多情况下，你会觉得这样结束会有一种句子没说完的感觉。最好是根据内容再加上几个字，补齐句子（见参考译文）。

参考译文

在巴黎的美国人

从美国建国早期以来，巴黎就一直激发美国人写出无数有关巴黎的文字。巴黎几乎是作家、思想家的必到之地，而对于不同的美国人，巴黎也是千面千腔。它是欧洲旧大陆紧抱传统的堡垒，它是孕育政治、艺术先进思想的摇篮，它是对生活和爱态度开放的地方，而这在美国被认为是不可能的。《巴黎的美国人》集故事、信件、回忆、报道于一册，将三百年来美国人写巴黎的精华，那些活力四射、流光溢彩、感情奔放的文字收录书中，从美国人的视角，将巴黎，这个亨利·詹姆斯称为"世界最灿烂的城市"加以描写刻画。

　　到巴黎来的美国作家有的是政治家，有的是战士，有的是学生，或者是游客，有时他们中有些人也留下来侨居异乡。这册选集包括从托马斯·杰斐逊和本杰明·富兰克林的巴黎印象（记），到詹姆斯·鲍德温，伊莎多拉·邓肯和杰克·凯鲁亚克等不同作家的回忆（录），可谓人物辐辏。

动词名词化后仍可细分

　　在"翻译的基本技巧"一章中，专有一节讨论词性转换（对"词性转换"的新认识），但是讲得不够深入，这里借本单元的一个句子，再提一下与动词转换成名词相关的问题。

　　我们想借用的句子就是最后一句："This anthology ranges from the crucial early impressions of Thomas Jefferson and Benjamin Franklin to the latter-day reflections of writers as varied as James Baldwin, Isadora Duncan, and Jack Kerouac."，其中的impressions 和 reflections 是我们要聚焦的两个词。显然，这两个词都是由动词转化而来的名词（impress—impression 和 reflect—reflection），这个从动词到名词的过程学术上叫名词化（nominalization）。有些认知语言学家就认为，动词给人一种动感，变成名词后就失去动感而成了静态。他们还专门弄出一对专有名词：sequential scanning 和 summary scanning。动词表达的是序列扫描（sequential scanning），给人一种慢慢展开的感觉，如 "The Boston Bridge collapsed." 就给人一种慢慢坍塌的感觉（像电影）；但是名词化后该词表达的就是概括扫描（summary scanning），给人一种静态的感觉（像照片），如 the collapse of the Boston Bridge。但是大家并不清楚的是，这个名词化是可以进一步细分的，比如可分成 proper nominalization 和 improper nominalization，前者无很强的物体感，比如 "Cooking involves irreversible chemical changes." 这句中的 cooking 就属于 proper nominalization。这个 cooking 是一个过程（烹调），不容易产生可触碰的感觉。而 improper nominalization 则不同，它容易给人实体感，如 "I like John's cooking."。此处 cooking 与空间有关，是 cooking 的结果，即烹调完毕的菜肴，为实物。

　　这个区别在我们的翻译教学中往往被忽视，不少已经完全转换成有很强物体感的词仍然被处理成动作。比如说不少学生就将我们这里的 impressions 和 reflections 分别翻译成"印象"（包括了……的印象）和"思考"（还包括了……的思考）。这样当然也没错。但严格地说，"印象"和"思考"都是动作，并无实体感，而已经用复数表达的 impressions 和 reflections 却已经完全脱离了动作，获得了实体感。也就是说，impressions 其实就是描写有关巴黎印象的书或文章，而 reflections 则是回忆巴黎的书或文章。所以，翻译的时候其实也可以明确表达成书或文这样的实体（如"描写印象的书""印象记""回忆的作品""回忆录"等）。

这两个词比较好辨认，因为已经有明显的可数名词标记（s）。当一个词成为可数名词的时候，显然就说明词已经完全摆脱了动作的属性，具有实体感了。就像我们经常用的 application 这个词，完全可以翻译成"应用"，如 application of laser in medicine，但当复数用的 applications 就完全可能是一个个具体的应用软件。一般来说，无论是复数的标记 s，还是单数的标记冠词 a，都比较清楚地说明这个名词有可数特征，具有实体感。但是也应该注意，定冠词 the 并不能排除这个词是可数的，如 the warning 也可能是可数的。

总之，从理解层面看，译者关注一下名词化的这个细节是有益处的。语言是灵活的，一个名词是仍带有动词属性，还是变成了具有很强实体感的可数名词，要在具体的语境中去分辨体会。而一个完全摆脱动词属性彻底名词化的词，在翻译时到底翻译成名词还是动词，那又是另外一个问题了，毕竟词性间是经常转换的。译者不可陷入理论的教条，虽然我们也不排斥理论的作用。这个问题可能又会让机器翻译头痛一阵子了。

翻译练习十三

A Paragraph on Poetry

An opinion prevails,[①] which neither wants the support of respectable names nor of plausible reasonings, that the art of poetry, in common with its sister arts, painting and sculpture, cannot in the present age be cultivated with the same degree of success as formerly.[②] It has been supposed that the progress of reason, of science, and of the useful arts has a tendency to narrow the sphere of the imagination, and to repress the enthusiasm of the affections.[③] Poetry, it is alleged, whose office was to nurse the infancy of the human race, and to give it its first lessons of wisdom, having fulfilled the part to which she was appointed, now resigns her charge to severer instructors.[④] Others, again, refining upon this idea, maintain that not only the age in which we live must fail to produce anything to rival the productions of the ancient masters of song, but that our own country, of all parts of the globe, is likely to remain the most distant from such a distinction.[⑤]

(By William Cullen Bryant)

注释

1. 这个 opinion prevails 在后面三个参考译文中处理都不一样：参考译文一完全和原文一样（一种意见盛行），参考译文二把它分开了（有人认为：……这种见解现在很流行），而参考译文三则避开了"流行"这个词，用"很多人"这个说法来间接表示流行的意思，所谓流行，也就是认同这种观点的人多。这三个说法似乎都不错，可见翻译经常可以殊途同归，所谓对等未必就是一一对应。

2. 这句中的 that 从句（that the art of poetry...cannot...be cultivated...）从属于最前面的 an opinion。这句中的 with the same degree of success 很多人都译成"同等程度（水平）的成功"。这种说法可以理解，在目前逻辑思维、科技语言盛行的时代，很大一部分人也会接受这样的语言，但是这个说法受英语牵制的痕迹是很明显的。译文二就掩盖了这种痕迹（我们这个时代再也写不出像从前那种好诗了），而译文三则更远离"同等程度"这种说法（论成就已今不如昔）。那么"同等程度"之类的说法是否有生存的空间呢？当然有。在这个文本里，"同等程度（水平）"的表述不是最佳选择，推荐译文二或译文三，但也并非不可以。不过在很多非文学类的译文中，比如政经法文本中，这样翻译也许正是目前处理的常态。译者应该根据语境决定自己的译法。

3. 这一长句中有几处可以说一下。比如 the progress of reason, of science, and of the useful arts 在译文一和译文三中都沿用了原文的结构（理性、科学和实用艺术的进步），但译文二则将 progress 根据三个不同的词作了搭配调整，汉语归化的程度更高（理智发达，科学昌明，实用技艺进步）。另外，tendency 一词译文一照原样保留了下来（有使……的倾向），但译文二很隐蔽地留下了意思却未留词（势将导致），译文三则做得更隐蔽（会）。直接保留 tendency（倾向）会留下原文的痕迹，目前这个文本中不直接翻译出来似乎完全可以，但在不同的文本中，特别是非文学语境中，很多译者都会将"倾向"这个词留在译文中，这种取舍不是对错的选择，译者自己掂量即可。

4. 这一长句的主干结构应该是 Poetry now resigns her charge to severer instructors，其中的 whose office was to nurse...and to give... 和 having fulfilled the part 都是修饰 poetry 的。其中的 office 是"责任"的意思，和后面的 her charge 同义。

5. 这里的 productions 又是一个名词化后完全摆脱动作成为可数实体的例子。译文二就翻译成"古代的诗歌大师的杰作"，而译文三则翻译成"古代大师笔下的诗歌"。distinction 也是可数的，也应该是表示具体的实体（something that distinguishes or discriminates），译文二译成了"伟大的诗歌"。另外，the most distant from 在译文一里完全直译（离产生那样杰出作品最远的国家），但是译文二和译文三都抛弃了表示距离的这个隐喻，而采用了解释的办法（最不可能产生伟大的诗歌，最难拿出千古杰作）。

参考译文一

关 于 诗 歌

一种意见盛行，即诗歌艺术和它的姐妹艺术绘画和雕塑一样，在当今这个时代，已无法像过去那样，培育出同样程度的成功。这种意见不需要尊者的大名或合理理论的支持。人们认为，理性、科学和实用艺术的进步有使想象领域缩小，情感热忱受压的倾向。人们认为，诗歌本来的责任就是哺育人类的幼年，给人类上智慧的第一课，而现在它已完成了赋予它的任务，就应把责任交给更为严厉的老师了。还有其他人对这种观点加以发挥，认为不仅我们生活的时代不能产生古代诗歌的经典名作，就是我们这个国家，也可能是世界上离产生那样杰出作品最远的国家了。

（叶子南译，沿原文逻辑展开，251 字）

参考译文二

关 于 诗 歌

有人认为：诗歌同它的姊妹艺术图画和雕刻一样，业已没落，我们这个时代再也写不出像从前那种好诗了；这种见解现在很流行，用不着举出大人物的名字来替他标榜，也用不着振振有词地替它找理论根据。照他们的看法，近代理智发达，科学昌明，实用技艺进步，势将导致想象力的范围日趋狭窄，而情感的活力受到压制。据说在进化的初期，人类的精神需要诗歌来陶冶，人类的智慧需要诗歌来启发，但是垂及近代，诗歌功成身退，诗歌保姆的任务，就让给科学和工艺等严师来担任了。另外还有些人对此作更进一步的发挥：他们认为我们这个时代非但写不出可以和古代的诗歌大师的杰作相媲美的作品，而且认为：在全球各国之中，我们美国和诗歌最无缘分，最不可能产生伟大的诗歌。

（夏济安译）

参考译文三

关 于 诗 歌

很多人认为，如今诗歌艺术也和绘画、雕塑艺术一样，论成就已今不如昔。这无须名家证言，也不用缜密推理。据称，理性、科学及实用艺术的进步会压缩人的想象空间、压抑人的情感抒发。更有人称，肩负启蒙婴儿、开启智慧的诗歌业已完成使命，应由严师来执教鞭。还有人更借题发挥，不仅认为我们的时代创作不出可媲美古代大师笔下的诗歌，而且世界各国中，唯美国最难拿出千古杰作。

（叶子南译，174 字）

不同译文并存的理由

　　这里我们提供了三种译文。我曾问学生他们最喜欢哪个，大部分学生都认为夏济安的参考译文二翻译得非常好，他们最喜欢。确实，参考译文二意思准确，拿捏得当，几乎无懈可击。不管在什么翻译目的的驱使下，夏译都是好译文。但是难道译文一就一无是处吗？

　　译文一在这类文本中也应该有一席之地，因为这个译文中每句的意思和译文二没有什么大的差异，也是准确的，而且除了有些地方有点翻译腔的痕迹，语言也没有什么大毛病。我们觉得这样的译文也未必就需要在人文类的翻译中"斩尽杀绝"，特别是在非文学类的翻译中，这类译法存在的理由似乎就更充足了。当然我们也不得不承认，在这类文学艺术的文本中，译文一确实没有什么可以拿出来显摆的，因为从翻译角度看，可圈可点的地方真的几乎没有，所以尽管也算准确，但和译文二相比，译文一绝对不是令人羡慕的译文，译文二却绝对是可以强力推荐的。

　　那么译文三怎么看呢？我们说夏济安的译文二汉语归化程度很高，很难看出翻译的痕迹。可是译文三在汉语的归化方面并不亚于译文二，几乎没有翻译腔，似乎更像是用中文原创的。译文三和译文二一个很大的不同点就是，译文三的译者"吞噬"掉了原文中的一些细节。比如，sister 在译文二中是"姊妹"，is likely 在译文二中是"（最不）可能"，而在译文三中就都没有了。但是译文三丢失的这些地方几乎都是无关紧要的小问题，并不影响大意，而且有时译者还会通过其他方式加以补偿（如 tendency 就用"会"作了补偿）。所以我们认为，译文三也可以和译文二同时存在，也许对于不同的读者，不同的译文会有不同的反响，也许有人会更喜欢译文三。

　　看这三个译文时也许还会发现另一个现象，就是译文二虽然广受好评，但译者为了归化到位，为了能梳理出一个流畅的译文，在翻译时不停地加词，结果比译文三多出 40% 的汉字，就算是和译文一比，也多出了 50 多个汉字，如 resigns her charge to severer instructors 就翻译成"就让给科学和工艺等严师来担任了"，添加了原文没有的"科学和工艺等"。归化时若不注意，就很可能使字数增加。若说译文二还可进一步改善，那就是适当地"瘦身"。译文三正是这样做的，但做得幅度大了些，结果就丢失了一些细节，不如译文二准确。

　　综上所述，除了法律、商务、科学技术等文本外，一般情况下，一个原文有不同的译法是正常的。由于翻译目的不同，读者口味不同，译者提供适合不同读者群的不同文本是可以理解的。翻译的"目的论"似乎能给这么做提供某种理论依据。

Travelin' Thru

Well, I can't tell you where I'm going
I'm not sure of where I've been
But I know I must keep travelin'
Till my road comes to an end

I'm out here on my journey
Trying to make the most of it[①]
I'm a puzzle I must figure out
Where all my pieces fit

Like a poor wayfaring stranger[②]
That they speak about in song
I'm just a weary pilgrim
Trying to find what feels like home

Well, that is no one can tell me
Am I doomed to ever roam
I'm just travelin' travelin' travelin'
I'm just travelin' on

Questions I have many
Answers but a few[③]
We're here to learn the spirit burns
To learn the greater truth

We've all been crucified
And they nailed Jesus to the tree
And when I'm born again

You're gonna see a change in me
God made me for a reason
And nothing is in vain
Redemption comes in many shapes
With many kinds of pain

Oh, sweet Jesus if you're out there
Keep me ever close to you
As I'm stumbling tumbling
As I'm traveling through

Oh, sometimes the road gets rugged
And it's hard to travelin' on
But hold in to each other
We don't have to work alone
When everything is broken
We can mend it if we try
We can make the world a difference
If we want to we can fllly④
Good-bye you little children
Good-night you handsome men
Farewell to all you ladies
And to all who knew me when...⑤
And I hope I'll see ya down the road
You meant more than I knew
As I'm travelin' travelin' travelin' travelin' travelin' through
Drifting like a floating boat
And roaming like the wind

Oh, give me some direction lord
Let me lean on you

As I'm travelin' travelin' through

Like the poor wayfaring stranger
That they speak about in song
I'm just like a weary pilgrim
Tryin' to find my own way home

Oh, sweet Jesus if you're out there
Keep me ever close to you
As I'm travelin' travelin' travelin' through
Ooh-ooh-ooh-ooh travelin' through.

1. 这个 make the most of it 原来翻译成"将苦辣酸甜尽尝"，但 make the most of 这个短语的意思和牛津在线词典上的定义接近：make good use of the opportunities offered by (the journey)，上面的译法缺少尽可能抓住机会获得益处的意思，在这里是指以旅途为契机尽量获取人生的经历和感悟。笔者一开始在原译法前加上了"为收获人生"，结果有面面俱到之嫌，多少破坏了诗意。后来换成"求感悟"，算是补救，但并不理想。最后用了"借机"（将苦辣酸甜尽尝），还是有刻意重复 opportunities 之嫌。诗歌翻译不能像翻译非文学作品，过于追求文字表面的精准，于是大胆地换成"有幸"（将苦辣酸甜尽尝）。这最后一个未必就最好，但上述思考过程却揭示出翻译文学作品的一些特征。

2. 这句源自美国民间宗教音乐的歌词，歌词大意是人生历经困苦仍不懈前行。

3. 此处的 but a few 相当于 few，而 but 基本就是 only 的意思（only a few），强调的是数量少，也就是强调没什么答案。

4. 这个就是 fly 的变体词。

5. 这个疑是成语 way back when 的缩略形式，表示能唤起你回忆的过往岁月。

参考译文

风 雨 兼 程

我不能告诉你要去何方
也不记得到过哪些地方
但我知道必须行走天涯
直到路之尽头再无前方

我正在旅途之上
有幸欲将苦辣酸甜尽尝
人生是积木一套
我要把每一块都安放妥当

像陌路上穷困的行者
人们以歌将他吟唱
我也如困顿的朝圣者
寻找家园把心安放

无人能告诉我
是否注定要漂泊四方
我只是行走天涯
我只是志在前方

人生的疑问一大箩筐
答案却难得遇上
在尘世要让精神发光
求更大的真理永不彷徨

我们都被钉在十字架上
如耶稣钉在那棵树上
待来日复活重生

293

我将不再是依旧模样

上帝造我决非虚妄

任何创造都不是白忙

但赎罪未必千篇一律

痛苦却是各有炎凉

基督啊，你若不离不弃

就请把我紧抱不放

因为我正步履踉跄

因为我正风雨兼程在路上

有时道路坎坷多障

前行似艰难的远航

但你我当同舟共济

苦难不必一人扛

若一切都已破碎

我们仍可修补疗伤

我们能让世界大不一样

志在蓝天就能飞翔

再见，天真的孩子

晚安，俊帅的儿郎

别了，所有的姑娘

别了，你我回首一路相逢一场

但愿来日能再重聚

你们于我价值无双

因为我正风雨兼程在路上

流浪如水上的孤舟

漂泊似风吹四方

主啊，请你给我方向
让我靠在你的肩上
因为我正风雨兼程在路上

像陌路上穷困的行者
人们以歌将他吟唱
我也如困顿的朝圣者
寻找自己的家园把心安放

基督啊，你若不离不弃
就请把我紧抱不放
因为我正风雨兼程在路上
啊，因为我正风雨兼程在路上

（叶子南译）

札记

诗歌翻译中的准确

　　这首《风雨兼程》（*Travelin' Thru*）是电影 *Transamerica* 中的主题歌。影片讲述了一个变性人和儿子一起旅行的故事，电影的主题是自我发现、自我认识。这首歌由著名乡村音乐歌手多莉·帕顿（Dolly Parton）创作并演出，在奥斯卡奖、金球奖、格莱美奖上被提名为最佳歌曲。歌曲题目"Travelin' Thru"源自英语的一个成语（travel through），意为在旅程中经历各种恶劣天气状况，一般比喻旅程艰难困苦。这个译文主要是书面阅读版，没有照顾吟唱的需求。若为吟唱翻译，则需要考虑句子长短等其他因素，那样的译文可能会与这个译文有很大差异。原歌词中有些重复的地方，这里已删除，但有实际意思的文字均予保留。至于押韵方面，译文基本用的是一韵到底的押韵方法，以期唤起读者的艺术共鸣。中国读者心中最基本、最朴素的音韵结构仍然是一韵到底，这很好地体现在数来宝、莲花落等通俗的民间艺术形式中。
　　翻译这类明显有艺术元素的文本至少有两个方面需要考虑。首先，一个原文可以有不同的译文。这个是歌词，就算是艺术价值更大的诗作，也未必要硬贴着原文的细节亦步亦趋。那样在细节处捕捉原文特征的译法只是众多译法中的一种，不是全部。这点我们在本书第十四章"文学翻译简述"中已有讨论。到底是吟唱的目的还是阅读的目的，读者群的特征如何，读者对传统行文习惯的感受如何，读者对音韵的敏感程度如何，这些问题都可以反映在诗歌文本怎么翻译上面。也就是说，翻译领域的目的论，并非仅仅适用于商业广告类文本，文学文本也适用。当然，这种倾向于使用者的观点会受到挑战，因为人们会认为，这样被文本使用者牵着走会违背原文的艺术特色。所以我们不妨让这两种观点并存，让他们拿出不同的译文，让他们各自精彩。

第二个问题是对准确的不同解读。显然艺术元素突出了，准确可能会有不同的解读。上面提到的在细节处捕捉原文艺术特点的观点，比较能反映出语言的"亮点"（或称为"有意义的形式"）。但艺术的感染力在不同的语言文化里会有差异，照搬过来的艺术精华是否能达到同样的艺术效果就很难说。所以，我们需要给艺术灵感一席之地，让译者也能多承担起诗人的角色，让准确不仅停留在文字的细节处，还要弥漫在整个文本里。一首诗读起来得像诗，得有诗味儿。

就像好的文学原作不是教出来的一样，好的诗作译文也不是指点出来的。先让译者进入诗的世界，然后再让他给我们贡献一首他译的诗。

翻译练习十五

Le Père Goriot

［法语原文］En s'en allant à pied, par un beau clair de lune, Eugène tomba dans de sérieuses réflexions. Il était à la fois heureux et mécontent: heureux d'une aventure dont le dénouement probable lui donnait une des plus jolies et des plus élégantes femmes de Paris objet de ses désirs; mécontent de voir ses projets de fortune renversés, et ce fut alors qu'il éprouva la réalité des pensées indécises auxquelles il s'était livré l'avant-veille. L'insuccès nous accuse toujours la puissance de nos prétentions. Plus Eugène jouissait de la vie parisienne, moins il voulait demeurer obscur et pauvre. Il chiffonnait son billet de mille francs dans sa poche, en se faisant mille raisonnements captieux pour se l'approprier.

［译文一］As Eugene went home in the moonlight, he fell to serious reflections. He was satisfied, and yet dissatisfied. He was pleased with an adventure which would probably give him his desire, for in the end one of the prettiest and best-dressed women in Paris would be his; but, as a set-off, he saw his hopes of fortune brought to nothing; and as soon as he realized this fact, the vague thoughts of yesterday evening began to take a more decided shape in his mind. A check is sure to reveal to us the strength of our hopes. The more Eugene learned of the pleasures of life in Paris, the more impatient he felt of poverty and obscurity. He crumpled the banknote in his pocket, and found any quantity of plausible excuses for appropriating it.

(1901, translated by John D. Avil)

［译文二］Eugene walked home in the brilliant moonlight with his mind full of serious reflections. He was pleased and yet dissatisfied: pleased at an adventure which threw him into the closest intimacy with one of the prettiest and most fashionable women of Paris; dissatisfied at seeing his projects for the future over-thrown, for he now perceived how much he had really built upon the vague visions of the day before. Want of success increases rather than diminishes the strength of our wishes. The more Eugene tasted the pleasures of Parisian life, the less he liked the prospect of toil and poverty. He fingered the banknote in his pocket, and thought of a hundred reasons to justify him in keeping it.

(1885, translated by Katharine Prescott Wormeley)

［译文三］　Going off on foot, by a beautiful moonlight, Eugene fell into serious reflections. He was happy and dissatisfied at the same time: happy with an adventure the probable outcome of which gave him one of the prettiest and most elegant women of Paris, the object of his desires; unhappy to see his plans for fortune overthrown, and it was then that he felt the reality of the indecisive thoughts which he had given himself the day before. Failure always accuses us of the power of our pretensions. The more Eugene enjoyed Parisian life, the less he wanted to remain obscure and poor. He crumpled his thousand-franc note in his pocket, making a thousand captious arguments to appropriate it.

(translated by Google)

［译文四］　欧也纳踏着月光回去，开始一本正经的思索。他又喜又恼：喜的是这桩奇遇大概会给他钓上一个巴黎最漂亮最风流的女子，正好是他心目中的对象；恼的是他的发财计划完全给推翻了。他前天迷迷糊糊想的主意，此刻才觉得自己真有这么个念头。一个人要失败之后，方始发觉他欲望的强烈。欧也纳越享受巴黎生活，越不肯自甘贫贱。他把袋里一千法郎的钞票捻来捻去，找出无数自欺欺人的理由想据为己有。

（1946，1950，傅雷译）

［译文五］　欧金踏着月色回去，陷入了认真的思索中。他既是高兴，又感到烦恼。高兴的是，这次艳遇的结果可能使他得到一个巴黎最漂亮最风流的女人，这正是他朝思暮想的人儿啊；烦恼的是他发财的计划要全部打乱了，他前天还觉得发财的希望渺茫，刚刚有了一点实现的眉目，现在又可能要落空了。往往是事情失败后，才显示出欲望的强烈。欧金越享受到巴黎生活的乐趣，越不能忍受默默无闻的贫贱状况。他把口袋里那张一千法郎的钞票捏来捏去，千方百计想说服自己：这是应得之财。

（2015，许渊冲译）

翻译不能轻视细节

　　五个译文全部源自法文，一个世纪的时间跨度，四个不同的译者，东西不同的文化，可是除少数句子外，四个译文很接近。这说明著名译者对于偏离原文语言形式是非常谨慎的。原文选自巴尔扎克的小说《欧也妮·葛朗台》。由于句子并不难，这里就不加注释了。

　　傅雷是大家比较熟悉的翻译家，翻译应"神似"而不是"形似"这个说法也和傅雷的名字连在了一起。由于傅雷主要的翻译成就是法汉翻译，大多数从事英汉翻译的人并不了解他的"神似"是怎么在译文中体现的。顾名思义，"神似"是在神韵上相似，不是在语言形式上相似，所以人们会认为傅雷的译文肯定是非常灵活的，是完全抛开原文形式的，这样才称得上是"神似"。如果你懂法文，可以对照一下原文；如果不懂法文，那么你可以和其他三个译文对照一下。译文一是 1901 年的英文译文，译文二是 1885 年的英文译文，傅雷的译文完成于 20 世纪 40 年代，而第四个译文是 2015 年翻译的，译者是著名翻译家许渊冲先生。我们发现，这四个译文的时间跨度是一个多世纪（1885 年到 2015 年），文化跨度横贯中西，但你却可以横向对照着阅读。除极少数句子外，大部分句子都非常接近，因为他们都来自同一个源头：巴尔扎克的法文原文。两个中文译文也谈不上差异巨大，基本句式结构都很接近，一个是"他又喜又恼"，一个是"他既是高兴，又感到烦恼"；一个是"欧也纳越享受巴黎生活，越不肯自甘贫贱"，一个是"欧金越享受到巴黎生活的乐趣，越不能忍受默默无闻的贫贱状况"。两人似乎都没有刻意在语言结构上别出心裁。也许在其他类型的文本中，两个译者之间的差异会显示出来，但至少在这个文本中，傅译和许译间语言形式的差异是有限的，大部分句式是一样的。双方都没有忽视原文的语言形式，结果无论是主张"神似"的傅雷还是提倡"三美"的许渊冲都没有在译文中"龙飞凤舞"，任性挥洒。现在我们有些年轻人翻译起来总喜欢别出心裁，加进去一些原文没有的东西，恨不得句句都看不到原文的影子。但是我们在教科书中看到的脱离原文的"神来之笔"只是千挑万选凑在一起的"精华"，这些例句只是为了告诉我们，译者可以摆脱原文的束缚，却并不提示，我们译文中的每句都能这么摆脱原文。从翻译的角度看，一篇译文中可圈可点的佳译虽不见得要踏破铁鞋才能找到，但毕竟不是俯拾皆是的。

　　本书从头到尾都强调灵活与变通，因为英汉翻译要克服的最大困难就是要摆脱原文的束缚。尽管书中有时也警告读者不要过度灵活，不要歪曲原文的意思，但是本书的主旋律仍然是灵活与变通。然而我也深深感到，若没有拿捏好这句话的意思，这样的提法也可能造成事与愿违的结果。因此，我在书的最后一节用这个例子来作一个补充：翻译是一种特殊的创作，这种创作是在被原文绑住了手脚的情况下进行的。换句话说，说翻译是创作得把握好一个度，因为翻译毕竟不是创作，原文画地为牢，把译者锁在原文的空间里，使他在翻译时如走钢丝般左躲右闪，并没有无限自由。

翻译的新理论仍然会层出不穷，但再新的理论也不可能颠覆译者对原文的忠实。理论家们虽然能讲出各种不同的道理，对于忠实这一概念加以解构，但是这些与我们从事的文本翻译关系不大。我们还是老老实实地去实践我们的初衷，即把原文的意思在译文中再说一遍。尽管在再说一遍的过程中，我们也吸收一些理论界的新思维，方便时也将这些新东西纳入我们的实践，但我们却始终不忘译者的使命，我们的任务是要拿出一个经得起时间考验的译文。

翻译练习题

下面这些段落选自不同的报刊、书籍和网站，全文大多可在网上查到。请依据网上资源为这些段落进行文本定位，并假设翻译目的，制定翻译策略，最后提供翻译文本。任课教师可根据学生程度增加一些自选的文本。

1. [The 1st piece] Intimate in size and atmosphere, expansive in her world view, the Ms. Prinsendam is one of our fleet's most popular ships. Designed to explore the remote corners of the globe in elegance and style, the Ms. Prinsendam is able to go places larger ships cannot, treating you to adventures both unique and unforgettable.

    [The 2nd piece] This holidays, let us take care of everything as you revel in the joys of family and share the gift of world travel. Aboard our holiday cruises, there are activities for every age and interest. And with impeccable service and amenities to ensure your delight, you can focus on creating a holiday celebration you'll treasure for years to come. (The above two pieces are separate advertisements from an HAL brochure).

定位原文文本	
假设翻译目的	
制定翻译策略	
提供翻译文本	

2. The book offers a taste of the landscapes and seascapes, architecture, and monuments that make this a special place. Each spot is enriched with interesting information from an insider's point of view and wonderful photographs that reveal the artist's eye. It will be a reminder of places visited and an encouragement to explore this region more deeply to experience all it has to offer. (A promotional text taken from *Maine Coast Perspective* by Antelo Devereux, Jr.)

定位原文文本	
假设翻译目的	
制定翻译策略	
提供翻译文本	

3. It seems crazy that economics should come in two parts: microeconomics and macroeconomics. And it is a little crazy, for there is only one economy. Yet it is a fact that certain kinds of problems, such as those we have been looking into, reveal themselves most clearly from a macro perspective that stresses the large flows of total saving and investment and government spending, but that the same macro perspective sheds very little light on other types of economic activity, especially those having to do with the kinds of output we produce. Thus questions about the choices we make as producers or consumers—questions that have immense consequences for our economic life—require a different vantage point, one that highlights the activities of buyers and sellers, of consumers and businessmen. This is the vantage point of the marketplace—the grocery store, the wheat pit, the buying office where the interaction of buyers and sellers provides the flesh-and-blood encounters we lose sight of in studying GNP.

    The micro point of view brings us immediately to look into the question of prices, a question we have entirely ignored except insofar as we talked about the level of all prices when we looked into inflation. But microeconomics wants to explain how particular individual prices are determined in the arena called the marketplace. Hence, microeconomics begins with a study of supply and demand, the words we hear and use all the time, without a very clear idea of what they mean.

    Often we speak of supply and demand as if the phrase meant some general law of economic life. But there is no such law, and if there were, it would not be the law of supply and demand. Instead, supply and demand is a way of understanding how the clash of buyers and sellers in the marketplace brings about prices that "clear" the market—a word we will immediately investigate—or why the clash sometimes fails to bring about such prices. (From *Economics Explained* by Robert L. Heilbroner & Lester Thurow)

定位原文文本	
假设翻译目的	
制定翻译策略	
提供翻译文本	

4. The contemporary notion of the underclass usually is defined in terms of not simply income level, but also of individual behavior. It generally includes those residents of impoverished urban ghettos—most typically black and, increasingly, numerous Latino populations—who disproportionately bear children young and outside of marriage, commit crimes, do not support themselves through legitimate employment and subsist mainly through public largesse. Important recent research has found a great deal of heterogeneity within these bad neighborhoods. Many welfare recipients also work, and many other of their neighbors avoid public assistance by working at minimum wage jobs in places like fast food restaurants even when the resulting income is less than what is provided by welfare benefits. Nevertheless, for a significant sub-population, their residence, poverty and deviant behavior often converge in depressingly predictable patterns.

Poor urban minorities are by no means the only Americans who fit this definition of underclass. Many Native Americans, especially on certain reservations, share similar patterns of poverty and behavioral problems as do poor whites in many areas, for example Appalachia and other southeastern pockets of poverty. However, as most Americans now live in cities and not in rural areas, the public's concern over the underclass focuses on the most visible among this group, namely those minority teen mothers we see on the bus, those criminals and drug addicts we worry most about harming us in our daily lives and read about in our local newspapers. (From "Losing Ground, Gaining Insight" by Naomi Farber)

定位原文文本	
假设翻译目的	
制定翻译策略	
提供翻译文本	

5. Wonderful hotel in Morocco, La Mamounia, in Marrakech, has a colorful garden surrounded by a high wall covered in purple bougainvillea, where French and Italian women lie around in the sun topless and almost bottomless. They can see a high minaret outside the wall, where a Muslim muezzin, overlooking the garden, chants the call to prayer five times a day. He seems to do it with an outraged fervency translatable into a plea for these women to cover their flesh with black cloth from top to toe.

Not long ago, this blatant confrontation was a rare intersection between civilizations. Now it happens almost everywhere. Commerce has become global, advertising blankets the world, film and television compete for new extremes in sex and violence, and anyone can seek out the worst of the Web.

The Earth has different civilizations with very different values—as different as Myanmar and Manhattan; as different as Buddhists renouncing all worldly goods and the get-rich intensity of Bangalore; as different as the Taliban and Sex and the City culture. Different civilizations used to be separate and isolated, but now the wired world makes them starkly visible to one another. This confrontation puts our planet in new danger. Civilizations that were once isolated from one another are now in one another's face. Cultures with intense pressure for change confront religious fundamentalist cultures that resist change. Global corporations, political evangelism, powerful marketing campaigns and new media are laced around the planet with forceful big-money interests. In many countries, one can observe women in full Muslim attire looking at smart magazines with cover headlines such as "50 Ways You Can Have Better Sex". In the souks of puritanical Muslim countries, one is offered DVDs full of strongest sexual content. (From *The Meaning of the 21st Century* by James Martin)

定位原文文本	
假设翻译目的	
制定翻译策略	
提供翻译文本	

6. The Dumbest Generation cares little for history books, civic principles, foreign affairs, comparative religions, and serious media and art, and it knows less. Careening through their formative years, they don't catch the knowledge bug, and "tradition" might as well be a foreign word. Other things monopolize their attention—the allure of screens, peer absorption, career goals. They are latter-day Rip Van Winkles, sleeping through the movements of culture and events of history, preferring the company of peers to great books and powerful ideas and momentous happenings. From their ranks will emerge few minds knowledgeable and interested enough to study, explain, and dispute the place and meaning of our nation. Adolescence is always going to be more or less anti-intellectual, of course, and learning has ever struggled against immaturity, but the battle has never proven so uphill. Youth culture and youth society, fabulously autonomized by digital technology, swamp the intellectual pockets holding on against waves of pop culture and teen mores, and the Boomer mentors have lowered the bulwarks to surmountable heights. Among the Millennials, intellectual life can't compete with social life, and if social life has no intellectual content, traditions wither and die. Books can't hold their own with screen images, and without help, high art always loses to low amusements.

The ramifications for the United States are grave. We need a steady stream of rising men and women to replenish the institutions, to become strong military leaders and wise political leaders, dedicated journalists and demanding teachers, judges and muckrakers, scholars and critics and artists. We have the best schools to train them, but social and private environments have eroded. Some of the kids study hard for class, but what else do they learn when they're young? How do they spend the free hours of adolescence? They don't talk with their friends about books, and they don't read them when they're alone. Teachers try to impart knowledge, but students today remember only that which suits their careers or advantages their social lives. (From *The Dumbest Generation* by Mark Bauerlein)

定位原文文本	
假设翻译目的	
制定翻译策略	
提供翻译文本	

7. We have already considered what life is like when we work on the Web. Here we consider, in a sense, the other side of the same online coin: What will the world be like when the Internet works for us as the pre-eminent ratifier of culture and the reality, when the displacement of television in that role is as complete as television's has been of radio for the last five decades?

To appreciate the enormity of such a new displacement, think about Ronald Reagan, "the great communicator", on television, and how comfortable people in America were with that performance; now picture Reagan in a live online chat room with the American people, engaging in a written dialogue with his questioners. If the gulf between radio and its successor television was large—epitomized in the political realm by Franklin Delano Roosevelt (radio) vs. Ronald Reagan (TV)—the gulf between staged, one-way television and the interactive, text-driven Web seems almost unbreachable: Reagan is simply unimaginable in a serious online dialogue of text. (On this reading, John F. Kennedy, the first and in many ways still the most successful televised president, retains some of the drive and heat of radio and Roosevelt. He thus stands midway on the radio television continuum between Roosevelt and Reagan—with Nixon closer to Roosevelt on this scale. Kennedy, moreover, priced not only orality and visuality, but literacy, and likely would have done quite well online.)

Of course online chats, especially if we are looking towards the future, need not be conducted via writing. Video and audio applications on the Web are already presenting interviews and speeches online in the manner of classic radio and television. But as we have also seen, the environment in which such presentations are situated—on a personal computer with a Web browser on a desk in contrast to a radio in an automobile or kitchen or bathroom or a TV in the living room or bedroom—can make all the difference. (From *Digital McLuhan* by Paul Levinson, a printed book and an ebook on Kindle and iTunes)

定位原文文本	
假设翻译目的	
制定翻译策略	
提供翻译文本	

8. "Immersing myself in a book or a lengthy article used to be easy. My mind would get caught up in the narrative or the turns of the argument, and I'd spend hours strolling through long stretches of prose. That's rarely the case anymore. Now my concentration often starts to drift after two or three pages. I get fidgety, lose the thread, begin looking for something else to do. I feel as if I'm always dragging my wayward brain back to the text. The deep reading that used to come naturally has become a struggle." Sound familiar? Describing, in *The Atlantic Monthly*, his own struggles to keep his attention span from contracting like the wild ass's skin in Balzac's novel,

Nicholas Carr cites a British study of research habits among visitors to two serious scholarly websites which suggests a more general problem: that "users are not reading online in the traditional sense; indeed there are signs that new forms of 'reading' are emerging as users 'power browse' horizontally through titles, contents pages and abstracts going for quick wins. It almost seems that they go online to avoid reading in the traditional sense".

Almost seems? I don't know about Mr. Carr, but I have no doubt that I go online to avoid reading in the traditional sense. The question is, how guilty do I need to feel about this? In his view, presumably, quite a lot guilty, since by reading online as much as I do I am depriving myself of the ability to read offline. He takes this insight to an even more alarming conclusion in the end, writing that "as we come to rely on computers to mediate our understanding of the world, it is our own intelligence that flattens into artificial intelligence". And if that's the case for veteran readers, think how much worse it must be for the *jeunesse dorée* of the information age, if they never developed the habits that accompany "deep reading" in the first place. (From "Is Stupid Making Us Google?" by James Bowman)

定位原文文本	
假设翻译目的	
制定翻译策略	
提供翻译文本	

9. Moths that fly by day are not properly to be called moths; they do not excite that pleasant sense of dark autumn nights and ivy-blossom which the commonest yellow-underwing asleep in the shadow of the curtain never fails to rouse in us. They are hybrid creatures, neither gay like butterflies nor somber like their own species. Nevertheless the present specimen, with his narrow hay-colored wings, fringed with a tassel of the

same color, seemed to be content with life. It was a pleasant morning, mid-September, mild, benignant, yet with a keener breath than that of the summer months. The plough was already scoring the field opposite the window, and where the share had been, the earth was pressed flat and gleamed with moisture. Such vigor came rolling in from the fields and the down beyond that it was difficult to keep the eyes strictly turned upon the book. The rooks too were keeping one of their annual festivities; soaring round the tree tops until it looked as if a vast net with thousands of black knots in it had been cast up into the air; which, after a few moments sank slowly down upon the trees until every twig seemed to have a knot at the end of it. Then, suddenly, the net would be thrown into the air again in a wider circle this time, with the utmost clamor and vociferation, as though to be thrown into the air and settle slowly down upon the tree tops were a tremendously exciting experience. (From "Death of the Moth" by Virginia Woolf)

定位原文文本	
假设翻译目的	
制定翻译策略	
提供翻译文本	

10. For more than two years this town could not have been more remote from us if it had been in another planet. We were but a few miles from it, but the hills hid it, and the enemy was between us and the hills. This town was but a name, a legend.

Now the enemy had left it. When going into it for the first time you had the feeling that either you or the town was bewitched. Were you really there? Were time and space abolished? Or perhaps the town itself was supernatural; it was spectral, projected by unknowable evil. And for what purpose? Suspicious of its silence, of its solitude, of all its aspects, you verified its stones by touching them, and looked about for signs that men had once been there.

Such a town, which has long been in the zone of fire, and is then uncovered by the foe, gives a wayfarer who early ventures into it the feeling that this is the day after the Last Day, and that he has been overlooked. Somehow he did not hear Gabriel's trumpet; everybody else has gone on. There is not a sound but the subdued crackling of flames hidden somewhere in the overthrown and abandoned. There is no movement but where faint smoke is wreathing slowly across the deserted streets. The unexpected collapse of a wall or cornice is frightful. So is the silence which follows. A starved kitten, which shapes out of nothing and is there complete and instantaneous at your feet—ginger stripes, and a mew which is weak, but a veritable voice of the living—is first a great surprise, and then a ridiculous comfort. It follows you about. When you miss it, you go back to look for it—to find the miserable object racing frantically to meet you. Lonely? The Poles are not more desolate. There is no place as forlorn as that where man once was established and busy, where the patient work of his hands is all round, but where silence has fallen like a secret so dense that you feel that if it were not also so desperately invisible you could grasp a corner of it, lift the dark veil, and learn a little of what was the doom of those who have vanished. What happened to them? (From *The Ruins* by H. M. Tomlinson)

定位原文文本	
假设翻译目的	
制定翻译策略	
提供翻译文本	

11. Men fear thought more than they fear anything else on earth—more than ruin, more even than death. Thought is subversive and revolutionary, destructive and terrible; thought is merciless to privilege, established institutions, and comfortable habits; thought is anarchic and lawless,

indifferent to authority, careless of the well-tried wisdom of the ages. Thought looks into the pit of hell and is not afraid. It sees man, a feeble speck, surrounded by unfathomable depths of silence; yet bears itself proudly, as unmoved as if it were lord of the universe. Thought is great and swift and free, the light of the world, and the chief glory of man.

But if thought is to become the possession of many, not the privilege of the few, we must have done with fear. It is fear that holds men back—fear lest their cherished beliefs should prove delusions, fear lest the institutions by which they live should prove harmful, fear lest they themselves should prove less worthy of respect than they have supposed themselves to be. "Should the working man think freely about property? Then what will become of us, the rich? Should young men and young women think freely about sex? Then what will become of morality? Should soldiers think freely about war? Then what will become of military discipline? Away with thought! Back into the shades of prejudice, lest property, morals, and war should be endangered! Better men should be stupid, slothful, and oppressive than that their thoughts should be free. For if their thoughts were free they might not think as we do. And at all costs this disaster must be averted." So the opponents of thought argue in the unconscious depths of their souls. And so they act in their churches, their schools, and their universities. (From *Principles of Social Reconstruction* by Bertrand Russell)

原文文本定位	
翻译目的假设	
制定翻译策略	
提供翻译文本	

12. In an industrial society which confuses work and productivity, the necessity of producing has always been an enemy of the desire to create. What spark of humanity, of a possible creativity, can remain alive in a being dragged out of sleep at six every morning, jolted about in suburban trains,

deafened by the racket of machinery, bleached and steamed by meaningless sounds and gestures, spun dry by statistical controls, and tossed out at the end of the day into the entrance halls of railway stations, those cathedrals of departure for the hell of weekdays and the nugatory paradise of weekends, where the crowd communes in weariness and boredom?

From adolescence to retirement each 24-hour cycle repeats the same shattering bombardment, like bullets hitting a window: mechanical repetition, time-which-is-money, submission to bosses, boredom, exhaustion. From the butchering of youth's energy to the gaping wound of old age, life cracks in every direction under the blows of forced labour. Never before has a civilization reached such a degree of contempt for life; never before has a generation, drowned in mortification, felt such a rage to live. The same people who are murdered slowly in the mechanized slaughterhouses of work are also arguing, singing, drinking, dancing, making love, holding the streets, picking up weapons and inventing a new poetry. Already the front against forced labour is being formed; its gestures of refusal are molding the consciousness of the future. Every call for productivity in the conditions chosen by capitalist and Soviet economy is a call to slavery. (From *The Revolution of Everyday Life* by Raoul Vaneigem)

原文文本定位	
翻译目的假设	
制定翻译策略	
提供翻译文本	

13. Each kind of firewall offers a different degree of security and flexibility. Whether an enterprise needs to replace an existing firewall, or is installing one for the first time, the enterprise needs to be up-to-date on what's available today and what the specific security requirements are for the various types of firewalls. Below you will find an overview of some basic types of firewalls.

Router: A simple router is an inexpensive but less comprehensive form of protection, and lacks the level of flexibility and features that a full-security enterprise firewall provides. Packet filter: A packet filter is a very simple type of firewall. Most major router vendors supply packet filters as part of the default distribution. The firewall examines each packet based on source and destination IP address as well as source and destination TCP/UDP ports, and accepts or rejects it based on basic user-defined rules. Dynamic packet systems: They are sometimes called smart packet filters. Dynamic packet firewalls control network traffic using a similar method to packet filters, but go beyond them to examine the context of data packet streams rather than just filtering them. These firewalls can remember prior connection states and build a context for each data stream in memory. It evaluates each new packet it receives against the current connection record to determine if this is a new connection or a continuance of an existing session. In the latter case, the amount of processing the firewall performed in checking the packet is substantially less than for a new connection. But no packet filter firewalls (dynamic or otherwise) support user authentication by default.

An application-level proxy is a software program running on the firewall. Each computer communicates with the other by forcing all network traffic through the proxy program, so the data can be examined and connections can be authorized. The proxy program evaluates data sent from the client and decides which to pass on and which to drop. (From a product introduction)

定位原文文本	
假设翻译目的	
制定翻译策略	
提供翻译文本	

14. As the world charts a more sustainable future, the crucial interplay among water, food and energy is one of the most formidable challenges we face. Without water there is no dignity and no escape from poverty. Yet the Millennium Development Goal target for water and sanitation is among those on which many countries lag the most.

In little over a generation, 60 percent of the global population will be living in towns and cities, with much of the increase taking place in the inner city slums and squatter settlements of the developing world. The theme of this year's observance of World Water Day—"Water for Cities"— highlights some of the main challenges of this increasingly urban future.

Urbanization brings opportunities for more efficient water management and improved access to drinking water and sanitation. At the same time, problems are often magnified in cities, and are currently outpacing our ability to devise solutions.

Over the past decade, the number of urban dwellers who lack access to a water tap in their home or immediate vicinity has risen by an estimated 114 million, and the number of those who lack access to the most basic sanitation facilities has risen by 134 million. This 20 percent increase has had a hugely detrimental impact on human health and on economic productivity: people are sick and unable to work.

Water challenges go beyond questions of access. In many countries, girls are forced to drop out of school owing to a lack of sanitation facilities, and women are harassed or assaulted when carrying water or visiting a public toilet. Moreover, the poorest and most vulnerable members of society often have little choice but to buy water from informal vendors at prices estimated to be 20 to 100 percent higher than that of their richer neighbors, who receive piped city water in their homes. This is not just unsustainable; it is unacceptable. (From a UN document)

定位原文文本	
假设翻译目的	
制定翻译策略	
提供翻译文本	

主要参考文献

Anderson, Walt, et al. 1992. *Reality Isn't What It Used to Be*. San Francisco: Harper Collins.

Bassnett, Susan and Lefevere, Andre. 1998. *Constructing Cultures*. Clevedon: Multilingual Matters.

de Waard, Jan and Nida, Eugene A. 1986. *From One Language to Another*. Nashville: Thomas Nelson.

Evans, Vyvyan and Green, Melanie. 2006. *Cognitive Linguistics*: *An Introduction*. New Jersey: Lawrence Erlbaum.

Garvin, Paul L. 1964. *A Prague School Reader on Aesthetics*, *Literary Structure & Style*. Washington, D.C. : Georgetown University Press.

Gentzler, Edwin. 1993. *Contemporary Translation Theories*. London: Routledge.

Gergen, Kenneth. 1992. *The Saturated Self*. New York: Basic Books.

Goatly, Andrew. 1997. *The Language of Metaphors*. London: Routledge.

Halliday, M. A. K. 1985. *An Introduction to Functional Grammar*. London: Edward Arnold.

Hatim, Basil and Mason, Ian. 1990. *Discourse and the Translator*. London: Longman.

Jin, Di and Nida, Eugene A. 1984. *On Translation*. Beijing: China Translation & Publishing Corporation.

Kövecses, Zoltán. 2002. *Metaphor*: *A Practical Introduction*. Oxford: Oxford University Press.

Kövecses, Zoltán. 2006. *Language, Mind and Culture*. Oxford: Oxford University Press.

Lakoff, George. and Johnson, M. 1980/2003. *Metaphors We Live By*. Chicago: University of Chicago Press.

Langacker, Ronald. 1987. *Foundations of Cognitive Grammar*. Stanford: Stanford University Press.

Leech, Geoffrey N. and Short, Michael H. 1981. *Style in Fiction*, London: Longman.

Newmark, Peter. 1982. *Approaches to Translation*. New York: Prentice Hall.

Newmark, Peter. 1988. *A Textbook of Translation*. New York: Prentice Hall.

Nida, Eugene A. 1954. *Customs and Cultures*. Pasadena: William Carey Library.

Nida, Eugene A. 1968. *Religion Across Cultures*. New York: Harper & Row.

Nida, Eugene A. 1975. *Language Structure and Translation*. Stanford: Stanford University

Press.

Nida, Eugene A. 1990. *Message and Mission*. Pasadena: William Carey Library.

Nida, Eugene A. 1996. *The Sociolinguistics of Interlingual Communication*. Bruxelles: Editions du Hazard.

Nida, Eugene A. 1998. *Understanding English*. Beijing: Foreign Language Teaching and Research Press.

Nida, Eugene A. and Taber, Charles R. 1982. *The Theory and Practice of Translation*. Leiden: E. J. Brill.

Nida, Eugene A. and Reyburn, William D. 1981. *Meaning Across Cultures*. Maryknoll: Orbis Books.

Odlin, Terence. 1989. *Language Transfer*. Cambridge: Cambridge University Press.

Pym, Anthony D. 2010. *Exploring Translation Theories*. London & New York: Routledge.

Salkie, Raphael. 1995. *Text and Discourse Analysis*. London: Routledge.

Steiner, George. 1975. *After Babel*: *Aspects of Language and Translation*. Oxford: Oxford University Press.

巴尔胡达罗夫著，蔡毅等译. 1985. 语言与翻译. 北京：中国对外翻译出版公司.

辜正坤. 1988. 翻译标准多元互补论. 北京大学研究生学刊（1）：48–70.

辜正坤. 1988. 中西诗鉴赏与翻译. 长沙：湖南人民出版社.

古今明. 1997. 英汉翻译基础. 上海：上海外语教育出版社.

李成滋等. 1990. 苏联翻译理论及其发展. 中国翻译（1）：2–7.

林煌天等. 1997. 中国翻译词典. 武汉：湖北教育出版社.

刘宓庆. 1985. 文体与翻译. 北京：中国对外翻译出版公司.

刘宓庆. 1993. 当代翻译理论. 台北：书林出版社.

刘英凯. 1997. 试论奈达读者反应论在中国的负面作用. 上海科技翻译（1）：2–7.

皮埃尔吉罗著，怀宇译. 1988. 符号学概论. 成都：四川人民出版社.

申丹. 1998. 文学文体学与翻译. 北京：北京大学出版社.

思果. 1998. 传神——译文不信的雅. 明报月刊（三月号）：77.

杨莉藜. 1993. 英汉互译教程. 开封：河南大学出版社.

杨士焯. 1998. 彼得纽马克翻译新观念概述. 中国翻译（1）：48–50.

叶子南. 1991. 论西化翻译. 中国翻译（2）：15–18.

中国翻译工作者协会. 1984. 翻译研究论文集（1894—1948）. 北京：外语教学与研究出版社.